中国商业银行竞争力报告
2016

Annual Report on The Competitiveness
of China's Commercial Banks 2016

主 编：王松奇
副主编：刘煜辉 欧明刚

责任编辑：石　坚
责任校对：刘　明
责任印制：程　颖

图书在版编目（CIP）数据

中国商业银行竞争力报告 . 2016（Zhongguo Shangye Yinhang Jingzhengli Baogao. 2016）/王松奇主编 . —北京：中国金融出版社，2016. 12
ISBN 978 - 7 - 5049 - 8301 - 5

Ⅰ. ①中… Ⅱ. ①王… Ⅲ. ①商业银行—市场竞争—研究报告—中国—2016　Ⅳ. ①F832. 33

中国版本图书馆 CIP 数据核字（2016）第 311069 号

出版 **中国金融出版社**
发行
社址　北京市丰台区益泽路 2 号
市场开发部　（010）63266347，63805472，63439533（传真）
网 上 书 店　http：//www.chinafph.com
　　　　　　（010）63286832，63365686（传真）
读者服务部　（010）66070833，62568380
邮编　100071
经销　新华书店
印刷　保利达印务有限公司
尺寸　169 毫米 ×239 毫米
印张　19.75
字数　256 千
版次　2016 年 12 月第 1 版
印次　2016 年 12 月第 1 次印刷
定价　69.00 元
ISBN 978 - 7 - 5049 - 8301 - 5/F. 7861
如出现印装错误本社负责调换　联系电话（010）63263947

《中国商业银行竞争力报告2016》
编委会

课题实施单位　《银行家》研究中心

专家指导委员会（按姓氏笔画排序）

王广谦　中央财经大学校长

王松奇　中国社会科学院金融研究所博士生导师、教授，
　　　　《银行家》主编

洪　崎　中国民生银行董事长

张　杰　中国人民大学中国财政金融政策研究中心副主任

吴念鲁　中国金融学会副会长

宋逢明　清华大学国际贸易与金融系主任

赵彦云　中国人民大学应用统计中心主任

夏　斌　国务院发展研究中心金融研究所所长

秦池江　中国金融学会副秘书长

曹凤岐　北京大学金融与证券研究中心主任

焦瑾璞　中国人民银行研究生部部务委员会副主席

魏加宁　国务院发展研究中心宏观部副部长

课题组组长　王松奇

课题组副组长　刘煜辉　欧明刚

课题组成员　王松奇　刘煜辉　欧明刚　张云峰
　　　　　　高广春　刘明彦　王光宇　宋　飞
　　　　　　周　立　范　嘉　徐　虔　张　坤
　　　　　　刘　戈　冯斯健　蔡鸿志　韩晓宇

课题支持　北京费雪投资咨询中心

摘　　要

　　从 2015 年 4 月公布的宏观经济数据来看，最为引人关注的是 2015 年全年 GDP 增速自 1990 年以来首次跌破 7%，中国经济增长新旧动能转换效率较低，面临的问题和矛盾将更加错综复杂。2016 年，我国经济发展仍将处于阶段更替、结构转换、模式重建、风险释放的关键时期，劳动力不足引发的"刘易斯拐点"现象、投资需求严重不足、政府债务负担过重等问题或将使经济运行呈现低增长、低通胀、高杠杆的态势。此外，连续 45 个月的 PPI 指数持续下降，显示工业制造业领域压力较大。

　　与此同时，我国经济结构转型效果显著，产业结构和需求结构显现出了新特点。目前来看，我国经济下行压力依旧明显，经济结构转型之路任重道远，推进结构性改革，寻求稳定经济增长和优化经济结构之间的平衡点，实现经济持续健康发展仍将是短期内我国经济发展的主要任务。

　　金融业横跨供给、需求两侧，既可以为当前市场需求引入资金流，又可以为未来供给提供土壤，是政府进行市场结构调整时的重要工具。因此，抓住金融结构改革，就相当于同时抓住了供给和需求两端。为了适度扩大需求，同时加强供给侧结构性改革，中央经济工作会议强调了 2016 年经济去产能、去库存、去杠杆、降成本、补短板五大任务。

而对银行业来说，未来需要关注的是银行不良贷款率。2015年部分商业银行出现了盈利增速放缓的迹象，普遍面临不良贷款率提升所带来的资产质量压力问题。市场的主要表现是不良贷款余额和不良贷款率"双升"。银行要严控不良贷款，创新不良贷款处置手段和加速不良贷款的流通效率，完善指标体系全面评估银行系统风险。

《银行家》研究中心研究并推出的"中国商业银行竞争力评价报告2016"，以整体行业为研究对象，以科学分析方法，在对以往评价模型不断改进基础上，通过大量实地调研，历经一年多时间，为广大读者奉献的"呕心"之作。本次报告摘要部分包括中国银行业总体评价和全国性商业银行财务评价。本报告以2015年中国商业银行业的经营状况为依据，利用竞争力分析框架，分析了中国商业银行竞争力的基本格局，对全国性商业银行和城市商业银行的竞争力作了评价，点评了不同银行的特点，提出了中国银行业竞争力提升中需要解决的问题。

对全国性商业银行盈利能力、资本实力、资产质量和流动性等指标的综合评价，中国全国性商业银行的竞争能力在财务性指标的表现来看有了明显的改善。中国建设银行、中国工商银行、招商银行、兴业银行、恒丰银行为全国性商业银行的前五名。以全国性商业银行为代表的中国银行业积极推进改革创新，资产负债规模稳步增长，存贷款增速有所放缓，资本实力不断增强，资本充足水平稳步提升，利润增速进一步放缓，流动性水平总体平稳，但不良贷款余额和不良贷款率增长幅度有所扩大，资产质量的压力进一步上升。各类银行业金融机构，继续围绕公司、业务、风险、行业等方面深化治理体系改革，不断优化银行业金融机构治理体系；紧跟时代脉搏，从电子银行服务渠道、高附加值非信贷业务、负债产品等方面，加大金融创新力度。银行业金融机构投资主体进一步多元化，民营银行试点取得历史性突破，一批民营资本主导的金融租赁公司、消费金融公司、财务公司和村镇银行成功设立，广覆盖、差异化、高效率的银行业机构体系进一步完善。

对全国性商业银行发展战略、公司治理、风险管理、产品与服务、流程银行建设、信息技术和人力资源等方面的综合评价，中国工商银行、中国建设银行、中国银行、招商银行、交通银行分列全国性商业银行的前五名。

总体来看，城商行受人才、系统、流程、资源等多种因素的限制，在改革创新转型方面落后于国有大型商业银行和全国性股份制商业银行。城商行需要付出更多的努力和资源来改善自己，提升自己应对新常态下复杂经济金融形势和市场竞争的能力。2015年，城商行资产负债规模增速有所放缓，但仍然高于银行业平均水平，城商行资产负债规模在银行业金融机构中的占比继续增长，其中3家城商行资产规模超过1万亿元；不良贷款增长有所加速，但资产质量、风险抵偿能力仍保持较好水平；资本金补充压力较大，但资本金和流动性保持充足；盈利水平继续增长，但增幅继续下降，盈利能力有所下降。

Abstract

According to macroeconomic statistics released in April 2015, the most notable figure was that China's GDP growth in 2015 had fell below 7% for the first time since 1990. The replacement of old drivers of economic growth with new ones remains low efficient, while the problems and conflicts in China are more complicated. In 2016, with China's economic development at a critical period of stages changes, structure transform, model rebuilding and risks release, "Lewis turning point" phenomenon incurred by the shortage of labor force, lack of investment demand and the overload of government debt may reduce China's economic performance to a situation with low growth rate, low inflation and high leverage. Besides, a continuous decline of PPI in the previous 45 months indicates the heavy pressure facing industrial manufacturing.

Meanwhile, the transformation of China's economic structure has made remarkable effect, for the new characteristics of industry structure and demand structure emerge. However, as China still faces further downward pressure, the transformation shoulders heavy responsibilities. The major tasks of China's economic development in the short term will be propelling the structural reform, finding the balance between stabilizing the economic growth and optimizing the economic structure, and realizing a sustainable and healthy development.

Across both the supply and the demand side, financial industry not only brings cash flows based on current market demand, but provides soils for future supply as well, and for this reason, it serves as an importance tool in the adjustment of market structure made by our government. Thus, seizing the financial structure reform equals seizing the supply side and the demand side. In order to expand demand moderately and deepen the supply – side structural reform, the Central Economic Working Conference emphasized the five big tasks of 2016, to be more specific, "cutting overcapacity", "reducing inventory", "deleveraging", "lowering costs" and "strengthening points of weakness".

Non – performing loan (NPL) ratio is the very concern for the banking industry in the future. In 2015, the earning growth of some commercial banks slowed, and the whole industry were facing the pressure of asset quality caused by the upgrade of non – performing loan ratio. The market is enduring a rise in non – performing loan balance and non – performing loan ratio. Banks should bring non – performing loan under strict control, innovate the means of non – performing loan disposition, accelerate circulation efficiency of non – performing loan and improve the indicator system to assess the systematic risks in the banking industry more comprehensively.

Studied and written by the Chinese Banker Research Center, "Annual Report on the Competiveness of China's Commercial Banks 2016" was finally published after over one – year's fermentation. Regarding the whole banking industry as the study object, the Report was finished based on the improvement of previous models and a lot of field research by the comprehensive use of scientific analysis methods. The abstract of the Report introduces the landscape of China's banking industry and the financial evaluation to nationwide commercial banks. On the basis of the operation of China's commercial banks in 2015 and using the competiveness analysis framework, the Report analyzes the basic pattern of the competiveness of China's commercial banks, evaluated on the com-

Abstract

petiveness of nationwide commercial banks and city commercial banks, commented on the features of these banks, and proposed questions for China's banking industry to address in promoting their competiveness.

In terms of a comprehensive assessment of profitability, capital, asset quality and liquidity of nationwide commercial banks, the competiveness of Chinese nationwide commercial banks generally has been dramatically improved in the light of their financial indicators. China Construction Bank (CCB), Industrial and Commercial Bank of China (ICBC), China Merchants Bank (CMBC), China's Industrial Bank (CIB) and Evergrowing Bank (EGB) ranked top five. With nationwide commercial banks as representatives, China's banking industry positively advanced reform and innovation, and realized a steady growth in asset and liability scale, a slower deposits and loans growth, a strengthening capital power, a steady promotion in capital adequacy, a slower profit growth, and a smooth and steady liquidity situation. Nonetheless, on the other side, the average non – performing balance and NPL ratio had a larger expansion and the pressure of asset quality strengthened. All types of the banking financial institutions, have been improving the governance system of the banking institutions from various perspectives of corporations, businesses, risks, and the industry; and accelerating the financial innovation includinge-bank service channels, high – added value non – credit businesses and liability products in order to keep pace with the times. The banking financial institutions investors were further diversified; private banks pilots made historical breakthrough; a bunch of financial leasing companies, consumer finance companies, finance companies, and rural banks were established; and a banking institution system featuring broad coverage, differentiated operation and high efficiency was more developed.

ICBC, CCB, Bank of China (BOC), CMBC, and Bank of Communication (BOCOM) ranked top five in terms of a comprehensive assessment of developing strategy, corporate governance, risk management, product and service, the construction of process bank, information technology and human resources of nationwide commercial banks.

Generally speaking, city commercial banks lagged behind stated – owned big commercial banks and nationwide joint – equity commercial banks in reform, innovation and transformation due to the limitation in talents, systems, procedures, resources and so forth. City commercial banks should pay more effort and allocate more resources to improve their performance, and promote their ability to cope with the complex economic and financial situations under the background of New Normal and their ability in market competition. In 2015, the growth of the asset and liability scale of city commercial banks slowed but were still above the average level of the whole industry, the proportion of the asset and liability scale of China's city commercial banks in the banking industry increased, and the asset scale of three city commercial banks went above one trillion yuan; the increase of NPL in city commercial banks speed up, while the asset quality and risk compensation capacity were maintained at a decent level; city commercial banks were facing heavy pressure in capital supplement, but had relatively adequate capital fund and liquidity; and their profits increased but the growth declined, which indicated a decrease in profitability.

目　　录

第一部分　2015年中国商业银行竞争力评价总报告

一、背景 ……………………………………………………… (3)
　（一）中国目前的流动性陷阱 ……………………………… (4)
　（二）经济"癌症"向金融系统转移 ……………………… (6)
　（三）金融空转与加杠杆 …………………………………… (9)
　（四）金融市场已拥挤不堪 ………………………………… (13)
　（五）资产、负债谁在驱动谁 ……………………………… (14)
　（六）"懦夫困境"与"洪荒之力" ……………………… (15)
　（七）金融不降杠杆则经济去杠杆无法开启 ……………… (17)
　（八）金融整肃及时而正确 ………………………………… (18)
　（九）"闷骚"式资产调整的概率最大 …………………… (19)
　（十）我们即将面对泡沫收缩 ……………………………… (20)

二、全国性商业银行财务评价 ……………………………… (21)
　（一）完善资本约束机制，调整业务结构，创新拓展资本
　　　　补充渠道 ………………………………………………… (23)
　（二）不良率与不良贷款绝对额明显反弹，整体拨备率
　　　　大幅下降 ………………………………………………… (24)
　（三）银行业利润增速整体进一步回落 …………………… (27)
　（四）流动性总体平稳，潜在风险因素日益增加 ………… (29)

三、全国性商业银行的核心竞争力评价 …………………… (31)
　（一）发展战略：抓住机遇，面对挑战，加快战略转型 …… (31)
　（二）公司治理：优化公司治理制度，完善公司治理
　　　　结构 ………………………………………………… (33)
　（三）风险管理：推进资本管理高级方法 ………………… (34)
　（四）信息技术：研发创新大量投入，风险安全明显
　　　　进步 ………………………………………………… (35)
　（五）人力资源：员工质量提升，结构进一步优化 ……… (36)
　（六）产品与服务：产品服务研发加速，市场反应良好 … (38)
　（七）市场影响力：增长势头强劲，网点数量稳步增加 … (39)
四、城市商业银行竞争力评价 ………………………………… (41)
　（一）资产负债总额增速下降，行业占比持续提升 ……… (42)
　（二）不良贷款保持"双升"，不良率低于行业均值 ……… (43)
　（三）拨备覆盖率均值有所下降，拨备贷款率均值有所
　　　　上升 ………………………………………………… (44)
　（四）资本充足性低于行业均值，但高于上市银行 ……… (45)
　（五）流动性比率保持高位，均值较低 …………………… (47)
　（六）盈利水平持续增长，增速有所下降 ………………… (48)
　（七）利息净收入占比较高，手续费和佣金收入占比
　　　　稳定 ………………………………………………… (49)

第二部分　2015年全国性商业银行财务分析报告

一、前言 ………………………………………………………… (53)
二、资本状况 …………………………………………………… (57)
三、资产质量 …………………………………………………… (60)
　（一）2015年全国性商业银行不良贷款情况 …………… (61)
　（二）2015年全国性商业银行风险抵补能力 …………… (66)

（三）全国性商业银行贷款集中度情况 ·············· (69)

四、盈利能力 ······························ (71)
 （一）总体情况 ···························· (72)
 （二）利息收入水平 ························ (76)
 （三）中间业务收入水平 ···················· (80)
 （四）成本控制水平 ························ (83)

五、流动性分析 ···························· (85)
 （一）存贷比分析 ·························· (86)
 （二）流动性比例 ·························· (87)
 （三）流动性覆盖率 ························ (89)

第三部分　2015年全国性商业银行核心竞争力评价报告

一、发展战略 ······························ (93)
 （一）打造"轻型银行"，以转型引领发展 ······ (96)
 （二）大力推动中间业务收入的增长 ·········· (98)
 （三）持续从资产端推进信贷证券化业务，从负债端推进
   同业业务发展 ······················ (99)
 （四）推动零售业务转型 ···················· (104)
 （五）积极运用互联网思维和技术来创新金融服务和经营
   管理 ······························ (106)
 （六）积极拓展海外业务 ···················· (109)

二、公司治理 ······························ (111)
 （一）公司治理构架情况 ···················· (112)
 （二）董事会成员履职情况 ·················· (113)
 （三）信息披露情况 ························ (114)
 （四）社会责任履行情况 ···················· (116)

三、风险管理 ······························ (120)

（一）资本高级管理办法 ………………………………（120）
　　（二）风险管理的手段与技术 …………………………（122）
　　（三）风险管理的效果 …………………………………（127）
四、信息技术 ………………………………………………（130）
　　（一）信息技术先进性 …………………………………（130）
　　（二）信息科技稳定性 …………………………………（132）
五、人力资源 ………………………………………………（134）
　　（一）人力资源概况 ……………………………………（134）
　　（二）员工培训 …………………………………………（139）
　　（三）限薪政策 …………………………………………（141）
六、产品与服务 ……………………………………………（143）
　　（一）创新能力 …………………………………………（143）
　　（二）品牌管理 …………………………………………（145）
七、市场影响力 ……………………………………………（147）
　　（一）规模分析 …………………………………………（147）
　　（二）战略性业务 ………………………………………（156）

第四部分　2015年中国城市商业银行竞争力评价报告

一、2015年财务状况 ………………………………………（167）
　　（一）资产负债 …………………………………………（168）
　　（二）资产质量 …………………………………………（171）
　　（三）抵偿能力 …………………………………………（175）
　　（四）资本充足性 ………………………………………（178）
　　（五）流动性状况 ………………………………………（181）
　　（六）盈利状况 …………………………………………（186）
　　（七）收入结构 …………………………………………（191）
二、新常态下改革发展热点 ………………………………（192）

（一）存款利率市场化与主动负债管理 …………………（193）
（二）加强组织变革促进转型发展 …………………………（200）
（三）拓展非利息收入提升盈利能力 …………………………（208）
（四）跨界合作推动互联网金融发展 …………………………（217）
（五）联合重组与公开上市 ……………………………………（223）

第五部分　专家研究

宏观政策选择问题上的歧见与共识…………………王松奇（232）
关于提高竞争力的七个思考…………………………马德伦（237）
创新驱动是经济发展的核心战略……………………殷久勇（240）
科技发展重塑商业银行经营管理和服务模式………王敬东（244）
银行为什么要转型……………………………………许一鸣（248）
发挥综合金融服务功能，促进实体经济创新发展…张晓松（251）
中国银行业面临哪些挑战……………………………吴晓求（253）
转型发展要以市场为主导……………………………刘锡良（256）
商业银行的创新思考…………………………………刘建军（258）
银行创新转型新思路——提高研究能力……………连　平（261）
打造要塞式资产负债表，建设四方满意的银行……罗　军（264）
中国银行业组织与人才的变革之道…………………张　越（266）
议题一　银行不良资产与风险管理……………………………（269）
议题二　服务实体经济的金融创新……………………………（273）
议题三　管理精细化与效率提升………………………………（277）

第六部分　附录：2016年中国商业银行竞争力评价结果

附录一　商业银行竞争力排名表（2016）……………………（285）
附录二　2016年中国商业银行竞争力排名获奖名单…………（294）

第一部分

2015年中国商业银行竞争力评价总报告[*]

[*] 本部分由刘煜辉、徐虔执笔整理。

一、背景

从2015年4月公布的宏观经济数据来看，最为引人关注的是2015年全年GDP增速自1990年以来首次跌破7%，中国经济增长新旧动能转换效率较低，面临的问题和矛盾将更加错综复杂。2016年，我国经济发展仍将处于阶段更替、结构转换、模式重建、风险释放的关键时期，劳动力不足引发的"刘易斯拐点"现象、投资需求严重不足、政府债务负担过重等问题或将使经济运行呈现低增长、低通胀、高杠杆的态势。此外，连续45个月的PPI指数持续下降，显示工业制造业领域压力较大。

与此同时，我国经济结构转型效果显著，产业结构和需求结构展现出了新特点。目前来看，我国经济下行压力依旧明显，经济结构转型之路任重道远，推进结构性改革，寻求稳定经济增长和优化经济结构之间的平衡点，实现经济持续健康发展仍将是短期内我国经济发展的主要任务。

金融业横跨供给、需求两侧，既可以为当前市场需求引入资金流，又可以为未来供给提供土壤，是政府进行市场结构调整时的重要工具。因此，抓住金融结构改革，就相当于同时抓住了供给和需求两端。为了适度扩大需求，同时加强供给侧结构性改革，中央经济工作会议强调了2016年经济去产能、去库存、去杠杆、降成本、补短板五大任务。

而对银行业来说，未来需要关注的是银行不良贷款率。2015年部分商业银行出现了盈利增速放缓的迹象，普遍面临不良贷款率提升所带来的资产质量压力问题。市场的主要表现是不良贷款余额和不良贷款率"双升"。银行要严控不良贷款，创新不良贷款处置手段和加速不良贷款的流通效率,完善指标体系全面评估银行系统风险。

(一)中国目前的流动性陷阱

没有比图1-1更能浓缩地描述时下中国经济和金融现状。过去,中国经济运行中也曾出现过 M_1 增速大于 M_2 增速的情形,对应的是经济上行周期的波动。但此次却完全不同,现在的 M_1 增速大于 M_2 增速则对应着中国经济的下行周期。二者相比,含义自是不同。

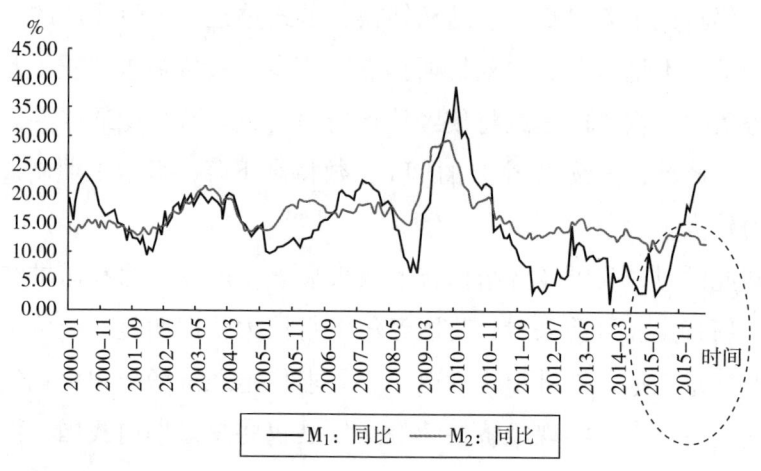

图1-1 中国 M_1 与 M_2 同比增速对比

M_1 反映经济中的现实购买力,M_2 则不仅反映现实购买力,还反映潜在购买力。若 M_1 增速较快,则表示消费和终端市场活跃,整体物价有上涨风险。若 M_2 增速较快,则显示投资和中间市场活跃,并进而有经济过热风险。

在欧美经济体系(它们的 M_1、M_2 含义与中国略有不同),M_2 增速长时间处于低于 M_1 增速时,意味着经济信用创造(即信用投放—投资—货币派生)失灵,也同时意味着经济中系统性风险越来越高。在 M_1 增速上升初期,市场中流通的现金不断增加,一般会推动资产(如股市、楼市)价格持续上涨,但当 M_1 增速超过 M_2 增速一段时间后,就会形成经济危机（或其他类型的危机）。现任美联储主席耶伦2007年底时曾经谈到——美国经济似乎不再创造信用。随后，2008年9月，美国便爆发了次贷危机。

中国人民银行调查统计司司长盛松成曾提出"企业流动性陷阱"的观点，虽引发了对这一概念的争议，但研究者和市场人士对其提出观点的背后机理的认知还是一致的。当经济生活可以创造信用也即资本投资回报率较高时，会推动经济中存款的定期化和长期化以及信托类存款的增长，进而带动 M_2 增速上升。反之，则是 M_1 增速上升。由此可知，中国 M_1 增速从2015年10月开始超过 M_2 增速，说明经济活动（尤其投资）产生信用的能力不断下滑，而现金和活期存款在不断增长。2015年第四季度是这一过程的起始阶段，现金和活期存款不断增加推动资产价格上涨，在中国便是推动房地产价格上涨。但这种价格推动现象，从过往规律来看一般只能持续一年左右时间。因为经济生活不能创造信用，即意味着不再创造财富，当实际购买力耗尽时，这段期间便也就结束了。但中国自有特色，即人民币不是可自由兑换的货币，对资本项目兑换实行管制，以及国有经济部门能攫取大量最便宜信用资源的体制，造成央企可以不断制造"地王"维系资产价格。目前的体制或许可以推迟资产价格上涨结束之日到来，但难以改变终会停止上涨的结果。

当下，国内实体产业已经托不住金融地产增长，而金融地产托不住财政，财政也托不住债务，债务最终托不住货币（汇率）。简单地讲，中国可贸易品部门（产业）已经托不起不可贸易品部门（金融和地产）。产业资本的生产率提不上去（边际报酬率、资本边际产量衰减厉害），因为不可贸易品对可贸易品的相对价格已经太贵，金融地产从经济中抽取的"租"太高，实体产业正在被榨干。由此可知，货币价值（购买力、汇率）与本币资产价格之间的严重背离，资产价格的最终趋势和结局也就难以改变。

（二）经济"癌症"向金融系统转移

当前，国内经济中的"癌症"正在向金融系统转移——盛松成司长通过详尽的数据解释了这一状态。对此，我们都非常赞同。在这里，我们从另外一个视角审视该状态的由来。

为挽救经济杠杆（中国的高负债部门主要是国有企业和类政府经济组织）和延迟风险爆发，过去几年，在体制的路径依赖之下，国内主要从两个方向来着力。

一是居民加杠杆，目的是拯救陷入悬崖的地方财政，核心在于房地产投资乃是中国地方政府融资机制的特殊安排（"生命线"）。只有驱动储蓄承接地产商债务，然后转化为房地产投资，最终才能变成地方政府的各种收入（见图1-2）。

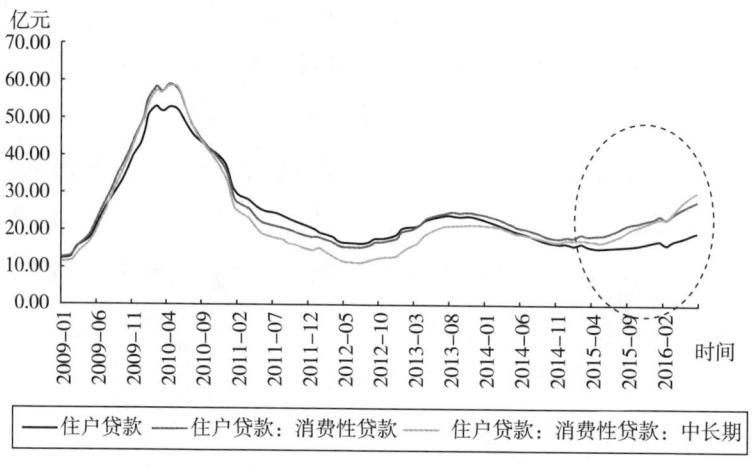

图1-2　国内住户贷款增长情况

二是释放大量长期信用，以维持房地产和地方融资平台的债务链，比如债务置换（用长期、低息的负债大量去置换短期、高息负债）、不允许银行从僵尸产业中抽贷、债转股等。这些客观上都是在牺牲银行体系资产的收益性和流动性，进而显著降低其资产周转率，由此造成经济风险向金融系统转移。

我们看到,中国经济中几个传统"爆点"的风险似乎都在下降。在债务置换和融资井喷后,地方政府融资平台和房地产商变得很有钱,而且钱是长期的、低成本的,所以"地王"频出。以前,地方政府四处求银行放款。现在则是银行求着地方政府给点资产,并且基准利率还可以下浮。只要不滥用投资,未来2~3年内地方政府发生资金链断裂的概率很小。国企的撤账则有点像是一个大宅门内子女间闹纠纷和左口袋到右口袋的事:有些人看出来大家长的心思就是想切金融的肥肉,"耍点赖"就发生了,但一下子闹到家庭破裂地步的概率也不大。毕竟,大家长制止这种事情比涉及体制层面的国企改革还是要容易得多。

但整个金融系统却被激励至"逆向选择"的方向,金融部门的资产快速膨胀,结果便是一个激进的资产端与一个激烈竞争的负债端。由此造成:一是负债端的久期越来越短,例如万能险的繁荣,把实际久期为一年的资金投入到久期长至十几年到几十年的长期股权投资(见图1-3)。例如回购市场,2010年时,日均回购规模在5000亿元,2014年大致在8000亿元,现在的日均规模在4万亿元。原因很简单,

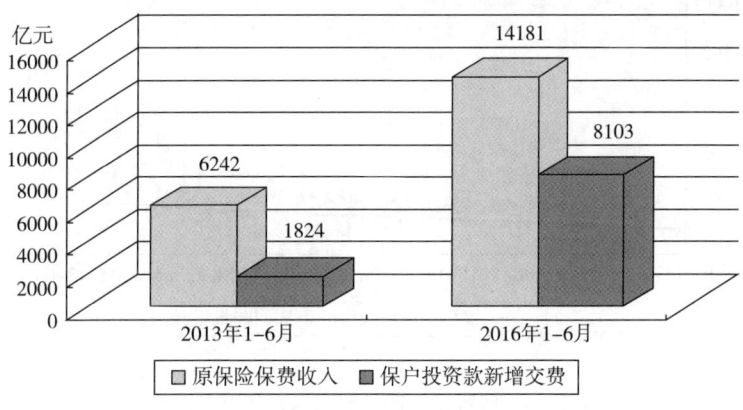

图1-3 中国万能险的繁荣

负债端需要持续不断的资金涌入才能维持激进的资产端。二是负债端的成本居高不下，资产管理机构要想维持规模就必须接受近似刚兑的高息负债。如果有的机构为了保持规模快速增长，采取相对高息的策略，则那些报价策略保守的机构会面临规模下降危险。在这样的博弈格局中，先采取保守策略的机构可能先被淘汰出局，随着规模下降，原有问题还可能被更多暴露，因此，博弈的结果是被迫接受较高的资金成本，拼规模就成了"能活下去"的必然选择。以上两方面合在一起就是一个词——"庞氏"。博弈到最后的必然结果是，所有的交易者都成为中央银行的对赌方。

如图1-4所示，国内回购市场规模呈指数型增长。结构上，隔夜类的资金比例从90%以上提升至97%以上（换句话说，即长钱从10%下降到3%以下，其他基本全都是短期限的资金）。短钱多是使用了杠杆的，现在的回购市场已经更多服务于加杠杆套利的需求，而非真实的金融机构流动性管理需求，而且背离度越来越大，一个呈指数增长的杠杆市场正在加速来袭。

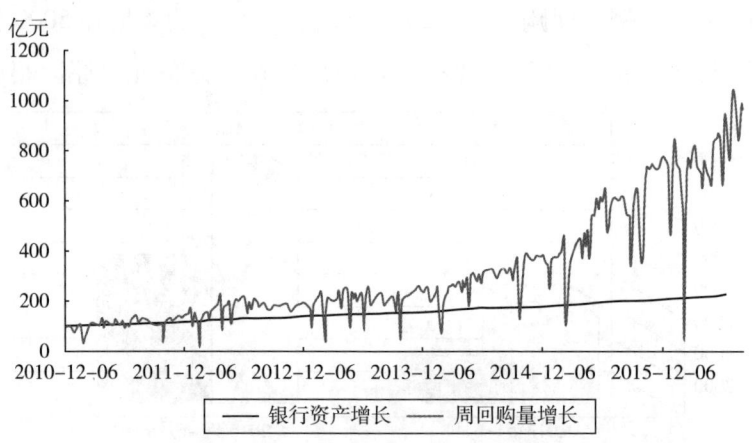

图1-4 银行资产增长与回购市场交易情况

此外，国民经济管理中简化出来的四张部门表：企业、居民、金融和政府,如果为了延缓企业债务的出清,将居民和金融的表弄乱、弄坏,最后就只剩下中央政府的表,结果是政策的空间会进入十分逼仄的状态。当然,造成所有这一切的根源都一样。在难以突破既有利益格局藩篱,又无法正面突围时,就只能深陷结构性改革的"陷阱"。

(三) 金融空转与加杠杆

我们反思发现,2012年对中国来说是一个确定性的分水岭:"经济增长—通货膨胀—货币政策"的分析与政策框架开始失灵(见图1-5)。美林投资时钟理论失效并被玩成了"电风扇",原因在于债务出现了庞氏状态,投资收入不能覆盖债务利息。同时,资金"脱实入虚",2012年资金流向就没有再"实"过。金融开始空转并独自繁荣(见图1-6),最初的代表性事物是影子银行和银行的影子(见图1-7),到现今则是琳琅满目地披着"互联网金融"马甲的财富管理平台,以及越来越复杂的各类嵌入式投顾型交易结构及产品。

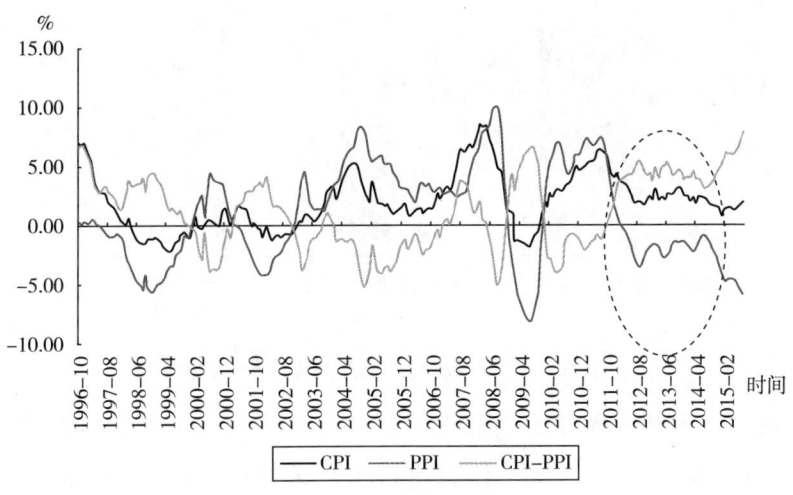

图1-5 从CPI、PPI看中国传统的库存周期和美林投资时钟失灵

中国虽然没有庞大的标准化的衍生品市场,但中国有很多灰色的抽屉协议和配资的交易结构，这里隐藏着很多杠杆，它们就像一根根灰色的吸血管不断扎入低效率的正规金融体系。

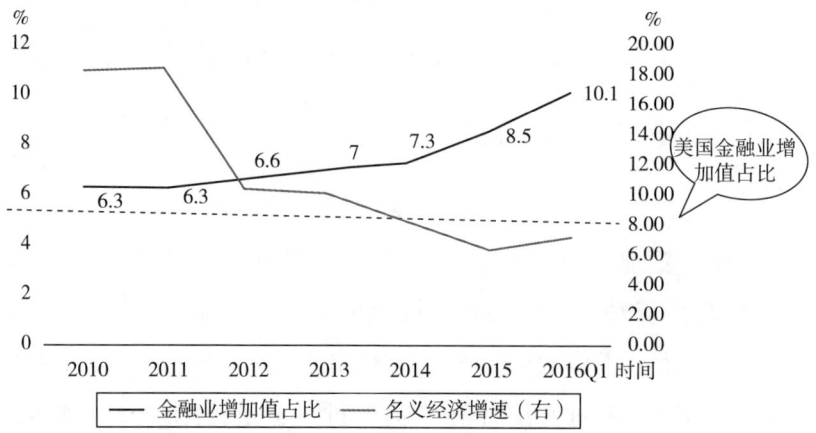

图 1-6　金融业增加值占 GDP 比例

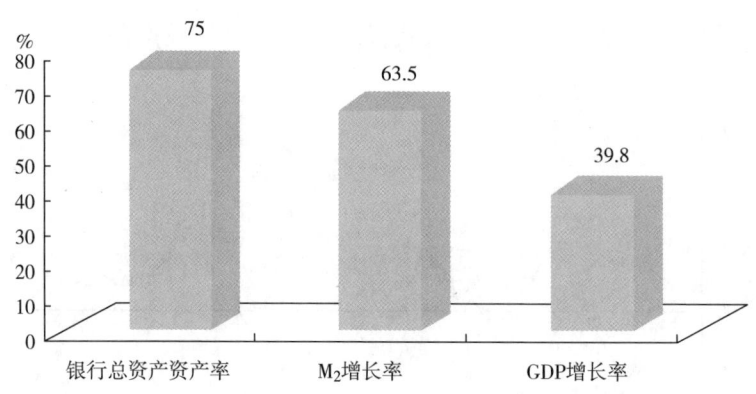

图 1-7　银行总资产资产率等增长情况

我们不禁怀疑现在的金融管理层是不是能实时地监控到金融市场真实的运行状态。在某刻，银行进行了一笔规模10亿元的委外投资，通过多层交易链条的传递最终可能会形成近40亿元的资产规模，才能做平这一交易结构的成本，也即真实的杠杆可能远高于监管机构的平均统计数据。

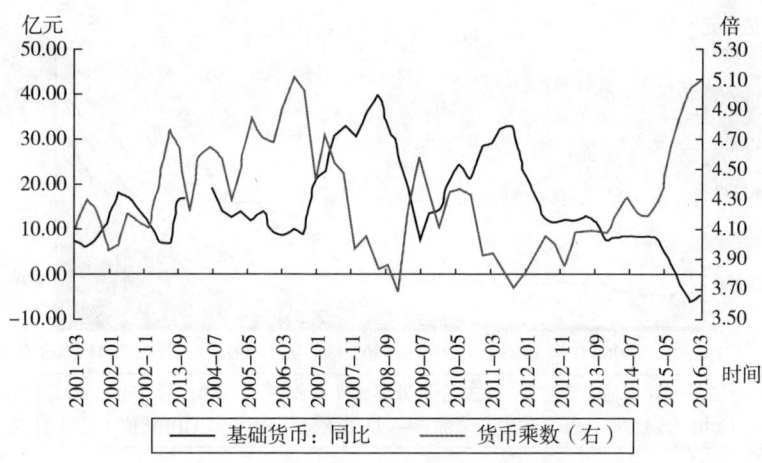

图1-8 中国基础货币与货币乘数变动情况

金融既然不能从实体回报中获得足够收入,那就只能通过金融交易来创造价差。由此可知,加杠杆、加大久期错配、有意识地低估风险等不断涌现,在松垮的地基上靠金融交易的"积木夹"搭建的资产楼阁也越来越高。

当下,中国是金融供给不足(金融压抑),还是金融供给过度?的确不太好下结论,这涉及对过去十年特别是最近五年金融自由化进程的评估。在城市土地等不可再生类要素资源由政府主导分配体制下,财政与国企改革缺位,以及金融自由化的单兵突进,除了把国有经济部门变成"资金"掮客和影子银行外,我们没有看到金融结构的变化,呈现出的只有套利和金融杠杆膨胀。这个特征很好理解,因为在债务周期上升末端,经济四部门(政府、企业、居民、金融)中唯有金融部门杠杆加得最厉害。2008年前的五年中,美国金融部门加杠杆对整体债务率上升的边际贡献达60%~70%,金融同业和衍生(杠杆)交易形成的资产比例也快速上升(见图1-9、图1-10、图1-11)。而2012年以来的中国,情形不也正是如此?

就国内情况来看,银行业资产规模越来越大,但目前的说法是银

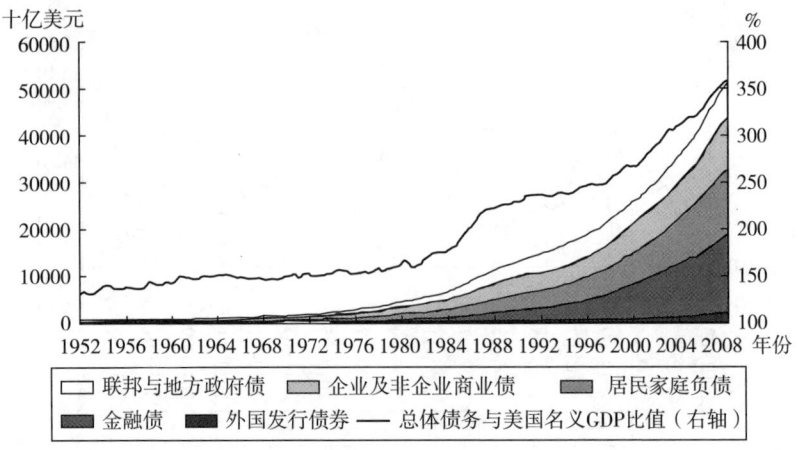

图1-9 金融危机前美国部门债务率的结构对比

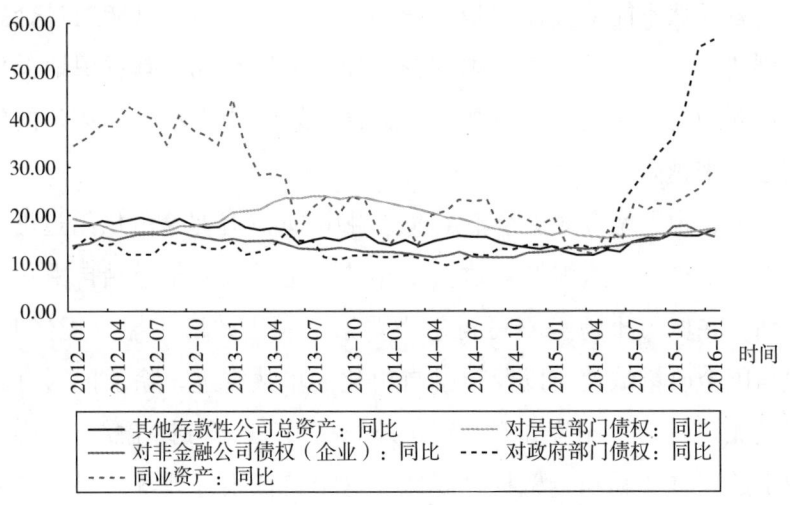

图1-10 美国不同类型资产增长情况对比（1）

行资产存在配置荒，而"荒"体现在利差上，因此，银行的逆向选择是要把资产规模做大（2016年1月资产规模增速16.8%），目的之一是把利润补回来，之二是迫于不良资产处置压力需要进行会计腾挪。而银行自己无法做到的情况下，就通过委投（把资产委托给资管、信

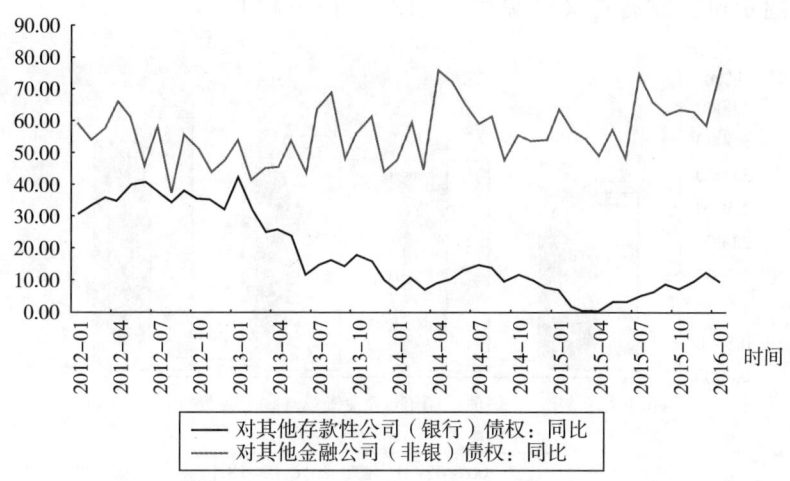

图1-11 美国不同类型资产增长情况对比（2）

托、券商）的方式来进行，造成银行对非银行同业资产增速在2016年1月飙升至76.3%。

（四）金融市场已拥挤不堪

中国的债务市场与三年前最大的变化是，金融资产的收益率与负债端的成本出现了倒挂，裂口发散使整个金融系统脆弱性显著上升。2013年时融资很贵，融入资金可能需要支付10%的成本，但却可以同时找到一笔收益15%的资产，把这笔融资转让出去。而当下，4%以上的融资成本支持3%的资产收益率的交易结构却普遍存在。这其中的缺口，只能依靠加杠杆、拉长久期错配和有意低估信用风险甚至流动性风险来弥合（造成资产端越发激进）。

中国目前的金融市场依然拥挤不堪。金融运行及交易的主要是情绪，而不是风险，各类利差被全面压缩，如债券收益几乎只能寄希望于价格上涨带来的资本利得。而之所以交易依然，是因为交易者相信将有比自己更无法承受目前状况的交易者会继续加大杠杆，同时，也是因为相信央行拼死也会努力维持目前的脆弱系统。显然，这种情况下风险定价已没有意义（见图1-12、图1-13）。

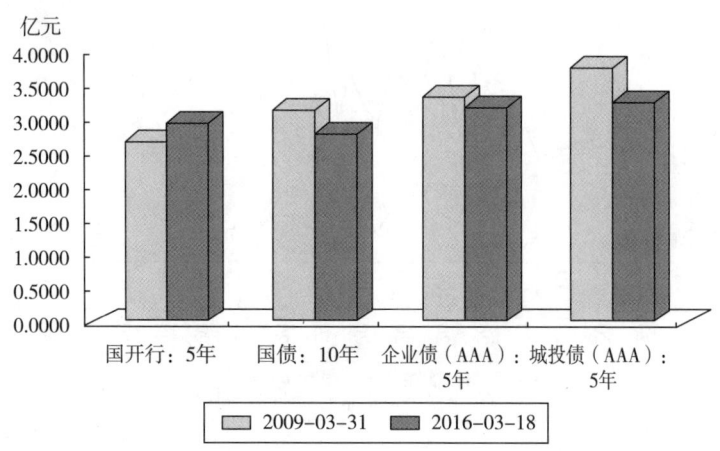

图1-12 国内部分债券产品发行规模

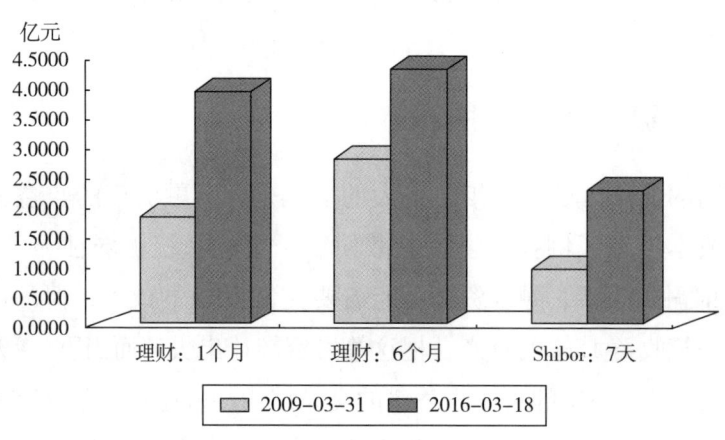

图1-13 国内理财产品发行规模

（五）资产、负债谁在驱动谁

现在大家谈商业银行转型，言必称"大资管"模式。在过去五年，资产管理行业一直是中国银行业发展中最璀璨的明星。资产管理行业规模扩张速度曾多年持续保持在50%以上，有人统计中国资产管理行业管理的资产规模2015年底已经达到90万亿元（部分重复计算）。由此可知，是"资产驱动负债"还是"负债驱动资产"已经不那么重要，因为一个"金融压抑"的经济在走向"金融自由化"过程中，后者似乎更为常见。

自由化初期，生息资产的收益率普遍较高，而金融压抑带给利差的保护期，意味着只要能吸引来资金，利差收益就会非常丰厚。造成所谓资产管理最初就是在比拼募资能力，用较高的预期收益吸引资金，用信用度高的牌照和隐形刚兑来吸引资金，用丰厚的提成来刺激渠道，规模快速增长几乎成为资产管理机构的第一目标。以各种形式吸收资金（拼牌照、拼渠道），再以各种交易结构放贷出去，赚取利差，本质上还是间接融资体系下的信贷扩张的延伸，即银行的影子。

（六）"懦夫困境"与"洪荒之力"

纳什均衡中有个"懦夫困境"的经典案例。单行车道上，两辆高速相向而行的汽车，如果谁都不让，必然车毁人亡，博弈的结果是胆小的一方会让开车道。当下中国的金融市场就如同拥堵在一个路口：一头是中央银行，一头是淤塞在一起的、越聚越多的众多套利结构。而交易者往往都先验地认为，在这个博弈的支付矩阵中，央行会是那个最后的胆小者。

眼下，金融市场认为只需要确认央行的一个隐形承诺（不敢放弃宽松货币）就足够了，剩下的事情他们都可以自己完成。这就是金融的特质——自我强化。自己可以制造多余资产，而这才是金融市场上真正的"洪荒之力"。

当前，"豪赌"支配着金融市场的神经。坚信货币宽松的全球趋势，西方深陷长期停滞的陷阱，低利率到零利率以至负利率，不断量化宽松。中国也会继续货币宽松，流动性泛滥不断制造多余资产，继续支撑资产负债表扩张。抓住机会做大做强，对于追赶者来说，这确实是实现弯道超车的黄金时间——"过了这个村就没这个店"了。

的确,过去三年的中国金融市场不断强化"富贵险中求"的赢家理念。例如,一个月前还可能触及平仓线之危的宝能系,转眼之间反而浮盈 300 亿元。难怪金融市场的交易者感叹"时间荏苒,白云苍狗"。

而一个缺少变化的、不被看好的货币政策预期,以及由此生成的"央行信仰",在钝化市场的自我调节功能同时,也会将央行和整个金融系统逼入了"绝境"。

金融市场的情绪之下,卖方机构甚至有点漠视央行的存在,"2.25%红线在不在都无所谓"。债券收益率的高度"平坦化"之后,市场就开始哄托"牛陡"的气氛,中央银行现在要说服市场且让市场相信其能够坚守住 2.25%的利率走廊防线(7 天的回购利率)——比以往任何时候都要难。收益率和负债成本的倒挂越发严重,在低风险资产上进一步加杠杆,并将"资产荒"演绎到极致,这是一个自我强化的过程。收益率越下行,所需的杠杆率就越高,所需要的资产就越多,机构就越是疯抢,最后结果如何就只能靠市场自然力的"造化"了(见图 1-14)。

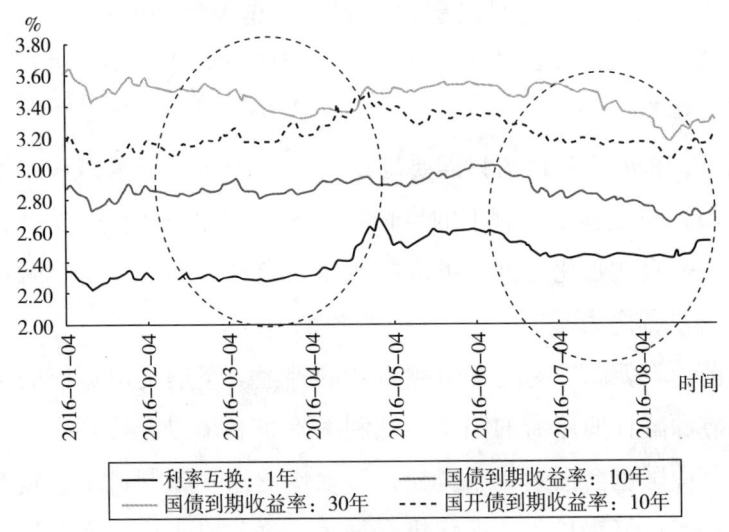

图 1-14 主要债券收益率变化

而没有风险定价的市场上，信仰会变得脆弱。中国人民银行现在的策略正是在"飞轮里面掺沙子"，例如，抬高14天逆回购利率，抑制套利杠杆的过快上升。而在拥挤的市况下，信用市场的高波动很容易发生，踩踏（流动性冲击）如果发生，短钱长配的交易结构将直接面临高收益兑付和资产贬值、收益率下降的夹击。因此，"看到低利率、零利率不算什么，挨到零利率还活着才是真牛"。在"低利率、高波动"的环境中，交易者只有相信常识才能约束和宽慰自己。

（七）金融不降杠杆则经济去杠杆无法开启

没有金融降杠杆，经济的去杠杆很难开启。研究西方经济体所经历过的债务周期的调整过程，可以检索出相似的逻辑路径。债务周期的调整都是先从金融系统内部杠杆的解构开始，降低金融密集度，由此引致资产缩水和债务通缩的压力。非金融部门的债务重组（在西方主要是私人和家庭，在中国主要是国企和类政府实体）一般在资产价格缩水之后，才可能会实质性发生。

去产能不可能在价格上涨状态下开始，债务重组也一样。如果能够以非常低的利率融资，非常便利地借到大量资金，资产价格还在高位，土地市场依然活跃（"地王"频出），则怎么可能把债务合约的相关利益人都请到谈判桌前来商量缩减债务？逻辑上是不可能的，这是客观的经济规律。金融部门压杠杆所产生的资产通缩压力，才会促使非金融部门进入实质性的债务重组的谈判。

而为了应对由此可能产生的系统性宏观风险，政府对应的是一套避免经济长期萧条的超常规货币财政方法。市场上有很多人期待推出中国式的QE，希望中国政府或中国人民银行能够将债务包袱直接赎买或兜取，进行杠杆部门间的大挪移。为什么中央银行和政府一直没有推出这种方式？最根本的还是技术问题，是价格谈不拢。如果中央政府真把不好的资产收下来，关键债务主体的资产价格就要大打折扣。

只有价格压缩到一定程度，才能依靠超常规的措施实现资产收取，否则依照现在的价格还是太贵了。

我们没见过资产还在高位时，政府和中央银行就跑到前台去承接杠杆的情况，政策腾挪的空间某种程度上取决于资产缩水的进程。

超常规的财政金融办法也不是带领中国走出危机的手段。不能为了去杠杆而去杠杆，去债务而去债务，而是要形成一种环境来推动供给侧改革。如果一直在一个没有压力的环境中，是没有人愿意主动去改革的。

（八）金融整肃及时而正确

中国经济在加速膨胀的金融资产和快速收缩的投资回报中艰难行进。我们显然意识到自己已被包裹在危险之中。

当下的清理金融风险无疑是正确的，而某种程度上这是一个修正"金融自由化"的过程。由繁杂浮华到简单朴素，甚至回归原始——毕竟已经混乱了五年有余。当金融稳定和降低系统的道德风险成为选项后，金融创新和自由化会被先搁置。从常理上讲，这是一个降低系统厚尾风险的过程。当然，矫枉过正、下手过猛也可能形成短期过大的挤压，但我们迄今所看到的过程还是有章法的，正面的、流动性压迫式的挤压（如2013年"钱荒"）几乎没有，更多是迂回，构建超级金融监管体系，清理和扫荡监管真空与盲区。

银监会、保监会、证监会都陆续出台了对资产管理行业更为严格的监管指导，主要限制监管套利和过高的杠杆，资产管理行业野蛮增长时期已经落幕，通道业务已经式微，行业即将开始升级重构，从影子银行到资产管理，整个资产管理行业正在重归资产管理的内核。

"强监管、紧信用，顶短端（利率走廊下沿）、不后退"可能是未来中国金融政策的常态。

如同之前金融杠杆和负债将资产价格推到高位，现在要经历的是一个相反的过程，资产价格是由边际力量决定，如果金融杠杆上升的力道出现衰竭，例如2016年第一季度整个金融部门资产膨胀速度是18%，如果这个18%的速度不能进一步提速到20%，则金融资产价格也就涨不动了。如果未来从18%跌到17%，跌到16%，甚至跌到15%以下，那么，所有资产价格都将面临系统压力，而这是一个货币消灭的程序，金融空转的钱是会"消失"的，即当风险情绪降低时，货币会随着信用敞口的了结而消失。

洗净一些铅华是好事，少了那些浮华，经济和市场自身的韧劲会显现出来，只要不选择撞南墙（让树长到天上去），中国不用太担心。鉴于中国信用繁荣的内债性质，政府在必要时有足够的能力对金融机构资产负债表的资产和流动性实施双向管控。对外部头寸的资产和负债结构以及资本项目的管制，以及金融和财政政策的潜在空间，都保证了中国发生债务危机的概率并不高。

未来的资产价格调整可能要更倚重于结构性公共政策（税收）。与过度金融交易和房地产税收相关的公共政策选择的重要性，可能不亚于金融监管的具体技术和金融数量以及价格（利率）调控。

（九）"闷骚"式资产调整的概率最大

如果要问中国资产价格调整最有可能出现的状态，"闷骚"一词最形象，肯定会有非市场力量干预出清过程。例如对资本流出的管制，例如阶段性地释放流动性以平滑价格出清压力，又例如直接入场进行价格干预，但整个趋势的力量是难以改变的。资产重估虽然从价格的调整上表现迟缓，但趋势的力量会以另外一种方式表达出来，即交易的频率显著下降（高频到低频），流动性显著变差，时间成本将消耗虚高的价格，信用债市场就是一个例子。如果错失了短暂的资产结构调整窗口，可能很多标的就会进入一种有价无市的状态，一夜之间交易对手全部消失。

股票市场也出现了类似的状态。可交易标的越来越集中，比例越来越收缩，大部分股票向着换手率历史的低水平回归。而流动性溢价（显著高的换手率）是A股估值的重要基础，即A股有交易（博弈）的价值、低投资的价值。如果资产交易状态进入向低频率回归的趋势中，流动性溢价会处于耗损的状态，这实际上也是一种重估。

预期未来房地产调整也一样。过去几年靠套利的交易结构形成的资产都有被"闷"在其中的风险，例如信用债、PE/VC、新三板和定增。

低利率、高波动的环境下，固定收益作为资产管理的基石可能被撼动，固定收益的高夏普率时间可能过去了，中国只不过晚到了一步而已。负债刚兑也因为客观条件无法保住，监管套利和杠杆受到严格限制，投顾的交易结构被清理后，负债端产品的预期收益只能被迫下降，倒悬裂口收敛。同样的逻辑外延会逐步传递至资产端（房地产和土地）。

（十）我们即将面对泡沫收缩

未来（2017年）所有资产的波动率一定会显著上升。利率的"大空间、低波动"时期已经结束，"小空间、高波动"时间或已开启。看到零利率不是那么重要，挨到零利率还活着才最重要。交易的赢家最终拼的并不是信仰，而是谁的负债端能扛，眼下交易者心灵受煎熬的程度取决于其负债成本管理能力的大小，因为现在资产的流动性状态全靠信仰在支撑。

流动性作为一种宏观资产，其战略重要性会被金融系统越来越重视。悬崖勒马，见好就收，如果认同继续宽松、继续放水是不可持续，货币必然收缩，就应该加强对负债端高成本的控制，增强资产端灵活性，不再押宝负债驱动资产式的扩张，而是采取积极防御政策，渡过潜在的金融收缩期。

我们或将面对：一个泡沫收缩的时间，一个由虚回实的过程，一个重塑资产负债表、重振资产回报率的阶段。

二、全国性商业银行财务评价

全国性商业银行是我国银行业的重要组成部分。截至 2015 年 12 月 31 日，全国性商业银行的总资产、总负债及税后利润在银行业金融机构中的占比分别达到 57.76%、57.95% 和 62.31%，较上一年分别下降了 1.65 个、1.53 个和 0.5 个百分点。其中，五家大型银行在总资产、总负债及税后利润上的市场份额均继续呈下降趋势，股份制银行在总资产和总负债上的市场份额继续上升，基于税后利润的市场份额在 2014 年出现小幅度下滑后 2015 年又重返上升趋势。具体而言，大型银行的总资产、总负债和税后利润的市场份额与 2014 年相比分别下降了 2.00 个、1.94 个和 0.94 个百分点；股份制银行基于总资产、总负债和税后利润的市场份额与 2014 年相比，分别增加了 0.35 个、0.41 个和 0.43 个百分点。

2015 年，全球经济增长 3.1%，同比下降 0.3 个百分点，世界经济复苏活力较弱，多数经济体面临较大挑战，国际金融市场动荡加剧。发达经济体持续温和而不均衡的复苏，通缩压力较大。美国经济复苏强于预期；欧元区受经济结构调整进展缓慢、公共债务压力较大和地缘政治事件冲击等因素影响，经济增长动能明显减弱；日本安倍经济学三大主要措施中的刺激性货币政策和财政政策边际效应持续减弱，消费税提升所导致的负面影响超出预期。新兴经济体风险因素更为复杂，主要表现为增长势头继续放缓。印尼盾、智利比索、巴西雷亚尔和土耳其里拉等新兴经济体货币出现大幅度贬值，接近数年来低点，部分新兴经济体跨境资本流动更加剧烈，资本单向流出压力加大。由于各经济体复苏步伐不一,国际金融市场总体需求不振,波动加剧。

国内方面,2015年中国经济在新常态下运行总体处在合理区间,缓中趋稳、稳中有进、进中有创、创中提质。经济总体保持平稳运行,全年国内生产总值67.7万亿元,比上年增长6.9%;经济结构调整出现积极变化,战略性新兴产业保持较快增长,移动互联网、大数据、云计算等新一代信息技术加快与传统产业跨界融合。宏观政策取向继续实施积极的财政政策和稳健的货币政策,并在保持宏观政策连续性和稳定性的同时,积极创新宏观调控思路和方式,有针对性地进行预调微调,通过"营改增"扩围、加大税收优惠幅度等定向减税措施,支持服务业和小微企业发展;运用定向降准、再贷款、再贴现、调整银行存贷比考核等监管政策和发行专项金融债等手段,加大对实体经济的支持力度。金融市场总体保持稳健运行,2015年,我国股票市场主要指数总体有所上涨,但期间出现大幅震荡,成交量明显放大。

2015年,中国银行业机构改革有序推进,民间资本进入银行业稳步发展,金融业综合经营试点效应初显,银行业对外开放水平不断提高。银行业事业部制和专营部门制改革取得明显进展,产品登记、资产流转、互助保障和行业自律等配套支持机制和系统建设提速,银行业参加货币市场、信贷市场和直接融资的深度和广度显著提升。2015年,民间资本进入银行业的步伐明显加快,主要表现为进入的渠道增多、机构增加、资本增大、比例增长,民间资本进入银行业已基本实现常态化。

2015年,大型商业银行持续健全公司治理,强化履职能力建设,完善绩效考评机制。稳步推进事业部制和专营部门事业部制等改革工作,发挥集团化和专业化优势,试点设立银行系养老金管理公司。加快系统建设,开展压力测试工作,推动资本管理高级方法的实施运用,提高全面风险管理能力和风险处置能力。

股份制商业银行和中小商业银行加快战略转型和创新发展,拓展综合经营,因对利率市场化、金融脱媒、互联网金融等多重挑战,提升市场竞争力。服务重大工程建设,参与国家和区域战略;积极服务小微、"三农",改善薄弱环节金融服务;大力发展科技金融,支持大众创业、万众创新。积极拥抱互联网,创新多元化服务渠道;开展特色业务创新,走差异化发展道路。探索抱团发展模式,建立行业互助机制。加强资本管理,拓展资本补充渠道,增强可持续发展能力。

截至2015年末,全国性商业银行资产总额115.15万亿元,比上年增长12.46%;负债总额106.71亿元,比上年增长12.11%。所有者权益8.44万亿元,比上年增长17.01%;资本实力进一步提升,但盈利性有所下降,整体上资产质量压力进一步加大,绝大部分全国性商业银行流动性水平均有所降低,抗风险能力出现一定程度的下滑。

以下从资本状况、资产质量、盈利能力和流动性水平四个方面对全国性商业银行2015年度财务状况予以分析。各项财务数据除另有注明外,均取自监管部门及各银行的定期财务报告、新闻稿件等公开披露的信息。

(一) 完善资本约束机制,调整业务结构,创新拓展资本补充渠道

自2013年起,《商业银行资本管理办法(试行)》正式实施,全国性商业银行从完善资本约束机制与调整业务结构、创新拓展资本补充渠道等两方面着手,不断提高资本管理水平。一方面建立资本规划和全面风险评估体系,并在加强信息系统等基础设施建设、提升风险计量技术的基础上,进一步强化资本约束机制,引导业务结构的调整与优化;另一方面,在利润留存补充核心一级资本的基础上,创新和拓展资本补充渠道,二级资本债券发行实现常态化、境外市场发行试点破题,商业银行优先股发行顺利启动,实现了资本结构的进一步合理与优化。

总体而言，全国性商业银行的资本充足率、一级资本充足率、核心一级资本充足率全部达标，并且稳中有升。截至2015年末，我国银行业整体资本充足率、一级资本充足率、核心一级资本充足率分别为13.45%、11.31%、10.91%，较2013年末分别提高0.27个、0.55个和0.35个百分点。

就杠杆率而言，自2015年4月1日起正式施行的《商业银行杠杆率管理办法（修订）》（中国银监会令2015年第1号）对杠杆率计算过程中的部分具体项目的规定进行了明确、修订，并提出了明确的披露要求。对于15家已披露2015年末杠杆率水平的全国性商业银行中，杠杆率最高的是工行（7.48），仅渤海银行（3.89%）未达到银监会4%的监管要求；对于8家连续披露2014年、2015年末杠杆率水平的全国性商业银行，2015年末与2014年末相比，7家银行杠杆率水平有所提高，工行、中行、建行、招行四家全国性银行提高幅度较大，均在0.5个百分点以上。

（二）不良率与不良贷款绝对额明显反弹，整体拨备率大幅下降

2015年我国商业资产质量相较于2014年并没有出现太大的好转，面临的压力显著上升，不良贷款率和不良贷款绝对额均出现了明显反弹，商业银行整体的拨备覆盖率大幅降低，风险抵补能力有所减弱。截至2015年末，我国商业银行按贷款五级分类的不良贷款余额1.27万亿元，比年初增加4318.6亿元，增幅达到51.26%，增幅较上年扩大8.96个百分点，不良贷款余额连续第四年上升，且增加额、增幅持续扩大；不良贷款率1.7%，较2013年上升了0.5个百分点；拨备覆盖率在2013年、2014年出现了持续下滑后进一步大幅降低至181.2%，降幅达到50.9个百分点。

2003～2015年，整体上全国性商业银行不良贷款余额、不良贷款率均呈现整体下降的趋势，不良贷款余额由2003年的21044.6亿元下

降至 2015 年的 9538.3 亿元，降幅达 54.68%，不良贷款率由 2003 年的 17.90%下降至 2015 年的 1.64%，降幅为 16.80 个百分点。然而，不良贷款余额、不良贷款率"双降"的趋势在 2012 年出现了逆转，当年分别回升 9.36%和 0.06 个百分点，2013～2015 年的回升幅度则进一步扩大。

2015 年，全国性商业银行不良贷款余额 9538.3 亿元，较上年上升 3154.8 亿元，增速大幅扩大至 49.42%。其中，次级类不良贷款余额为 4373.6 亿元，较上年增长 45.53%；可疑类余额和损失类余额分别为 3912 亿元和 1252.8 亿元，也出现了 52.98%和 52.61%的大幅回升。不良贷款率方面，2015 年末全国性商业银行不良贷款率为 1.64%，自 2012 年以来连续第四年出现反弹，且反弹幅度持续扩大至 0.54 个百分点。

尽管全国性商业银行不良贷款问题加速暴露，但考虑到经济增速仍低位徘徊的宏观经济背景，加之不良贷款的确认存在一定的滞后性，后续全国性商业银行面临的资产质量形势短期内依然不容乐观。对此，关注类贷款和逾期贷款情况可提供一个观察视角。具体而言，逾期贷款是指所有或部分本金或利息已逾期 1 天以上（含 1 天）的贷款，相对较为客观，而五级分类下的贷款则涉及一定的主观判断。

就不良贷款余额的绝对额而言，由于资产规模上的差别，整体上大型银行要高于股份制银行。大型银行中，农行（2128.67 亿元）不良贷款余额突破 2000 亿元，成为 2015 年不良贷款余额最大的全国性商业银行，交行的不良贷款规模最小（562.06 亿元）；股份制银行中，招商银行（474.1 亿元）、中信银行（360.5 亿元）、浦发银行（350.54 亿元）和民生银行（328.21 亿元）的不良贷款余额较大，均超过 300 亿元，渤海银行（37.13 亿元）、浙商银行（42.33 亿元）、恒丰银行（45.76 亿元）等股份制银行不良贷款余额较小。

不良贷款率方面，2015 年全国性商业银行不良贷款率全部突破

1%，大多数银行超过1.5%。农行的不良贷款率仍居17家全国性商业银行中最高，2015年突破2%，达到2.39%，其次是招商银行（1.68%）、光大银行（1.61%）、民生银行（1.60%），最低的是浙商银行（1.23%）；大型银行2013~2015年平均不良率分别为1.04%、1.24%、1.7%，股份制银行则分别为0.8%、1.09%、1.5%，显示出由于股份制银行不良贷款率持续快速反弹，其在资产质量上相对于大型银行的优势不断缩小。

考虑到不良贷款涉及五级分类下的主观判断，而且存在一定的滞后性，在此选择关注类贷款及逾期贷款（逾期减值比）考察17家全国性商业银行面临的潜在不良贷款压力。与不良贷款余额类似，关注类贷款余额也与银行资产规模密切相关，大型银行关注类贷款余额远高于股份制银行。2015年，大型银行中，工行关注类贷款规模最大（5204.92亿元），规模最小的是交行（1181.03亿元）；股份制银行中，关注类贷款规模最大的是中信银行（903.92亿元），最小的是浙商银行（64.36亿元）。

商业银行的风险抵补能力以拨备覆盖率和贷款拨备率等两项指标进行综合考核。继2014年17家全国性商业银行拨备覆盖率全部下降后，2015年仅渤海银行贷款拨备覆盖率略所提升，其余16家银行拨备覆盖率进一步下降。大型银行拨备覆盖率下降幅度较2014年大幅扩大，农行下降幅度最大（97.10个百分点），交行最小（23.31个百分点）。股份制银行拨备覆盖率变化进一步分化，恒丰银行（89.14个百分点）和华夏银行（66.01个百分点）下降幅度较大，中信银行、广发银行与2014年类似，呈现了相对较小的下降幅度，分别为13.45个和18.87个百分点，17家银行中仅渤海银行2015年拨备覆盖率呈微小上升趋势，上升了0.78个百分点。

（三）银行业利润增速整体进一步回落

2015年，受实体经济增速下行和结构调整影响，信贷有效需求不足、不良贷款上升、央行多次降息、银行部分对地方政府平台的贷款转为地方债等诸多因素影响，银行业利润增速整体上进一步回落。17家全国性商业银行共实现税后净利润12810.71亿元，较上年增长1.67%，增速回落5.8个百分点。从收入支出角度来看，17家全国性商业银行2015年实现营业收入3.68万亿元，较上年增长11.43%，增速有放缓，其中利息净收入占73.6%、手续费及佣金净收入占22.7%，由此可见，资产产值损失等营业支出的大幅增长拉低了税后利润的增速。

就净利润增速来看，与2014年相比，14家全国性商业银行净利润增速出现了下滑，广发银行下滑幅度最大，达到28.62个百分点，浙商银行增速逆势大幅提高34.4个百分点。大型银行增速下滑幅度情况较为相近，农行下滑幅度最大（7.30个百分点），工行下滑幅度最小（4.55个百分点），其他三家大型银行下滑幅度均在5~7个百分点。股份制银行中，除浙商银行、渤海银行、恒丰银行增速逆势提高以外，其他9家银行增速下滑情况呈两极分化态势，广发银行下滑幅度最大（28.26个百分点），平安银行和华夏银行增速下滑幅度也达到两位数，分别下滑19.59个和11.18个百分点。招商银行、浦发银行和中信银行等资产规模排名靠前的股份制银行以及国内系统性重要银行，净利润增速也出现了个位数的下滑，分别下滑4.81个、7.27个和3.68个百分点。

就ROA和ROE水平来看，从近三年情况来看，整体上全国性商业银行净资产收益率水平加速下降，股份制银行下降幅度更大、加速下降的速度也快于大型银行。2015年，除广发银行（9.8%）外，其余16家全国性商业银行的净资产收益率均明显超过11%的达标线，大型银行净资产收益率水平除交行以外均集中于15%～17%，股份制银行情况更为分散，兴业银行（18.89%）和浦发银行（18.82%）净资产收益率水平在18%以上，排名17家银行中前两位，交行（13.46%）、广发银行（9.8%）ROE水平低于14%，排名垫底，广发银行更是不及11%的监管达标线。2015年16家银行净资产收益率下降，仅浙商银行净资产收益率微增0.31个百分点；除浙商银行以外，下降幅度最小的是渤海银行（1.20个百分点），广发银行、民生银行和恒丰银行分别下降5.18个、3.43个和3.09个百分点，降幅较大；大型银行中，交行在低位继续下降1.41个百分点，降幅在大型银行中最小，但绝对水平也最低，工行则在高位下降2.86个百分点至17.1%，降幅最大，绝对水平也降至建行（17.27%）之后。

就中间业务收入水平来看，近年来，一方面受利率市场化持续推进、同质化竞争下信贷资产议价能力下降的影响，商业银行主动推进收入非息化；另一方面，金融脱媒化、融资渠道多元、存款理财化等趋势的深入发展，为商业银行非息收入的快速发展提供了有利的市场机遇。在以上两方面共同作用下，商业银行中间业务收入持续快速增长。但是，值得注意的是，我国商业银行的综合经营程度相对较低，即中间业务收入与信贷资源的关系仍然较为紧密，近年监管机构持续推动降低实体经济融资成本的各项措施，预计将对商业银行中间业务收入持续增长构成不利影响，而这可能已在2015年全国性商业银行手续费及佣金收入增长率大幅下降上有所体现。2015年，17家全国性商业银行共实现中间业务净收入8352.45亿元，较上年增长16.20%，增幅较上年放缓6.4个百分点。大型银行共实现中间业务净收入5201.68亿元，占17家银行整体的62.28%，其中，中行和工行分别以1456.71亿元和1433.91亿元排在前两位，交行中间业务净收入规模在大型银行中最小，为350.27亿元，已连续四年低于招商银行、民生银行等股份制银行；股份制银行中，民生银行以601.57亿元首次超越招商银行，领跑股份制银行，招商银行以534.19亿元位居第二。中信银行、兴业银行、浦发银行、平安银行、光大银行、广发银行的中间业务净收入规模也在200亿元以上，而恒丰银行、浙商银行、渤海银行则均在50亿元以下，分别为49.14亿元、41.01亿元、34.27亿元。

就成本收入水平来看，近年来，商业银行一方面受诸多外部不利因素影响，收入增长放缓；另一方面，工资、房租等支出刚性增长，资产减值损失受资产质量影响大幅攀升。因此，直观上商业银行成本收入比承受较大的反弹压力。但从实际情况来看，近年商业银行成本收入比仍持续下降。具体分析来看，营业收入增速虽较前些年有所放缓，但仍保持10%以上的增幅；而支出方面，工资、房租支出虽然刚性增长，但在宏观经历整体放缓的背景下，此部分支出多年高速增长后处于高位，并不具备大幅增长的基础；资产减值损失受资产质量不利变化的影响出现了大幅增长，但其在整体营业支出中的比重仅在20%左右。但是，随着营业收入的进一步放缓，资产减值损失的持续大幅攀升，后期商业银行将面临较大的成本管控压力。2015年，17家全国性商业银行成本收入比均继续保持在45%以内。大型银行中，工行最低（25.49%），农行以33.28%的水平为大型银行中最高，交行成本收入比也在30%以上，中行、建行则均在27%~28%；股份制银行中，华夏银行（35.01%）成本收入比在17家银行中最高，浦发银行、兴业银行最低，分别为21.86%、21.59%，其他9家银行均在26%以上。

（四）流动性总体平稳，潜在风险因素日益增加

从本质上而言，商业银行要根据流动性、安全性、收益性相统一的原则对资产负债进行配置，而发生于2015年6月的"钱荒"即是过于追求通过资产负债错配实现收益最大化，而忽视了对流动性的关注。2015年以来，人民银行先是通过诸多定向调控措施进行预调微调，并

先后多次降准降息，保持了银行体系流动性的整体充裕。2015年9月2日，中国银监会公布修改后的《商业银行流动性风险管理办法（试行）》（中国银监会令2015年第9号），并自2015年10月1日起施行，从具体监管措施上强化流动性管理。

对商业银行而言，该办法是流动性管理上的一大重要变化。《办法》对商业银行流动性监管设定了流动性覆盖率和流动性比例两大监管指标。此外，修订后的办法删除原办法"商业银行存贷比应不高于75%"的要求，同时在流动性风险监测部分新增"银监会应当持续监测商业银行存贷比的变动情况"，意味着将存贷比由"法定监管指标"调整为"流动性风险监测指标"。为此，本报告选择存贷比、流动性比例和流动性覆盖率分析全国性商业银行的流动性管理水平。根据资产负债表中不同项目的稳定性以及受市场因素的程度，在此将总负债中不同项目分别归为客户存款（客户存款、存款证等）、市场化负债（向中央银行借款、同业及其他金融机构存放款项、拆入资金、以公允价值计量且其变动计入当期损益的金融负债（如表内理财）、衍生金融负债、卖出回购款项、已发行债券证券等）、内源性负债（应付职工薪酬、应交税费、递延所得税负债、其他负债等）等三类。其中，内源性负债受自身控制程度较高、稳定性也较高，但整体比重较小；客户存款稳定性其次，是现阶段我国商业银行负债中占比最大的部分；市场化负债受市场波动影响最大，是商业银行流动性风险最主要的触发因素。

就存贷比而言，与2014年17家全国性商业银行存贷比均在75%的监管标准以内不同，2015年17家全国性商业银行中，有中行（77.89%）、浦发银行（76.01%）、中信银行（75.63%）和华夏银行（75.26%）4家银行的存贷比超过75%。整体上，全国性商业银行的存贷比均有所上升，这与互联网金融背景下银行存款持续流失的趋势是吻合的。

就流动性比例来看，2015年末，17家全国性商业银行流动性比例均明显高于25%的监管要求。其中，大型银行流动性比例最高的是中行（48.6%），农行、建行、交行也均在42%以上，而工行以35.3%的流动性比例继续保持大型银行中最低；股份制银行中，恒丰银行以106.62%的水平成为17家银行中最高，招商银行（65.67%）、兴业银行（56.8%）、平安银行（52.14%）、光大银行（54.9%）、广发银行（51.27%）流动性比例也在50%以上，而浦发银行（34.06%）为17家银行中最低。

就流动性比例来看，这14家商业银行均符合在2015年底流动性覆盖率达到70%以上的监管指标，部分银行已经超过了100%的监管要求，大型银行的流动性覆盖率整体上明显高于股份制银行。大型银行中，中行以145.1%的流动性覆盖率位于第一，随后依次是建行（132.91%）、农行（127.50%）、中行（119.33%）、交行（115.60%）。在股份制银行中，平安银行（140.82%）遥遥领先，甚至超过除中行外的大型银行，其次是招商银行的流动性覆盖率也较高，达到119.71%，浙商银行（100.81%）也超过了100%，其余几家股份制银行流动性覆盖率基本处于75%~90%。

三、全国性商业银行的核心竞争力评价

（一）发展战略：抓住机遇，面对挑战，加快战略转型

2015年商业银行的转型还在继续。在这一年里，以供给侧结构性改革在深入，不良资产在增加，正式取消存款利率上限浮动区间，利率市场化进程基本完成，民营银行准入开放，同业竞争更加激烈，汇率形成机制进一步改革，汇率弹性增加，这些都对银行的经营带来了

新的环境。环境的变化使银行业加快以差异化为主要特征的发展转型。大型银行和中小银行纷纷进行合理的战略转型和经营模式调整，一个差异化和高效率的银行机构体系正在逐渐形成。

总体上，全国性银行的发展战略可以分为以综合性发展为目标的大型银行道路和以差异化经营为特征的股份制银行道路。当然，综合化与差异化并不是截然分开的。中国工商银行、中国银行、中国建设银行、中国农业银行、交通银行等国有大型商业银行，均以综合化、国际化为发展目标。中国工商银行的战略定位中包括实施"综合化、国际化"领域的创新转型；中国银行是中国国际化程度最高的银行，提出要成为"在全球化进程中优势领先的银行"；中国建设银行以成为"国际一流银行"为发展目标，其国际化综合化的发展方向可见一斑；中国农业银行也在其战略中明确提出要"建设国际一流大型商业银行"；交通银行战略定位则为"走国际化、综合化道路"。

相比而言，中小银行则出于差异化经营的考量而专注于某一项或几项业务领域，希望深度发展这方面业务从而实现并保持竞争优势。例如对于小微企业金融业务领域，华夏银行坚定实施"中小企业金融服务商"战略，民生银行提出要加速转型，创新小微金融服务，广发银行也致力于"最高效中小企业银行"的战略目标，将小微金融包括在其"四轮驱动"的战略布局之内。2015年，民生银行、恒丰银行等股份制银行作出了重要的战略调整。其中，民生银行坚持根植于民营企业，启动了深化改革的"凤凰计划"，加快推进分行转型和事业部制改革；平安银行致力于为客户提供一站式全方位的综合金融服务；广发银行希望打造为中国最高效中小企业银行和中国最佳零售银行；浙商银行努力将自己打造成"小微客户最需要的创业推手"；恒丰银行2015年首次提出打造"精品银行"的概念，发展以综合金融服务为特色、跨界融合的新型金融形态。

（二）公司治理：优化公司治理制度，完善公司治理结构

稳健的公司治理机制是中国银行业长期可持续发展的基础。在过去的几年里，我国银行业通过股份制改造，陆续建立起了现代商业银行的治理架构，并取得了相当的成绩。但由于银行业具有许多不同于一般企业特性，商业银行的公司治理也有一定的特殊性，其高水平的公司治理需要严格按照中国公司法、商业银行法、商业银行公司治理指引等法律法规以及上市地上市交易所规则的规定，并结合银行自身特点，在实践中不断优化公司治理制度和完善公司治理结构。考察银行的公司治理情况，可以从四个维度着手：一是公司治理构架是否完善，如独立董事比例是否满足 1/3 的要求；二是董事会监事会成员履职情况；三是信息披露是否满足真实、准确、完整等要求；四是社会责任履行状况。

截至 2016 年 6 月，17 家全国性商业银行中有 8 家成功在香港和上海两个交易所上市，分别为工商银行、建设银行、农业银行、中国银行、交通银行、招商银行、中信银行和民生银行，5 家仅在上海或深圳上市，为浦发银行、兴业银行、光大银行、华夏银行和平安银行。2016 年 3 月，浙商银行在香港上市。广发银行、渤海银行和恒丰银行暂未上市。依据这 17 家银行的年报以及相关公开文件来看，已上市银行信息披露相对全面，年报质量较未上市银行高出很多，公司章程也随着监管部门的要求提高而不断完善和修改，并积极履行社会责任，在扶贫救灾、支持科教文化事业以及保护环境方面作出积极贡献。

目前 17 家商业银行均遵守"三会分设、三权分开、有效制约、协调发展"的原则，按照"三会一层"的现代公司治理架构进行建设，股东大会、董事会、监事会和高级管理层相互制衡，确保决策的制定、执行和监督相互独立，有效运作。

（三）风险管理：推进资本管理高级方法

受经济下行影响，多家银行 2015 年不良贷款余额增加，不良贷款率升高，逾期贷款增加，风险管理难度增大：信用风险方面，受经济增长放缓、信贷规模控制和房地产调控政策延续等因素影响，部分区域及行业所蕴藏的风险逐步显现，贷后管理难度加大。同时，由于利率全面放开，利率风险加大。此外，2015 年 9 月，银监会对《商业银行流动性风险管理办法（试行）》进行了相应修改，办法明确，商业银行的流动性覆盖率应当在 2018 年底前达到 100%。在过渡期内，应当在 2014 年底、2015 年底、2016 年底及 2017 年底前分别达到 60%、70%、80% 和 90%。在过渡期内，鼓励有条件的商业银行提前达标；对于流动性覆盖率已达到 100% 的银行，鼓励其流动性覆盖率继续保持在 100% 之上。

管理方法上，2014 年 4 月，银监会根据《商业银行资本管理办法（试行）》，核准工商银行、农业银行、中国银行、建设银行、交通银行、招商银行实施资本管理高级方法，上述 6 家银行资产总额占中国商业银行总资产的 45% 左右，其中 4 家为全球系统重要性银行（G-SIB）。此轮核准标志着我国银行业风险治理能力建设开始迈上新台阶。《资本办法》整合了《巴塞尔资本协议 II》和《巴塞尔资本协议 III》，确定了标准方法和高级方法两种计算资本充足率的方式。

管理技术上，截至 2015 年末，大型银行和绝大多数股份制银行都已经建立起风险管理体系，并且具备定量分析与定性分析相结合的风险管理技术。大型银行风险管理体系建立较早，风险管理相对成熟，而中小型股份制银行则在 2015 年继续完善提高风险管理的水平。

总体而言，2015 年，在宏观经济下行环境下，企业生产经营困难增多，资金回笼周期延长，银行压缩贷款规模，融资难度加大，造成借款人资金链紧张甚至断裂，从而使银行的逾期贷款增多。银行业不良贷款也普遍反弹,越来越多在高增速下长期被掩盖的风险开始暴露蔓延,多重风险交织重叠并且复杂多变,风险的关联性更强,银行业资产质量面临严峻考验,各家银行的逾期贷款占比与不良贷款率均有所上升。

(四)信息技术:研发创新大量投入,风险安全明显进步

在信息时代的大环境下,信息技术不可避免地与银行的日常经营结合得越来越紧密。从支持大量交易同时完成,到实时风险控制,再到大数据下的用户行为分析,信息技术不但支持银行的日常业务,同时也为银行的创新发展提供不竭动力。俨然,信息技术已经成为和金融业务并列的银行第二条命脉了。近几年,随着银行业务品类不断拓宽,业务规模不断增长,各家银行对于信息技术的投入也不断增多,这样有助于银行提高业务水平,推动产品创新,改善用户体验以及提高市场占有率。目前,在互联网金融的冲击和银行转型的双重冲击下,通过对信息技术应用与研发的大量投入,银行在业务创新、渠道开拓与维护、安全保障以及风险控制等方面都取得了明显的进步。

银行的信息技术能力建设需要雄厚的资金支持与优秀的人才储备才能顺利展开,因此,各家银行的科技水平也不尽相同。中国人民银行 2015 年度银行科技发展奖获奖结果在一定程度上反映了各家银行 IT 建设的水平与发展方向。从 2015 年银行科技发展奖获奖结果来看,将各家银行获奖总数进行排名,前五名分别是农业银行、工商银行、光大银行、兴业银行和上海浦东发展银行。其中,工商银行更是唯一获得特等奖的全国性商业银行。在全国性商业银行中,有四家银行获得一等奖,分别是工商银行、光大银行、中国银行和中信银行。而农业银行虽然没有获得一等奖,但是获得二等奖、三等奖项数目较多,因而,总获奖奖项数组位列所有全国性商业银行第一位。无论是从奖项层次还是获奖数量来看,四大国有商业银行的科技发展水平与投入在

全国性商业银行中依然处于领先地位，平均水平高于股份制商业银行。但是，股份制商业银行也不断加大科技投入，部分股份制商业银行的科技水平也处于前列，甚至不弱于国有商业银行，如光大银行、兴业银行和浦发银行在2015年度的银行科技发展奖获奖个数排名中名列前五，光大银行更是获得一等奖的奖项。

随着网络时代的到来，各家银行纷纷加大信息技术建设的投入，一方面通过高新技术，如云计算技术和大数据技术等，提高银行数据分析能力，更好地分析客户需求，促进产品和服务创新；另一方面，加强基础信息设备建设，升级核心和业务系统，大力推广电子银行，不断提高传统业务电子渠道的替代率，提升经营效率。然而，在大力发展技术的同时，各家银行也应该重视信息技术的潜在风险，主要包括以下几个维度：（1）银行业务系统运行的稳定性问题，例如，短期高峰值的交易量引起的服务器宕机；（2）银行系统应对外部黑客攻击的安全防护能力和用户的信息安全；（3）突发不可抗力带来的业务停摆和相应的应急预案，例如，停电和地震等。

总体来说，全国性商业银行纷纷大力推进信息技术基础设施建设，提高电子系统的稳定性和安全性。例如，多家银行建设有双地备灾数据库和应急机制，保证交易的稳定进行；而且一些银行还从底层系统入手，建设升级核心系统，打造基于SaaS技术的新一代核心系统，提高交易处理能力，进一步提高系统稳定性；同时应用大数据和人工智能技术，增强系统安全性，保证信息安全。

（五）人力资源：员工质量提升，结构进一步优化

2015年，各家银行在施行人力资源策略时，普遍侧重于员工技能的提高与员工结构的优化，根据未来发展战略，通过一系列培训计划和激励措施培养和激励优质人才进而丰富人才储备。通过分析可以发现，各家银行更加注重员工质量的提高，员工结构高知化进一步加强，

业务技能和研发能力均有所提高。

银行员工数量主要取决于银行规模与银行业务发展情况,尤其是网点分布情况。国有银行资产规模大,网点分布广泛,因此,员工数量处于领先地位。股份制商业银行员工数量与之相比仍有较大差距,但是近几年一直保持高速增长的态势。2015年,农业银行以530082名员工高居榜首,工行、建行和中国银行紧随其后。股份制银行的员工规模普遍小于国有商业银行,其中浙商银行、渤海银行、恒丰银行等银行的员工规模最小。在银行的员工结构中,管理人员比例反映了管理者管理的员工数量以及控制能力。随着管理人员占员工总数的比例增加,在一定程度上,管理层对银行的控制能力和管理能力也在随之增高。在取得有效数据的银行中,中信银行、民生银行、农业银行和华夏银行的管理层比例最高,而建设银行和浦发银行的管理层比例最低。

人均员工费用反映了银行的员工成本,是银行成本控制的主要指标之一。总体看来,股份制银行的人均费用高于大型国有商业银行,人均员工费用普遍为30万~50万元,而大型国有银行的人均员工费用则普遍为20万~30万元,其中,交通银行以27.8万元排名第一。股份制商业银行近几年高速发展,对人员的投入较大,且逐年上升。

人均营业收入反映的是员工生产率的基本指标。从2015年的数据来看,股份制银行人均营业收入普遍高于四大国有商业银行。所有银行的人均营业收入均超过了100万元,其中浦发银行以人均302万元排名第一,而中国农业银行人均营业收入最低,为人均101万元。我国全国性商业银行人均营业收入为212万元/人。

优秀的人才无疑会提高银行的竞争力,加大人才培养力度是银行取得竞争优势的关键。近年来,我国银行业普遍重视人才的培养和员工的培训,这也促进了我国银行业近几年的发展和进步。面临新的经济形势,各家银行充分重视培训工作在其人才培养中的重要作用,不断加强员工培训的投入力度。2015年，各家银行的培训次数、力度以及投入费用均有提高，培训范围逐渐扩大，培训内容更加合理，形成了完整的培训思路和体系。

（六）产品与服务：产品服务研发加速，市场反应良好

尽管银行面临的经济形势愈发复杂，来自外部的压力愈发沉重，逐渐步入冬天的银行业并没有停下创新的步伐。全国性商业银行一方面不断加强对传统商业银行业务与产品的创新力度，更好地丰富产品类型与功能，更好地满足客户需求；另一方面不断尝试新领域的探索，例如，探索互联网金融领域以及财富管理领域。2015年，中国银行业的积极创新，体现出以下一些特点：（1）与互联网紧密结合。商业银行纷纷将银行业务与互联网、大数据技术进行结合，拓宽业务渠道的同时，极大地提升数据挖掘能力，更好地分析用户需求与习惯，对传统业务进行深度改造，推进产品创新。随着银行互联网金融的探索不断加深，该领域也日趋成熟，从最初的搭建平台，到现在追求技术创新、增加功能、跨界合作等方面转变。（2）服务于银行和货币国际化。2015年IMF批准人民币成为SDR篮子货币，标志着人民币国际化走向新阶段。不少银行既对人民币的国际化作出了贡献，也看到了其中的商业机会，而根据自身情况推出相应的产品。（3）拓宽产品功能与多用性。即同一产品解决不同业务条线的问题，从而进一步降低交易成本和风险。（4）科技金融创新。随着投贷联动试点的推出和刚刚召开的科技创新大会召开后创新型国家建设的进一步加强，银行科技金融的创新热度不断，区块链、大数据等纷纷成为科技金融领域的热门领域。（5）推进银行发起的产业基金和PPP模式创新。（6）与资本市场相关的创新。随着金融脱媒的加快，银行的应对之道就是适应资本市场的发展，推出与之配套的金融产品。

对商业银行而言，品牌就是一种竞争优势，是依托知识和能力的

创造性优势，而金融业品牌主要以服务为主来支撑，只有在服务上有个性，才能有品牌的记忆。在竞争日益激烈的今天，各家银行依托自身优势和市场细分特色，不断推出有自身特色的产品和服务，以更好地提升品牌声誉，增加市场影响力。

2015年各家银行在继续发展和推广原有的特色服务产品的同时，又结合客户需求和互联网金融兴起的新形势创新推出新产品，力争扩大品牌优势，加深品牌影响。例如，中国工商银行的"e-ICBC"互联网金融品牌等。

（七）市场影响力：增长势头强劲，网点数量稳步增加

规模分析：（1）总资产规模，总资产规模而言，四大国有商业银行处于第一梯队且规模远超其他十三家全国性商业银行。其中，工商银行以22.21万亿元的资产规模雄居首位，随后建设银行（18.34万亿元）、农业银行（17.79万亿元）和中国银行（16.81万亿元）分别位居第二名、第三名、第四名。资产规模排行前十名中除却第一梯队的四家银行之外，依次为：交通银行（7.15万亿元）、招商银行（5.47万亿元）、兴业银行（5.29万亿元）、中信银行（5.12万亿元）、浦发银行（5.04万亿元）和民生银行（4.52万亿元）。（2）存款规模，工商银行存款规模排名第一，为16.26万亿元，占金融机构存款总额的11.9%，建设银行、农业银行、中国银行和交通银行的存款总额分别为13.6万亿元、12.52万亿元、11.72万亿元和4.48万亿元，在金融机构存款总额中占比分别为9.99%、9.90%、8.57%和3.28%。其余各家商业银行存款占比均低于3%，而且其余股份制银行存款规模合计只占金融机构存款总额的16.68%。从吸收存款的能力来看，国有五大行的市场影响力仍然要超过甚至远超过股份制商业银行。（3）贷款规模，四大银行仍处前四的位置，相应规模分别为工商银行（11.03万亿元）、建设银行（9.47万亿元）、中国银行（8.48万亿元）、农业银

行（8.10万亿元），分别占全国性金融机构人民币贷款金额的12.70%、10.92%、9.77%、9.33%。交通银行以3.43万亿元的规模排名第五。股份制商业银行中贷款规模超过1万亿元的银行共计七家，分别为招商银行（2.51万亿元）、中信银行（2.19万亿元）、浦发银行（2.03万亿元）、民生银行（1.81万亿元）、兴业银行（1.59万亿元）、光大银行（1.30万亿元）和平安银行（1.02万亿元）。（4）网点规模，截至2015年末，中国银行业金融机构网点总数达到21.71万个，新增营业网点6800多个，在全国49个金融机构空白乡镇、2308个城镇社区和318个小微企业集中地区均增设了银行网点，50多万个行政村实现了基础金融服务全覆盖，有效形成覆盖城乡、服务多元、方便快捷的网点布局体系。网点建设方面，各个银行纷纷将科技运用到网点服务中，例如，工商银行使用现阶段最尖端的科技技术，打造线上线下一体的"智能网点"旗舰店，为客户带来智能化、综合化、便利化及人性化的科技服务；中国农业银行推出"超级柜台"，客户可自主办理50多项业务，为客户提供一站式金融服务，业务处理速度提高4~7倍等。

战略性业务分析：（1）信用卡业务，信用卡累计发行量方面，工商银行具有突出优势，以1.09亿张的放行量位居第一。随后，建设银行（8074万张）、招商银行（6917万张）、农业银行（5837万张）和中国银行（5238万张）分别位于第二名、第三名、第四名和第五名。（2）电子银行业务，各银行从开发多种移动银行形式、创新网上银行产品、提高支付安全性等各个方面扩大客户群。目前电子银行业务既有传统的手机银行、网上银行、电话银行以及自助银行，又有新推出的微信银行、直销银行、移动支付平台服务窗等新形式。电子银行柜台渠道替代率体现了银行电子银行的建设情况和应用程度。根据2015年各银行年报统计，民生银行的电子银行柜台渠道替代率居首位，为96.49%。招商银行、广发银行以95.38%和94.54%的替代率排列第

二、第三。(3) 理财业务,工商银行的理财产品续存规模以1.98万亿元居于首位,仍然是境内最大的资产管理银行。农业银行和建设银行以1.16万亿元和1.15万亿元的续存规模排在第二位、第三位。理财产品余额超过5000亿元的银行有六家,分别是招商银行(9081亿元)、浦发银行(9000亿元)、光大银行(8351亿元)、中国银行(7200亿元)和中信银行(5830亿元)。(4) 国际结算业务,国际结算业务是中国银行的传统优势,2015年完成国际结算业务量3.98万亿美元,增长率为1.5%,保持全国领先。工商银行国际结算业务量仅次于中国银行,达到2.6万亿美元,但与同期相比,业务量规模有所缩小,增速为-4.5%。建设银行和农业银行以1.29万亿美元和10.00万亿美元的业务量排名第三和第四,这两家银行的国际结算量增速分别为9.3%和10.9%。相比之下,其他银行的国际结算业务量较小。(5) 资产托管业务,随着我国经济结构调整升级、资本市场快速发展、大资管时代创新以及互联网金融大发展的多重机遇,银行越来越重视托管业务这一平台,各银行纷纷大力整合自身行内资源,搭建外部合作平台,积极推进交叉营销,以实现资产托管业务跨越式发展。截至2014年底,工商银行开放式和封闭式基金托管总份额达1.1万亿份,市场占比超过四分之一,为25.32%,其后是建设银行(9618.4亿份)和中信银行(6549亿份),中国银行和农业银行表现一般,分别为4674亿份和3498亿份。

四、城市商业银行竞争力评价

总体来看,城商行受人才、系统、流程、资源等多种因素的限制,在改革创新转型方面落后于国有大型商业银行和全国性股份制商业银行。城商行需要付出更多的努力和资源来改善自己,提升自己应对新常态下复杂经济金融形势和市场竞争的能力。截至2015年底,我国城商行总数与2014年底持平,为133家。2015年城商行资产总额和负债总额首次突破20万亿元,资产负债增速比2014年出现了较大幅度的提升,结束了连续4年持续下降的态势,资产负债在全部银行业金融机构中的占比进一步提升。资产质量保持较高状况,不良贷款率仍然低于商业银行平均水平,但城商行不良贷款率和商业银行平均水平的走势在2015年第四季度出现了分化,2015年末城商行不良贷款率比2015年第三季度末略有下降。拨贷比有所增加,但拨备覆盖率有所下降,风险抵偿能力仍然保持在较好水平。资本充足率保持良好,公开上市和发行二级资本债是2015年城商行补充资本金的重要渠道。流动性保持充足,存款在负债中的占比有所下降。盈利水平继续增长,但盈利增速和盈利能力继续下降。

(一)资产负债总额增速下降,行业占比持续提升

2015年城商行资产增速和负债增速比2014年出现了较大幅度的增加,结束了连续4年的持续下降态势,权益增速则有所下降,三项指标增速均高于银行业金融机构平均水平。根据银监会2015年报,截至2015年底,银行业金融机构资产总额199.3万亿元,比年初增加27万亿元,同比增长15.7%;负债总额184.1万亿元,比年初增加24.1万亿元,同比增长15.1%。同期,城商行资产总额首次突破20万亿元,达到22.7万亿元,比2014年增长25.4%,增速比2014年提高6.3个百分点,比同期银行业金融机构资产总额增速高近10个百分点;负债总额同样首度超过20万亿元,达到21.1万亿元,比2014年增长25.5%,增速比2014年提高6.8个百分点,比同期银行业金融机构资产总额增速高10.3个百分点。城商行所有者权益总额达到1.55万亿元,比2014年增长24.1%,增速略有下降。

2015年城商行资产和负债在全部银行业金融机构资产和负债中的

占比进一步提升。截至 2015 年底，城商行资产总额在全部银行业金融机构中的占比升至 11.38%，比 2014 年底提高 0.89 个百分点。根据银监会 2015 年报，从机构类型看，资产规模在全部银行业金融机构中占比从高到低前三位依次是大型商业银行、股份制商业银行、农村中小金融机构，分别为 39.2%、18.6%、12.9%，城市商业银行资产规模占比列第四位。截至 2015 年底，城商行负债总额在全部银行业金融机构中的占比升至 11.48%，比 2014 年底提高 0.96 个百分点；所有者权益总额占比达到 10.18%，比 2014 年底提高 0.05 个百分点。

从单个城商行规模看，截至 2015 年底，35 家城商行资产总额超过城商行平均资产总额。其中，资产总额超过 2000 亿元的 31 家，超过 5000 亿元的 9 家，超过 10000 亿元的仍然是北京银行、上海银行和江苏银行 3 家。同期，34 家城商行负债总额超过城商行平均负债总额。其中，负债总额超过 2000 亿元的 25 家，超过 5000 亿元的 9 家，超过 10000 亿元的也是北京银行、上海银行和江苏银行 3 家。

（二）不良贷款保持"双升"，不良率低于行业均值

不良贷款"双升"是近期国内银行业最受关注，也是最令人担心的问题。银监会采取了多种措施，引导和促进商业银行加强风险管控、化解金融风险。2016 年全国银行业监督管理工作会议指出，要开展不良资产证券化和不良资产收益权转让试点，逐步增强地方资产管理公司处置不良资产的功效和能力。当前，我国经济增速从高速向中高速的调整基本完成，工业品价格下降、实体企业盈利下降、财政收入增速下降等矛盾和问题将进一步凸显，结构性改革和发展方式转变将会带来很多结构性机会，但将会对产能过剩行业、杠杆率过高的领域带来较大的经营压力，银行业面临的信用风险、利率风险可能会进一步上升。不良贷款余额和不良贷款率的"双升"势头很难在近期内止步。

从 2015 年底不良贷款分行业数据看，全部商业银行不良贷款主要

集中在制造业、批发和零售业、农林牧渔业以及个人贷款。根据银监会2015年报,截至2015年底,制造业、批发和零售业不良贷款余额达到8295.9亿元,占商业银行不良贷款余额的59%。制造业、批发和零售业、农林牧渔业等三个行业也是不良贷款率较高的行业。截至2015年底,批发和零售业不良贷款率增加到4.25%,比2014年底提高1.2个百分点,为各行业最高者,其次是农林牧渔业不良贷款率比2014年底增加0.9个百分点,达到3.54%,制造业不良贷款率比2014年底增加0.93个百分点,达到3.35%。2015年底个人贷款不良率比2014年底有所提高,但仍然保持在0.79%的较低水平,其中住房按揭贷款不良率为0.39%。

从2015年底不良贷款分地区数据看,商业银行不良贷款余额地域分布仍是东部地区最多、西部地区次之、中部地区最少。西部地区和中部地区的次序与2014年底有所变化。不良贷款率方面,西部地区最高、中部地区次之、东部地区最低,依次为1.87%、1.75%和1.68%。

2015年底城商行不良贷款余额和不良贷款率比2014年底"双升",但形势好于商业银行平均水平。截至2015年底,城商行不良贷款率1.40%,低于商业银行平均水平1.67%,高于2014年底0.24个百分点;不良贷款余额1213亿元,比2014年底新增358亿元。另一个值得注意的是,2015年底城商行不良贷款率和不良贷款率余额均比2015年第三季度末略有下降,分别下降了0.04个百分点和2亿元。

(三)拨备覆盖率均值有所下降,拨备贷款率均值有所上升

近两年来,商业银行拨贷比总体上持续增加,但拨备覆盖率持续下降。随着不良贷款总额持续增加,商业银行不断增加贷款损失准备金。商业银行不良贷款总额在2015年第二季度末超过1万亿元,截至2015年末达到1.27万亿元,比2014年末净增加4318亿元。一方面,拨备增长速度不及不良贷款总额增长速度,导致拨备覆盖率有所下降,

从2014年第一季度末的273.66%下降到2016年第一季度末的175.03%。另一方面，拨备增长速度大于贷款总额增长速度，导致拨贷比持续提升，从2014年第一季度末的2.84%下降到2016年第一季度末的3.06%。同期，大型商业银行、股份制商业银行和城商行的拨备覆盖率均持续下降，但城商行拨备覆盖率降幅最小。截至2016年第一季度末，城商行拨备覆盖率为217.80%，高于股份制商业银行的179.14%和大型商业银行的162.62%。

从不同规模区间城商行风险抵偿能力指标看，近三年各规模区间城商行拨贷比均值出现了不同程度的增加，剔除几家城商行拨备覆盖率异常高的因素之后各规模区间城商行拨备覆盖率均值则持续下降。截至2015年底，资产规模处于500亿~999亿元的城商行拨贷比均值最高，为4.94%，是四个规模区间中最高的，也是四个规模区间中唯一一个高于全部城商行拨贷比均值的；大于2000亿元城商行拨贷比均值是3.00%，位列四个规模区间最低。此外，2015年底资产规模大于5000亿元的城商行拨贷比均值是2.77%，13家上市城商行拨贷比均值是2.87%。同期，资产规模处于500亿~999亿元的城商行拨备覆盖率均值是218%，为四个规模区间中最低，资产规模处于1000亿~1999亿元的城商行拨备覆盖率均值是234%，资产规模小于499亿元的城商行拨备覆盖率均值是277%，资产规模大于2000亿元的城商行拨备覆盖率均值是249%。此外，2015年底资产规模大于5000亿元的城商行拨备覆盖率均值是286%，13家上市城商行拨备覆盖率均值是282%。

（四）资本充足性低于行业均值，但高于上市银行

从数据看，城商行资本充足率水平一直低于商业银行平均水平。2015年内，城商行资本充足持续上升，截至2015年底达到12.59%，为近两年来的新高，低于商业银行平均水平0.86个百分点，低于大型商业银行1.91个百分点，高于股份制商业银行0.99个百分点。2016

年第一季度，城商行资本充足率比年初下降0.24个百分点。

从不同规模区间城商行数据看，近三年较小规模区间城商行核心一级资本充足率均值和一级资本充足率均值高于较大规模区间城商行。截至2015年底，全部城商行核心一级资本充足率均值是11.07%，资产规模小于499亿元的城商行核心一级资本充足率均值为13.12%，是四个规模区间中唯一一个高于全部城商行的；资产规模处于500亿~999亿元、处于1000亿~1999亿元和大于2000亿元三个规模区间城商行核心一级资本充足率均值分别是10.90%、10.54%和10.30%。此外，2015年底资产规模大于5000亿元的城商行核心一级资本充足率均值是9.34%，13家上市城商行核心一级资本充足率均值是9.85%。同期，全部城商行一级资本充足率均值是11.10%，资产规模小于499亿元的城商行一级资本充足率均值为13.12%，是四个规模区间中唯一一个高于全部城商行的；资产规模处于500亿~999亿元、处于1000亿~1999亿元和大于2000亿元三个规模区间城商行一级资本充足率均值分别是10.93%、10.54%和10.38%。此外，2015年底资产规模大于5000亿元的城商行一级资本充足率均值是9.61%，13家上市城商行一级资本充足率均值是10.04%。

2013年底和2014年底，较小规模区间城商行资本充足率均值高于较大规模区间城商行，但2015年底资产规模大于2000亿元的城商行不良贷款率均值比2014年底出现了明显提升，高于2014年底0.65个百分点，且高于同期资产规模处于1000亿~1999亿元的城商行。这与2015年二级资本债的发行密切相关。截至2015年底，全部城商行资本充足率均值是12.99%，资产规模小于499亿元的城商行一级资本充足率均值为14.28%，是四个规模区间中唯一一个高于全部城商行的；资产规模处于500亿~999亿元、处于1000亿~1999亿元和大于2000亿元三个规模区间城商行一级资本充足率均值分别是12.82%、12.58%和12.65%。此外，2015年底资产规模大于5000亿元的城商行资本充足率均值是12.57%，13家上市城商行资本充足率均值是12.56%。

（五）流动性比率保持高位，均值较低

商业银行的流动性与偿付能力往往相互交织。为履行支付义务而打折出售资产会给商业银行带来损失，严重者会导致资不抵债，而对偿付能力的担心往往会导致流动性困境或引发挤兑。随着商业银行资产负债结构的变化和资金来源稳定性的下降，流动性风险管理面对着新的挑战。从危机过程看，由于金融机构之间相互联系越来越密切，个别银行的流动性问题越来越容易引发整个银行体系的流动性紧张。巴塞尔委员会在新一轮国际金融监管改革中，将全球统一的流动性风险定量监管纳入了新的监管框架。国内银行业流动性风险监管持续完善和规范。2015年8月29日第十二届全国人民代表大会常务委员会第十六次会议通过了关于修改商业银行法的决定，取消了75%存贷比例上限。同时，银监会根据修改后的商业银行法对2014年3月起实施的流动性风险管理办法进行了修改，并于2015年9月2日公布了修改后的《商业银行流动性风险管理办法（试行）》，保留了流动性覆盖率和流动性比例：流动性覆盖率应当不低于100%，适用于资产规模大于2000亿元的商业银行；流动性比例应当不低于25%。

截至2015年底，16家资产规模大于2000亿元的城商行在其2015年报中披露了流动性覆盖率指标，均满足监管要求。除了北京银行之外，其他15家城商行的流动性覆盖率都在100%以上，16家城商行流动性覆盖率均值是190.4%。

城商行流动性比例保持在较高水平。截至2015年底，城商行流动性比例均值达到56.4%，连续三年增加。资产规模大于2000亿元、处于1000亿~1999亿元、处于500亿~999亿元的城商行2015年底流动性比例均值分别是56.4%、57.2%和57%，均是连续三年增加。

城商行存贷比保持在较低水平。截至2015年底，城商行存贷比均

值为59.9%，比2014年底略有增加。从不同规模区间城商行看，截至2015年底，资产规模处于500亿~999亿元的城商行存贷比均值为63.4%，比2014年底有所增加，为四个规模区间中最高者；资产规模大于2000亿元、小于499亿元的城商行的存贷比均值分别是57.6%和60.0%，均比2014年底有所增加；资产规模处于1000亿~1999亿元的城商行存贷比均值为59.0%，比2104年底略有下降。

（六）盈利水平持续增长，增速有所下降

受经济增速下调、不良贷款反弹、利率市场化等因素影响，城商行盈利水平继续增长，但增速有所降低；盈利能力也出现了进一步下滑，而且低于全部商业银行平均水平。城商行盈利水平继续保持增长态势，但2010年以来盈利水平增速呈下降态势。2015年，商业银行实现税后利润1.6万亿元，同比增长2.4%；城商行实现税后利润1993.6亿元，比2014年增长7.2%，增速比2014年下降6.1个百分点，高于商业银行税后利润增速4.8个百分点。城商行税后利润在全部银行业金融机构税后利润中的占比首次突破10%，达到10.1%，比2014年占比提升了0.5个百分点。

从资产利润率和资本利润率这两个指标看，受发展速度放缓、风险暴露增多、利率市场化、"营改增"等因素影响，2015年银行业盈利能力继续下降，资产利润率连续第二年下降，资本利润率连续第四年下降。2015年，商业银行资本利润率14.98%，比年初下降2.61个百分点；资产利润率1.1%，比年初下降0.13个百分点。

盈利状况还与商业银行的成本控制能力有关，成本控制能力可以通过成本收入比指标来衡量。城商行的成本收入比要高于全部商业银行的平均水平。城商行规模相对较小，很多成本支出无法获得规模经济效应，而且城商行的平均人均薪酬开支也相对较高。商业银行成本收入整体上呈现下降趋势，2015年商业银行成本收入比为30.59%，

比 2014 年下降 1.03 个百分点。但成本收入比并非越低越好,一味地压缩开支可能会对长期可持续发展能力带来不利影响。

(七) 利息净收入占比较高,手续费和佣金收入占比稳定

城商行在收入多元化方面进行了很多的努力,但非利息收入特别是手续费和佣金收入占比较低的状况并未得到根本改善。据不完全统计,2015 年至少 82 家城商行利息净收入占营业收入之比超过 70%,至少 63 家超过 80%,至少 24 家超过 90%。部分城商行显示出较低的利息净收入占比,除了收入结构特征外,会计处理也是一个重要原因,例如将可交易性金融资产、持有到期投资、可供出售金融资产的利息收入计入利润表"投资收益"科目,而不计入"利息收入"科目。

城商行手续费和佣金收入占比较低,且较小规模区间的城商行手续费和佣金收入占比较低。从整体上看,2015 年全部城商行及各个规模区间城商行的手续费和佣金收入占比均值都比 2014 年出现一定提升。从横向比较看,较大规模区间的城商行手续费和佣金收入占比均值较高。2015 年资产规模大于 2000 亿元的城商行手续费和佣金收入占比均值为 10.0%,为四个规模区间最高者,资产规模小于 499 亿元的城商行手续费和佣金收入占比均值为 0.7%,为四个规模区间中最低者。从单个城商行来看,2015 年仍然有个别城商行的手续费和佣金收入是负数。此外,2015 年资产规模大于 5000 亿元的城商行手续费和佣金收入占比均值是 13.1%,13 家上市城商行手续费和佣金收入占比均值是 12.6%。

第二部分

2015 年全国性商业银行财务分析报告[*]

---

[*] 本部分由杨志鸿、欧明刚执笔整理。

一、前言

本报告从财务指标角度分析讨论2015年全国性商业银行的竞争力。

本报告所提全国性商业银行包括：由中国工商银行、中国农业银行、中国银行、中国建设银行和交通银行五家银行组成的大型商业银行（以下分别简称工行、农行、中行、建行和交行，统称简称大型银行），以及由招商银行、中信银行、上海浦东发展银行、中国民生银行、中国光大银行、兴业银行、华夏银行、广东发展银行、平安银行、恒丰银行、浙商银行、渤海银行等十二家银行组成的全国性股份制商业银行（以下分别简称招商、中信、浦发、民生、光大、兴业、华夏、广发、平安、恒丰、浙商、渤海，统称简称股份制银行）。

全国性商业银行是我国银行业的重要组成部分。截至2015年12月31日，全国性商业银行的总资产、总负债及税后利润在银行业金融机构中的占比分别达到57.76%、57.95%和62.31%，较上年分别下降1.65个、1.53个和0.5个百分点（如图2-1、图2-2和图2-3所示）。其中，五家大型银行在总资产、总负债及税后利润上的市场份额均继续呈下降趋势，股份制银行在总资产和总负债上的市场份额继续上升，基于税后利润的市场份额在2014年出现小幅度下滑后2015年又重返上升趋势。具体而言，大型银行的总资产、总负债和税后利润的市场份额与2014年相比分别下降了2.00个、1.94个和0.94个百分点；股份制银行基于总资产、总负债和税后利润的市场份额与2014年相比，分别增加了0.35个、0.41个和0.43个百分点。

2015年，全球经济增长3.1%，同比下降0.3个百分点，世界经济复苏活力较弱，多数经济体面临较大挑战，国际金融市场动荡加剧。

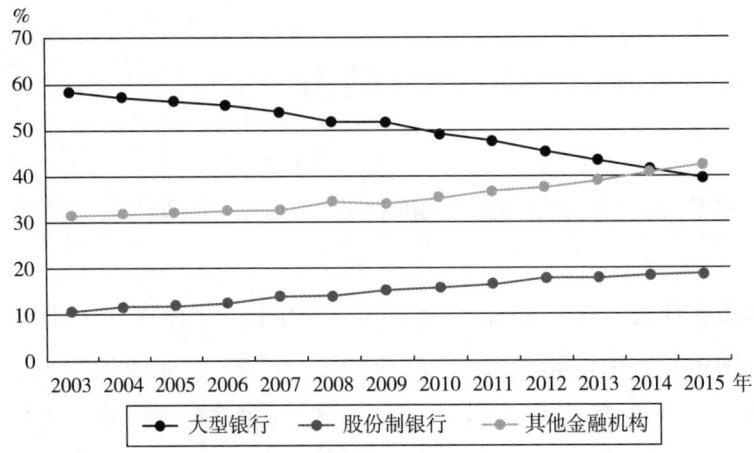

资料来源：银监会 2006～2015 年年报。

图 2-1　银行业基于总资产的市场份额变化图（2003～2015 年）

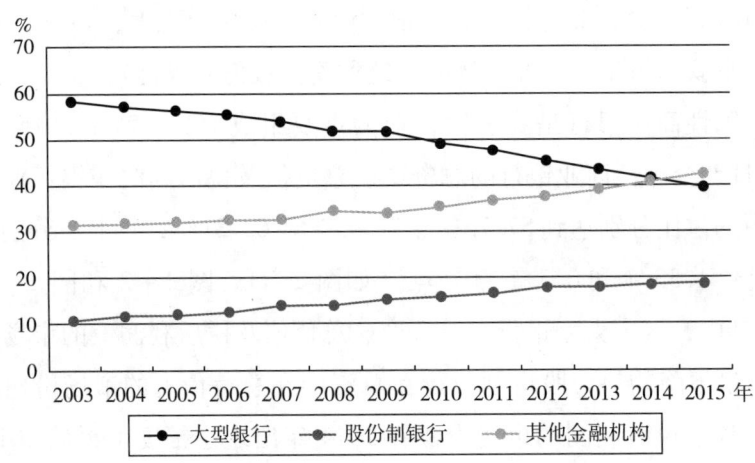

资料来源：银监会 2006～2015 年年报。

图 2-2　银行业基于总负债的市场份额变化图（2003～2015 年）

发达经济体持续温和而不均衡的复苏，通缩压力较大。美国经济复苏强于预期；欧元区受经济结构调整进展缓慢、公共债务压力较大和地缘政治事件冲击等因素影响，经济增长动能明显减弱；日本安倍经济

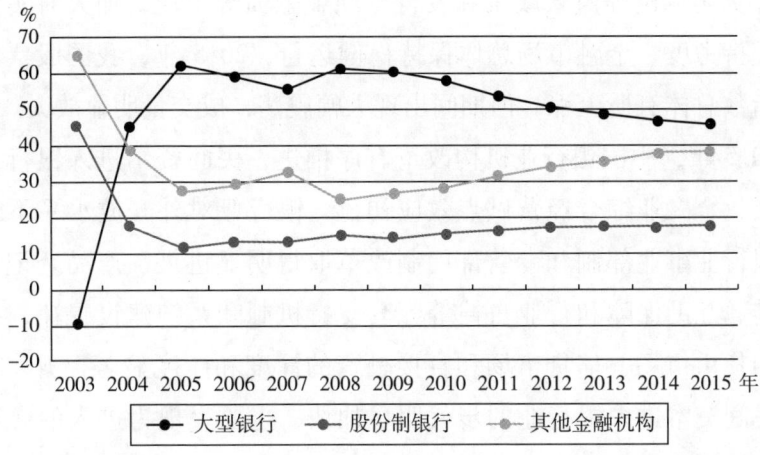

资料来源：银监会 2006~2015 年年报。

图 2-3　银行业基于税后利润的市场份额变化图（2003~2015 年）

学三大主要措施中的刺激性货币政策和财政政策边际效应持续减弱，消费税提升所导致的负面影响超出预期。新兴经济体风险因素更为复杂，主要表现为增长势头继续放缓。印尼盾、智利比索、巴西雷亚尔和土耳其里拉等新兴经济体货币出现大幅度贬值，接近数年低点，部分新兴经济体跨境资本流动更加剧烈，资本单向流出压力加大。由于各经济体复苏步伐不一，国际金融市场总体需求不振，波动加剧。

国内方面，2015 年中国经济在新常态下运行总体处在合理区间，缓中趋稳、稳中有进、进中有创、创中提质。经济总体保持平稳运行，全年国内生产总值 67.7 万亿元，比上年增长 6.9%；经济结构调整出现积极变化，战略性新兴产业保持较快增长，移动互联网、大数据、云计算等新一代信息技术加快与传统产业跨界融合。宏观政策取向继续实施积极的财政政策和稳健的货币政策，并在保持宏观政策连续性和稳定性的同时，积极创新宏观调控思路和方式，有针对性地进行预调微调，通过"营改增"扩围、加大税收优惠幅度等定向减税措施，支持服务业和小微企业发展；运用定向降准、再贷款、再贴现、调整银行存贷比考核等监管政策和发行专项金融债等手段,加大对实体经济的支持力度。金融市场总体保持稳健运行,2015年,我国股票市场主要指数总体有所上涨,但期间出现大幅震荡,成交量明显放大。

2015年,中国银行业机构改革有序推进,民间资本进入银行业稳步发展,金融业综合经营试点效应初显,银行业对外开放水平不断提高。银行业事业部制和专营部门制改革取得明显进展,产品登记、资产流转、互助保障和行业自律等配套支持机制和系统建设提速,银行业参加货币市场、信贷市场和直接融资的深度和广度显著提升。2015年,民间资本进入银行业的步伐明显加快,主要表现为进入的渠道增多、机构增加、资本增大、比例增长,民间资本进入银行业已基本实现常态化。

2015年,大型商业银行持续健全公司治理,强化履职能力建设,完善绩效考评机制。稳步推进事业部制和专营部门事业部制等改革工作,发挥集团化和专业化优势,试点设立银行系养老金管理公司。加快系统建设,开展压力测试工作,推动资本管理高级方法的实施运用,提高全面风险管理能力和风险处置能力。

股份制商业银行和中小商业银行加快战略转型和创新发展,拓展综合经营,因对利率市场化、金融脱媒、互联网金融等多重挑战,提升市场竞争力。服务重大工程建设,参与国家和区域战略;积极服务小微、"三农",改善薄弱环节金融服务;大力发展科技金融,支持大众创业、万众创新。积极拥抱互联网,创新多元化服务渠道;开展特色业务创新,走差异化发展道路。探索抱团发展模式,建立行业互助机制。加强资本管理,拓展资本补充渠道,增强可持续发展能力。

截至2015年末,全国性商业银行资产总额115.15万亿元,比上年增长12.46%;负债总额106.71亿元,比上年增长12.11%。所有者权益8.44万亿元,比上年增长17.01%;资本实力进一步提升,但盈利性有所下降,整体上资产质量压力进一步加大,绝大部分全国性商业银行流动性水平均有所降低，抗风险能力出现一定程度下滑。

以下从资本状况、资产质量、盈利能力和流动性水平四个方面对全国性商业银行2015年度财务状况予以分析。各项财务数据除另有注明外，均取自监管部门及各银行的定期财务报告、新闻稿件等公开披露的信息。

二、资本状况

自2013年起，我国商业银行开始正式执行《商业银行资本管理办法（试行）》。截至2015年末，我国银行业整体资本充足率、一级资本充足率、核心一级资本充足率分别为13.45%、11.31%、10.91%，较2013年末分别提高0.27个、0.55个和0.35个百分点。下面将着重分析17家全国性商业银行的资本充足率情况。

如图2-4所示，资本充足率方面，最高的为建行（15.39%）、最低的为华夏（10.85%），五家大型银行的资本充足率水平最高；相较

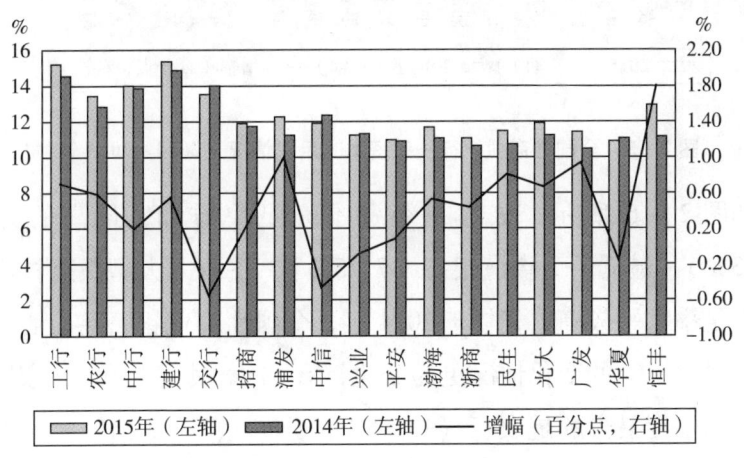

图2-4 全国性商业银行资本充足率情况（2014~2015年）

于2014年,13家银行的资本充足率水平有所提高,提高幅度最大的是恒丰(1.80个百分点),交行、中信、浦发和华夏4家银行的资本充足率水平有所下降(0.93个百分点)。

如图2-5所示,一级资本充足率方面,最高的为工行(13.48%)、最低的为渤海(7.75%),整体而言大型银行一级资本充足率水平要高于股份制银行;相较于2014年,15家银行的一级资本充足率水平有所提高,提高幅度最大的是农行(1.50个百分点),渤海和广发银行的一级资本充足率水平有所下降,渤海银行下降幅度较大(0.89个百分点)。

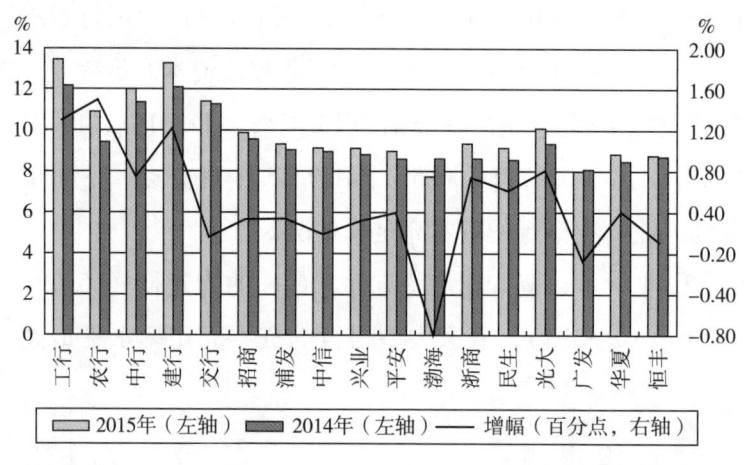

图2-5 全国性商业银行一级资本充足率情况(2014~2015年)

如图2-6所示,核心一级资本充足率方面,最高的为建行(13.13%)、最低的为渤海银行(7.75%),整体上大型银行核心一级资本充足率水平较高;相较于2014年,全国性商业银行在核心一级资本充足率水平上的变化情况更为分化,有11家银行上升、6家银行降低,提高幅度最大的是农行(1.15个百分点)、降低幅度最大的是渤海银行(0.89个百分点),提高幅度靠前的三家银行是农行、建行和工行,增幅分别为1.15个、1.02个和0.95个百分点。

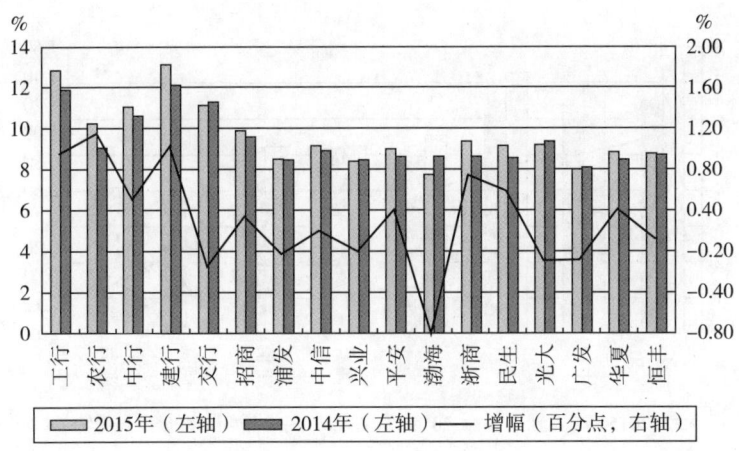

图2-6 全国性商业银行核心一级资本充足率情况（2014~2015年）

如图2-7所示，就杠杆率而言，自2015年4月1日起正式施行的《商业银行杠杆率管理办法（修订）》（中国银监会令2015年第1号）对杠杆率计算过程中的部分具体项目的规定进行了明确修订，并提出了明确的披露要求。在披露方面，3家大型商业银行、5家股份制商业银行连续披露了2014年、2015年两年的杠杆率情况。2015年，除广发和恒丰2家非上市全国性商业银行根据监管要求可不披露杠杆率水平外，15家全国性商业银行均在2015年年报或2016年第一季度报告中直接或间接披露了2015年末的杠杆率水平。对于15家已披露2015年末杠杆率水平的全国性商业银行中，杠杆率最高的是工行（7.48%），仅渤海（3.89%）未达到银监会4%的监管要求；对于8家连续披露2014年、2015年末杠杆率水平的全国性商业银行，2015年末与2014年末相比，7家银行杠杆率水平有所提高，工行、中行、建行、招商四家全国性银行提高幅度较大、均在0.5个百分点以上，而浙商的杠杆率水平则略微下降（0.07个百分点）。

59

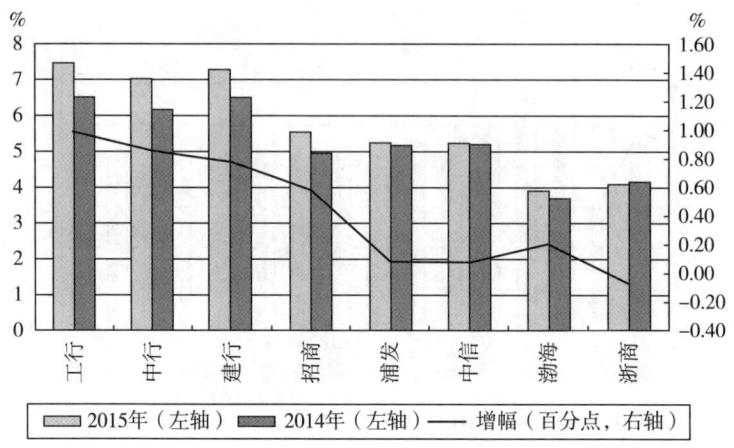

图2-7 部分全国性商业银行杠杆率情况（2014~2015年）

三、资产质量

2015年我国商业资产质量方面面临的压力显著上升，不良贷款率和不良贷款绝对额均出现了大幅上升，商业银行整体的拨备覆盖率大幅降低，风险抵补能力有所减弱。截至2015年末，我国商业银行按贷款五级分类的不良贷款余额1.27万亿元，比年初增加4318.6亿元，增幅达到51.26%，增幅较上年扩大8.96个百分点，不良贷款余额连续四年上升，且增加额、增幅持续扩大；不良贷款率1.7%，较上年上升了0.5个百分点；拨备覆盖率在2013年、2014年出现了持续下滑后进一步大幅降低至181.2%，降幅达到50.9个百分点。如图2-8所示。

对于全国性商业银行，以下将从不良贷款、拨备覆盖率、贷款集中度三个方面分析其资产质量情况。

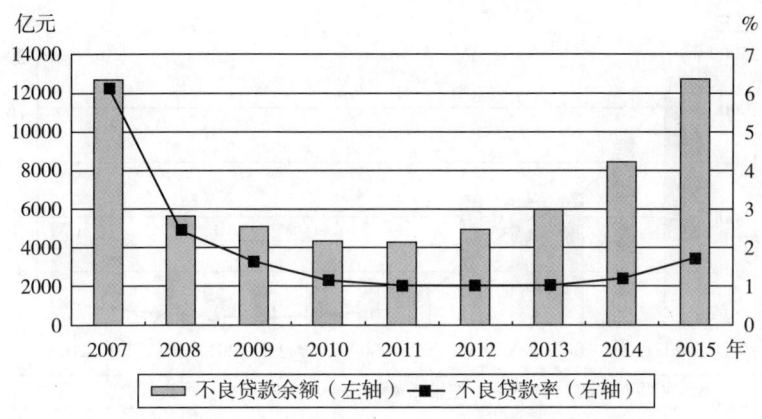

资料来源：银监会 2015 年年报。

图 2-8 商业银行不良贷款情况（2007~2015 年）

（一）2015 年全国性商业银行不良贷款情况

1. 总体情况

如图 2-9 所示，2003~2015 年，整体上全国性商业银行不良贷款余额、不良贷款率均呈现整体下降的趋势，不良贷款余额由 2003 年的 21044.6 亿元下降至 2015 年的 9538.3 亿元，降幅达 54.68%，不良贷款率由 2003 年的 17.90% 下降至 2015 年的 1.64%，降幅 16.80 个百分点。然而，不良贷款余额、不良贷款率"双降"的趋势在 2012 年出现了逆转，当年分别回升 9.36% 和 0.06 个百分点，2013~2015 年的回升幅度则进一步扩大。

2015 年，全国性商业银行不良贷款余额 9538.3 亿元，较上年上升 3154.8 亿元，增速大幅扩大至 49.42%。其中，次级类不良贷款余额为 4373.6 亿元，较上年增长 45.53%；可疑类余额和损失类余额分别为 3912 亿元和 1252.8 亿元，也出现了 52.98% 和 52.61% 的大幅回升。不良贷款率方面，2015 年末全国性商业银行不良贷款率为 1.64%，自 2012 年以来连续第四年出现反弹，且反弹幅度持续扩大至 0.54 个百

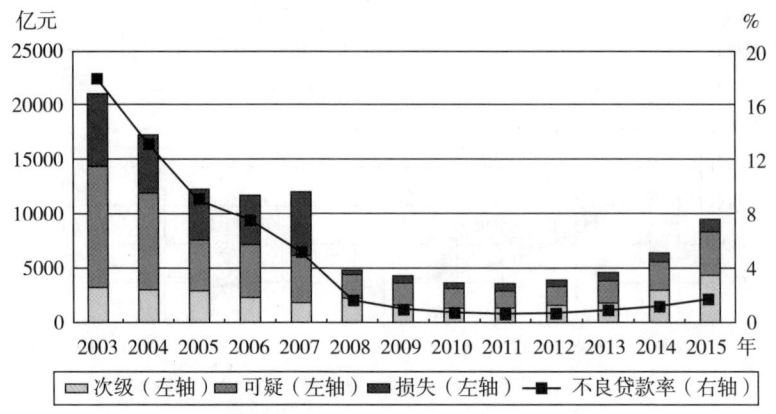

资料来源：银监会2006~2015年年报。

图2-9 全国性商业银行不良贷款情况（2003~2015年）

分点。

尽管全国性商业银行不良贷款问题加速暴露，但考虑到经济增速仍低位徘徊的宏观经济背景，加之不良贷款的确认存在一定的滞后性，后续全国性商业银行面临的资产质量形势短期内依然不容乐观。对此，关注类贷款和逾期贷款情况可提供一个观察视角。具体而言，逾期贷款是指所有或部分本金或利息已逾期1天以上（含1天）的贷款，相对较为客观，而五级分类下的贷款则涉及一定的主观判断。

截至2015年末，17家全国性商业银行关注类贷款余额为2.12万亿元，较上年增加5477.44亿元，增幅为34.77%；逾期贷款余额1.66万亿元，较上年增加5066.32亿元，增幅44.1%。2015年，全国性商业银行的逾期减值比为165.05%，与2014年（166.40%）基本持平。在宏观经济形势没有明显改善的情况下，这在一定程度上也反映了全国性商业银行后续面临的资产质量上的潜在压力。

2. 2015年各全国性商业银行不良贷款情况

图2-10、图2-11分别列示了近三年17家全国性商业银行不良贷款余额和不良贷款率的情况。

就不良贷款余额的绝对额而言，由于资产规模上的差别，整体上大型银行要高于股份制银行。大型银行中，农行（2128.67亿元）不良贷款余额突破2000亿元，成为2015年不良贷款余额最大的全国性商业银行，交行的不良贷款规模最小（562.06亿元）；股份制银行中，招商（474.1亿元）、中信（360.5亿元）、浦发（350.54亿元）和民生（328.21亿元）的不良贷款余额较大，均超过300亿元，渤海（37.13亿元）、浙商（42.33亿元）、恒丰（45.76亿元）等股份制银行不良贷款余额较小。

从不良贷款余额近三年变化趋势来看，与2014年相比，大部分全国性商业银行2015年的不良贷款余额均呈现快速增长的态势，且整体增长速度在加快。其中，增速超过60%的有恒丰（103.02%）、浙商（84.85%）、农行（70.33%）、招商（69.82%）、平安（68.03%）和浦发（62.4%），增速低于30%的有广发（14.98%）和中信（26.7%）；增速扩大幅度最大的则是恒丰（88.13个百分点）。大型银行不良贷款反弹速度虽有所加快，但整体上要低于股份制银行；股份制银行不良贷款增长情况在2015年表现出较强的趋同性，反映出不良贷款反弹的问题在加速蔓延。

不良贷款率方面，2015年全国性商业银行不良贷款率全部突破1%，大多数银行超过1.5%。农行的不良贷款率仍居17家全国性商业银行中最高，2015年突破2%，达到2.39%，其次是招商（1.68%）、光大（1.61%）、民生（1.60%），最低的是浙商（1.23%）；大型银行2013~2015年平均不良率为1.04%、1.24%、1.7%，股份制银行则分别为0.8%、1.09%、1.5%，显示出由于股份制银行不良贷款率持续快速反弹，其在资产质量上相对于大型银行的优势不断缩小。

从不良贷款率近三年变化趋势来看，17家全国性商业银行2015年不良贷款率无一例外地上升，且上升幅度相比2014年明显加大，上升幅度最大的是农行（0.85个百分点），其次是招商（0.57个百分点）、

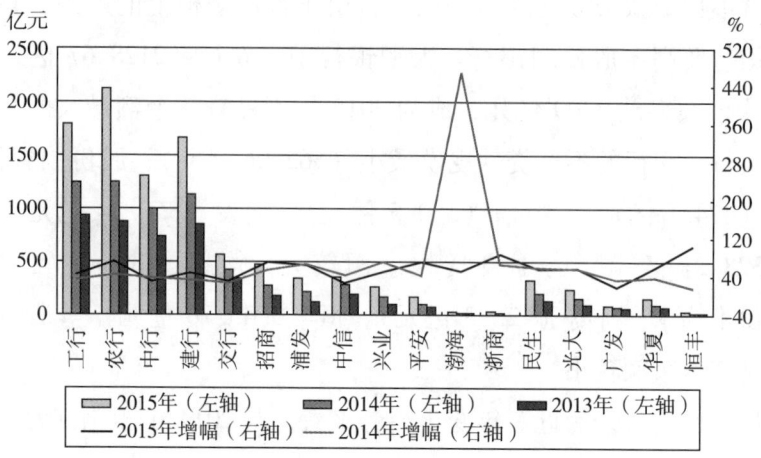

图 2-10　近三年全国性商业银行不良贷款余额变化情况

恒丰（0.55个百分点），上升幅度较小的是中行（0.18个百分点）、中信（0.13个百分点）、渤海（0.15个百分点）。

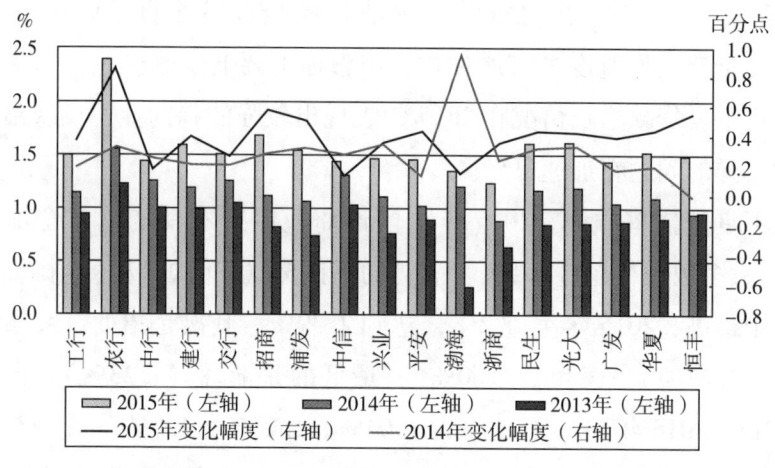

图 2-11　近三年全国性商业银行不良贷款率情况

同时，考虑到不良贷款涉及五级分类下的主观判断，而且存在一定的滞后性，在此选择关注类贷款及逾期贷款（逾期减值比）考察17家全国性商业银行面临的潜在不良贷款压力。

图 2-12 列示了近三年 17 家全国性商业银行关注类贷款余额情况。与不良贷款余额类似，关注类贷款余额也与银行资产规模密切相关，大型银行关注类贷款余额远高于股份制银行。2015 年，大型银行中，工行关注类贷款规模最大（5204.92 亿元），规模最小的是交行（1181.03 亿元）；股份制银行中，关注类贷款规模最大的是中信（903.92 亿元），最小的是浙商（64.36 亿元）。就近三年关注类贷款变化趋势而言，2015 年全部 17 家全国性商业银行关注类贷款均保持了 2014 年的增长趋势，且增幅较为分化，部分股份制银行增幅较大，渤海（111.08%）和民生（110.43%）增幅超过 100%。除农行、中行、浙商和民生外，其余 13 家银行 2015 年关注类贷款增幅均比 2014 年有所降低。

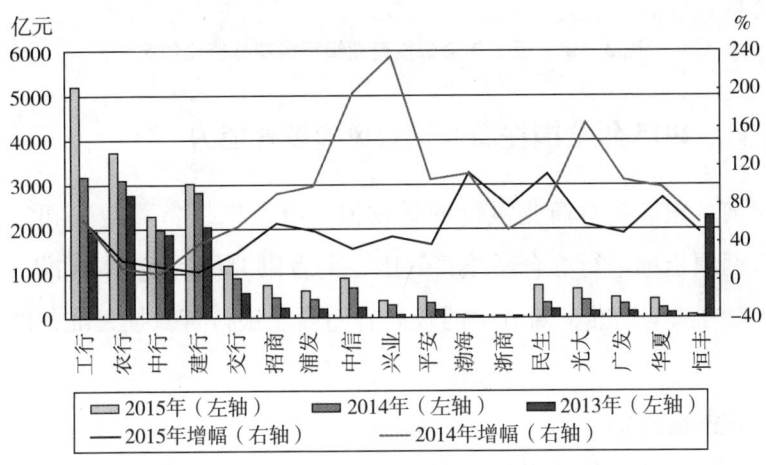

图 2-12 近三年全国性商业银行关注类贷款余额情况

图 2-13 列示了近三年 17 家全国性商业银行逾期贷款（逾期减值比）的情况。整体上大型银行逾期减值比要低于股份制银行，大型银行中交行逾期减值比最高（201.64%），建行最低（104.34%），股份制银行中广发银行逾期减值比最高（475.66%），浙商银行最低（149.11%）。若从近三年各银行逾期减值比的变化趋势来看，2014 年

除渤海银行以外均出现一定幅度的上升，但2015年各银行在逾期减值比的增减变化上较为分化，平安、恒丰、中信等银行的上升幅度较大。

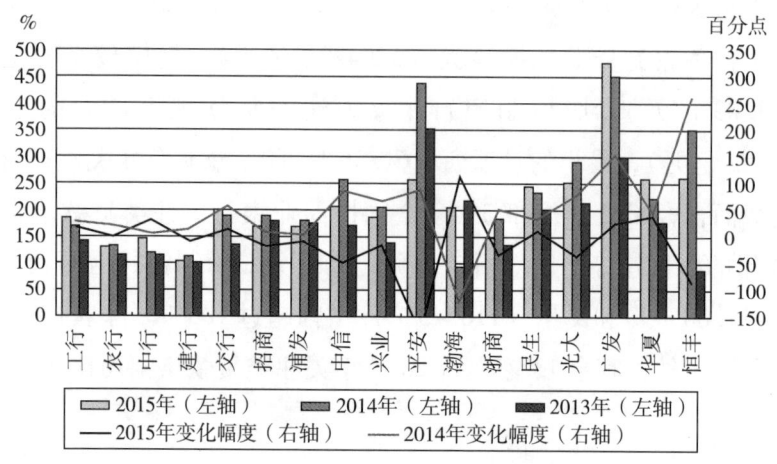

图2-13　近三年全国性商业银行逾期减值比情况

（二）2015年全国性商业银行风险抵补能力

目前，银监会对商业银行的贷款损失准备以拨备覆盖率和贷款拨备率等两项指标进行综合考核，其中，前者以150%为基本标准，后者以2.5%为基本标准，两者中的较高者为商业银行贷款损失准备的监管标准。

1. 拨备覆盖率

拨备覆盖率是贷款损失准备（现一般按贷款减值准备）对不良贷款的比率，是基于不良贷款而计提贷款损失准备再进行相应计算的一项指标，其性质是衡量信贷风险抵补的程度。拨备覆盖率多寡有度，以能适应各行风险程度并符合监管要求为宜，不能过低导致拨备金不足，利润虚增；也不能过高导致拨备金多余，利润虚降。

图2-14列示了近三年全国性商业银行拨备覆盖率情况。2015年全国性商业银行的拨备覆盖率均在监管及格线150%以上。大型银行

中，农行拨备覆盖率最高（189.43%），建行最低（150.99%）；股份制银行中，浙商银行最高（240.83%），排名17家全国性商业银行第一，广发银行贷款拨备率为151.53%，为股份制银行中的最低水平。

继2014年17家全国性商业银行拨备覆盖率全部下降后，2015年仅渤海银行贷款拨备覆盖率略所提升，其余16家银行拨备覆盖率进一步下降。大型银行拨备覆盖率下降幅度较2014年大幅扩大，农行下降幅度最大（97.10个百分点），交行最小（23.31个百分点）。股份制银行拨备覆盖率变化进一步分化，恒丰（89.14个百分点）和华夏（66.01个百分点）下降幅度较大，中信银行、广发银行与2014年类似，呈现了相对较小的下降幅度，分别为13.45个和18.87个百分点，17家银行中仅渤海银行2015年拨备覆盖率呈微小上升趋势，上升了0.78个百分点。

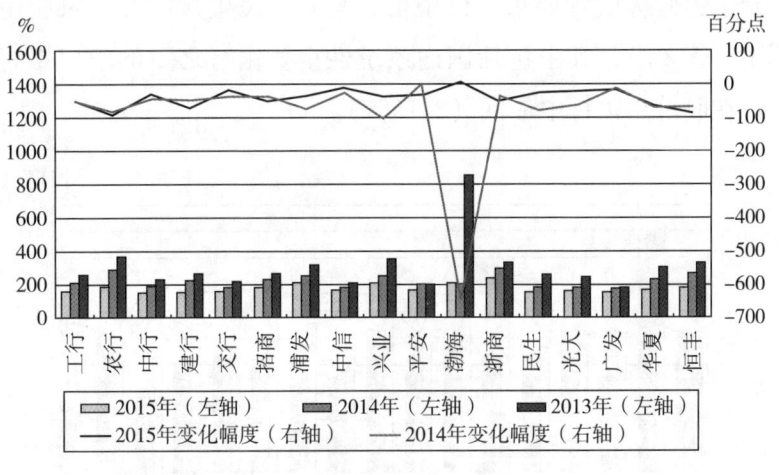

图2-14　近三年全国性商业银行拨备覆盖率情况

2. 贷款拨备率

贷款拨备率是贷款减值准备对贷款总额的比率。自2012年1月1日开始，银行必须实施银监会提出贷款拨备率达到2.5%以上的要求。系统重要性银行应于2013年底前达标；对非系统重要性银行，监管部门将设定差异化的过渡期安排,并鼓励提前达标:盈利能力较强、贷款损失准备补提较少的银行业金融机构应在2016年底前达标;个别盈利能力较低、贷款损失准备补提较多的银行业金融机构应在2018年底前达标。

图2-15列示了近三年全国性商业银行贷款拨备率情况。五家大型银行中,农行连续三年保持贷款拨备率最高,达到4.53%的水平,交行(2.35%)、工行(2.35%)的贷款拨备率水平较低,建行2015年贷款拨备率下降了0.27个百分点至2.39%,这意味着在大型银行中仍有3家银行未完成系统重要性银行于2013年底前贷款拨备率达到2.5%以上的任务;股份制银行中,浦发银行贷款拨备率最高(3.30%),其次是兴业(3.07%)、招商(3.00%)、浙商(2.95%)、渤海(2.77%)、恒丰(2.64%)、华夏(2.55%)、光大(2.25%),均达到了银监会监管要求,仅中信、平安、民生、广发4家股份制银行低于监管要求,其中包括国内系统性重要银行之一的中信银行,广发银行在股份制银行中最低(2.16%)。

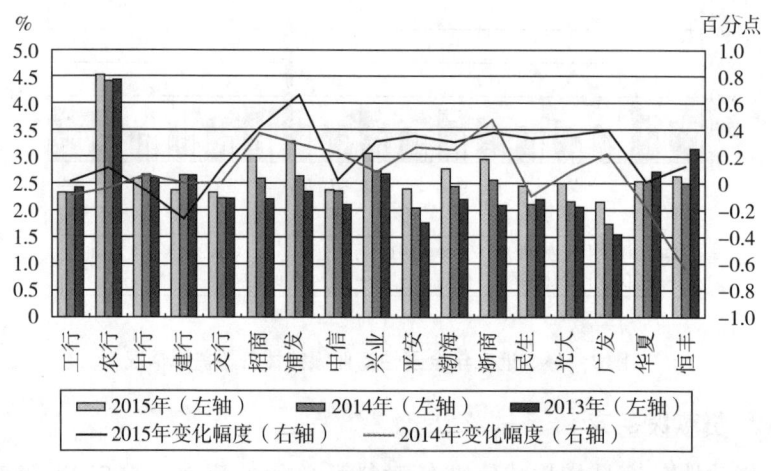

图2-15 近三年全国性商业银行贷款拨备率情况

从近三年贷款拨备率变化趋势来看,部分得益于贷款增速的放缓,整体上全国性商业银行贷款拨备率有所提升，贷款拨备率下降的数量由5家减少至2家，达标家数由9家上升为10家。贷款拨备率下降的两家银行均为大型银行（中行和建行），所有股份制银行贷款拨备率均有不同程度的上升，除农行外，大型银行与股份制银行在贷款拨备率上的优势可以说几乎消失；2015年，浦发银行、招商银行贷款拨备率提升幅度较大，分别达到0.65个和0.41个百分点，光大银行和渤海银行也分别提升了0.36个和0.31个百分点，这也使光大和渤海成为2015年中两家新达标银行。建设银行贷款拨备率在2015年下降0.27个百分点，从2.66%降至2.39%，成为2015年不达标的大型银行之一。

（三）全国性商业银行贷款集中度情况

贷款集中度是考察商业银行资产分散程度的重要指标，在宏观经济形势严峻、行业之间与行业内部分化严重的背景下，贷款集中度对于商业银行资产质量的潜在影响尤其值得关注。根据监管标准要求，最大单一客户贷款不得超过银行净资产的10%，前十大客户贷款总额不得超过净资产的50%。2015年底各全国性商业银行的这两项指标均符合监管要求，但也出现了一些新情况。

图2-16和图2-17分别列示了近三年全国性商业银行单一最大客户贷款比例及最大十家客户贷款比例的情况。

在单一最大客户贷款比例方面，大型银行中，农行最高（7.15%），其次为建行（5.67%），交行、中行则继续维持低位，分别为1.59%和2.30%；股份制银行中，浦发银行继续保持最低并有所下降（1.43%），渤海银行较上年大幅上升至7.74%，为全国商业性银行中最高，兴业银行大幅下降了6.15个百分点至2.11%，浙商银行大幅下降了3.15个百分点至3.86%。全国性商业银行2014年单一最大客户贷款比例普遍呈下降趋势，2015年各银行的变化趋势则高度分化，

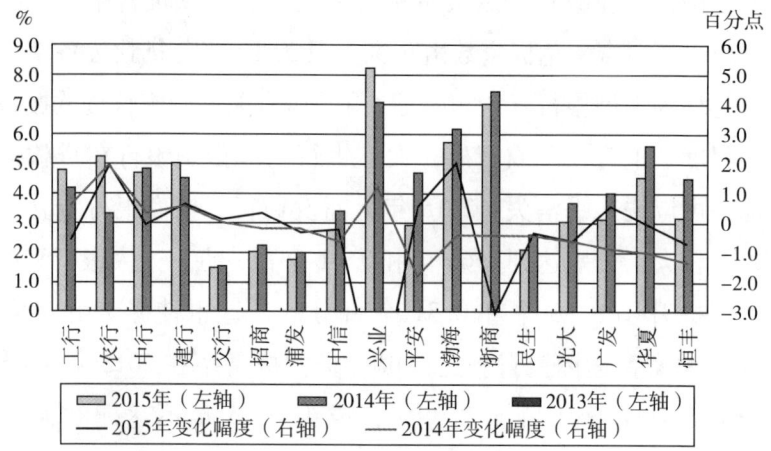

图 2-16 近三年全国性商业银行单一最大客户贷款比例情况

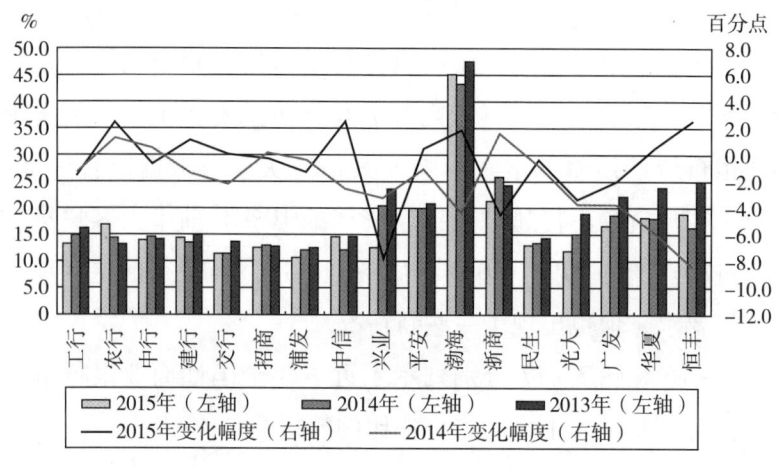

图 2-17 近三年全国性商业银行最大十家客户贷款比例情况

有 10 家银行下降，7 家银行上升，其中渤海、农行上升幅度较大，分别为 2.0 个和 1.92 个百分点，兴业和浙商下降幅度较大，分别达到 6.15 个和 3.15 个百分点。

在最大十家客户贷款比例方面，大型银行中，农行逐年上升至最高 (16.82%)，交行虽略有上升，但仍为大型银行中的最低水平

（11.51%）；股份制银行中，渤海银行最大十家客户贷款比例处于45.07%的高位，维持17家全国性商业银行中的最高水平，客户集中度过高的问题仍未得到明显改善，较低的是浦发（10.87%）、光大（11.86%）、兴业（12.62%）、招商（12.67%）、民生（13.11%），已经低于除交行以外的其他4家大型银行。与上年比较，大型银行中仅有工行和中行的最大十家客户贷款比例有所下降，股份制银行中有7家银行的有所下降，整体上大型银行下降幅度要小于股份制银行，大型银行对于股份制银行在客户结构上的优势在缩小；其中，恒丰、中信和农行上升幅度较大，分别达到2.55个、2.46个和2.39个百分点，兴业、浙商和光大下降幅度较大，分别为7.82个、4.54个和3.33个百分点。

整体而言，单一最大客户贷款比例以及最大十家客户贷款比例上的变化，一定程度上反映出在宏观经济形势严峻、行业之间与行业内部急剧分化的背景下，大型银行信贷资源进一步向部分优质客户集中，而大部分股份制银行则通过产品、客户等方面的差异化竞争，抢抓新兴优质客户，实现客户结构多元化。

四、盈利能力

2015年，受实体经济增速下行和结构调整影响，信贷有效需求不足、不良贷款上升、央行多次降息、银行部分对地方政府平台的贷款转为地方债等诸多因素影响，银行业利润增速整体上进一步回落。17家全国性商业银行共实现税后净利润12810.71亿元，较上年增长1.67%，增速回落5.8个百分点。从收入支出角度来看，17家全国性商业银行2015年实现营业收入3.68万亿元，较上年增长11.43%，增速有所放缓，其中，利息净收入占73.6%、手续费及佣金净收入占

22.7%，由此可见，资产产值损失等营业支出的大幅增长拉低了税后利润的增速。

以下先从净利润增长率、净资产收益率和总资产收益率三个角度评价2015年全国性商业银行盈利能力的整体水平，然后分别从影响银行利润的三个主要部分——利息净收入、手续费及佣金净收入和支出管理水平出发，具体评述全国性商业银行的盈利能力。

（一）总体情况

1. 净利润增长率

图2-18列示了2014~2015年各全国性商业银行净利润增长情况。除广发银行外，其余16家全国性商业银行盈利规模持续提高，但绝大部分全国性商业银行的增速均出现较大程度的下滑，7家银行增速低于1.67%的平均水平，10家高于平均水平。大型银行共实现净利润9333.25亿元，较上年增长0.67%，增速回落5.85个百分点；其中，中行净利润增速最高（1.25%），但也比2014年的8.22%大幅下降，建行增速最低（0.28%），工行净利润增速也降至0.52%，但继续以

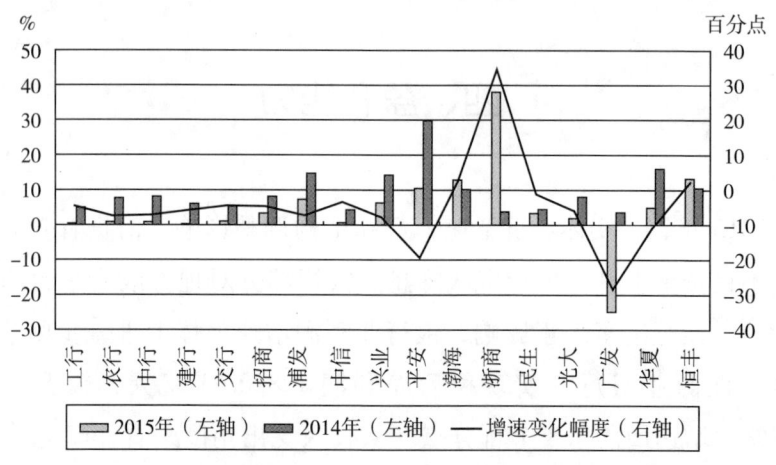

图2-18 全国性商业银行净利润增长情况（2014 vs 2015）

2777.20亿元的净利润规模位居行业首位。股份制银行共实现净利润3477.46亿元，较上年增长4.44%，增速回落5.64个百分点，股份制银行净利润增速仍快于大型银行；各股份制银行增速差异较大，其中浙商增速最高（38.36%），渤海（13.08%）、恒丰（13.38%）、平安（10.42%）等3家银行也实现两位数增长，广发银行从上年的最低水平（3.92%）大幅下降为负增长（-24.7%），成为唯一一家净利润规模大幅缩水的全国性商业银行；招商、浦发、兴业等净利润规模较大的股份制银行的净利润增速均有所下降，但净利润规模仍保持一定程度的增长，其中招商银行以580.18亿元净利润继续保持盈利能力最强的股份制银行地位。

与2014年相比，14家全国性商业银行净利润增速出现了下滑，广发银行下滑幅度最大，达到28.62个百分点，浙商银行增速逆势大幅提高34.4个百分点。大型银行增速下滑幅度情况较为相近，农行下滑幅度最大（7.30个百分点），工行下滑幅度最小（4.55个百分点），其他三家大型银行下滑幅度均在5~7个百分点。股份制银行中，除浙商、渤海、恒丰增速逆势提高以外，其他9家增速下滑情况呈两极分化态势，广发银行下滑幅度最大（28.26个百分点），平安银行和华夏银行增速下滑幅度也达到两位数，分别下滑19.59个和11.18个百分点。招商、浦发和中信等资产规模排名靠前的股份制银行以及国内系统性重要银行，净利润增速也出现了个位数的下滑，分别下滑4.81个、7.27个和3.68个百分点。

2. 净资产收益率和总资产收益率

净资产收益率（ROE）和总资产收益率（ROA）（本报告分别采用加权平均净资产收益率和平均总资产收益率）将各行的盈利绝对规模与相应的净资产和总资产结合起来，较好地展现了各行单位净资产或总资产的盈利水平，更有利于客观比较各行的盈利能力。根据中国银监会《商业银行风险监管核心指标》的要求，净资产收益率不应低于11%，总资产收益率不应低于0.6%。

图2-19列示了近三年度全国性商业银行净资产收益率。2015年，除广发银行（9.8%）外，其余16家全国性商业银行的净资产收益率均明显超过11%的达标线，大型银行净资产收益率水平除交行以外均集中于15%~17%，股份制银行情况更为分散，兴业（18.89%）和浦发（18.82%）净资产收益率水平在18%以上，排名17家银行中前两位，交行（13.46%）、广发（9.8%）ROE水平低于14%，排名垫底，广发银行更是不及11%的监管达标线。

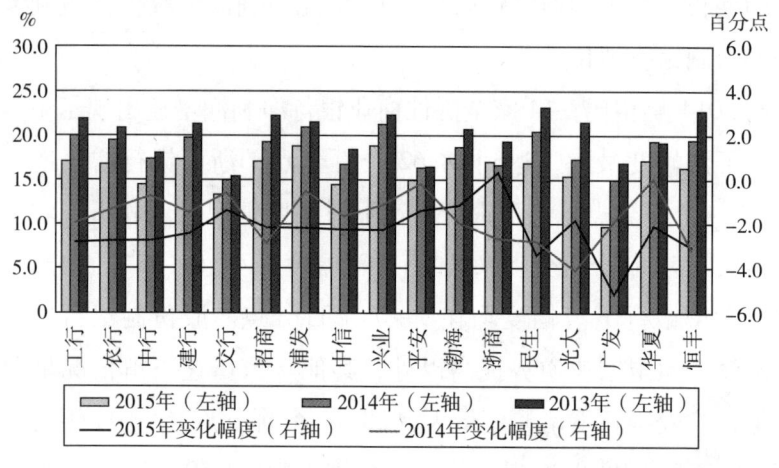

图2-19 近三年全国性商业银行净资产收益率情况

从近三年情况来看，整体上全国性商业银行净资产收益率水平加速下降，股份制银行下降幅度更大，加速下降的速度也快于大型银行。与上年相比，2015年16家银行净资产收益率下降，仅浙商银行净资产收益率微增0.31个百分点；除浙商银行以外，下降幅度最小的是渤海银行（1.20个百分点），广发、民生和恒丰分别下降5.18个、3.43个和3.09个百分点，降幅较大；大型银行中，交行在低位继续下降1.41个百分点，降幅在大型银行中最小，但绝对水平也最低，工行则在高位下降2.86个百分点至17.1%，降幅最大，绝对水平也降至建行

（17.27%）之后。

图2-20列示了近三年全国性商业银行总资产收益率。除广发银行（0.52%）外，其余16家全国性商业银行2015年总资产收益率全部显著高于0.6%的及格线，整体而言，大型银行的总资产收益率相对较高，均在1%以上。其中，建行和工行总资产收益率均为1.30%，并列全国性商业银行总资产收益率首位，交行为1.00%，大型银行中最低；股份制银行的总资产收益率大多在0.8%~1.1%，招商（1.13%）和民生（1.10%）最高，而广发（0.52%）、渤海（0.79%）则是全国性商业银行中最低的，广发银行已经低于0.6%的监管要求。

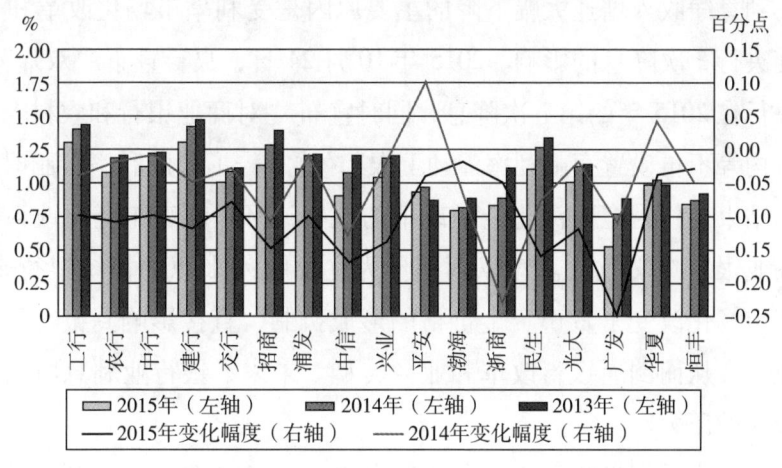

图2-20 近三年全国性商业银行总资产收益率情况

同上年相比，2015年17家全国性商业银行的总资产收益率无一例外均有所下降，且2015年的下降幅度普遍大于2014年。大型银行下降幅度均在0.1个百分点左右，股份制银行中，平安（0.04个百分点）、渤海（0.02个百分点）、浙商（0.05个百分点）、华夏（0.04个百分点）、恒丰（0.03个百分点）均微幅下降、下降幅度较小，广发（0.25个百分点）、中信（0.17个百分点）、民生（0.16个百分点）、招商（0.15个百分点）下降幅度均在0.15个百分点以上，下降幅度在全国性商业银行中最大。

（二）利息收入水平

目前，息差收入仍是我国银行业收入结构中最主要的组成部分，占整体营业收入的70%以上，是商业银行最主要的盈利来源。得益于生息资产规模的持续稳定增长以及息差水平的回升，2015年17家全国性商业银行的利息净收入达到2.71万亿元，较上年增长6.48%，增速下降6.17个百分点，利息净收入增速的下降成为影响利润增速整体回落的主要因素。

利息净收入增速大幅下降的主要原因是受利率市场化改革和2015年度央行5次降息的影响。2015年10月24日，央行宣布"双降"，也是央行在2015年的第五次降息，同时宣布"对商业银行和农村合作金融机构等不再设置存款利率浮动上限"，这宣告了中国利率管制时代的基本结束。作为全面深化金融改革的核心一环，利率市场化改革完成对商业银行意义重大。对以利差作为主要收入来源的传统银行来说，利率市场化改变了货币资金价格的形成机制，直接影响到银行资产负债业务，从而倒逼银行改革和业务转型。未来，银行业利息收入将承受较大的压力。

本报告从利息收入比、净利息收益率（净息差）与净利差等三个角度讨论2015年全国性商业银行的利息收入水平。

1. 利息收入比

利息收入比是商业银行利息净收入占营业收入的比重。由于各行非利息收入的持续快速增长，17家全国性商业银行的利息收入比简单平均水平已由2012年的81.46%持续下降为2015年的73.4%。大型银行中，农行利息收入最高，达到81.34%，而其他四行均为69%~76%，中行利息收入比维持在69.29%的低位，为大型银行中最低；股份制银行的利息收入比情况愈加分化,渤海银行利息收入比虽比2014年略有下降,但仍处于83.48%的高位,为17家银行中最高,浙商银行利息收入比也达到81.92%;平安(68.74%)、招商(67.87%)、民生(61.04%)、广发(59.96%)利息收入比则大幅下降至69%以下,低于大型银行中的中行,其中广发(59.96%)为17家银行中最低。

如图2-21所示,从近三年变化趋势来看,整体上大型银行利息收入比在持续小幅下降,但有升有降,幅度整体不大;绝大部分股份制银行利息收入比持续大幅下降。与2014年相比,大型银行中工行利息收入大幅下降2.10个百分点,交行下降1.59个百分点,农行、中行、建行均下降1.1个百分点左右;股份制银行中,浙商和恒丰利息收入比进一步大幅上升5.35个和3.30个百分点,兴业和招商上升1.13个和0.34个百分点,其他8家银行利息收入比均不同程度下降2~7个百分点,民生大幅下降6.97个百分点,17家银行中下降幅度最大。整体而言,各银行都在推进收入结构的非息化,但大型银行由于利息净收入规模大、效果尚不显著,而股份制银行由于规模相对较小,战略调整更为灵活,收入结构非息化成效显著。

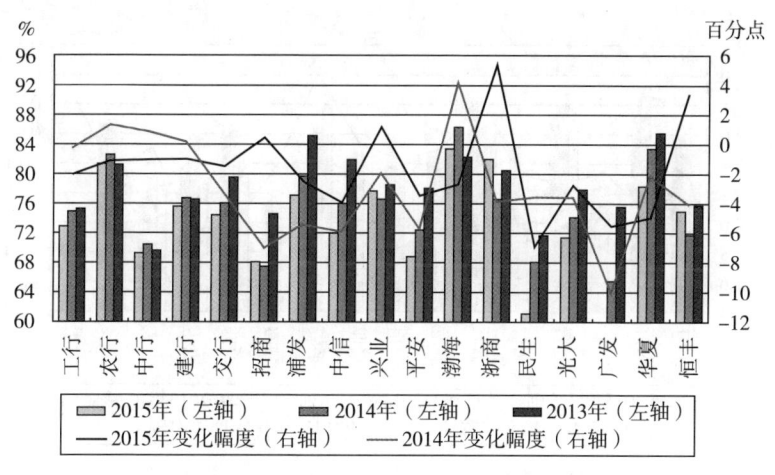

图2-21 近三年全国性商业银行利息收入比情况

2. 净利息收益率与净利差

商业银行利息收入规模的两大驱动因素为生息资产规模与息差水平。考察息差水平的重要指标即是净利息收益率（净息差）和净利差。净利息收益率（NIM）是利息净收入与平均生息资产总额的比率，考察单位生息资产所创造的利息净收入；净利差（NIS）为日均生息资产收益率与日均计息负债付息率的差额。两者各有侧重，但整体而言，二者变化趋势和原因大体相似。受2015年数次降息的影响，除个别银行外，2015年全国性商业银行净利息收益率、净利差普遍出现不同程度的下降，且下滑幅度差异较大。

图2-22列示了部分披露相关信息的全国性商业银行近三年的净利息收益率（广发银行未披露相关数据）。大型银行净利息收益率平均为2.42%，比2014年下降0.18个百分点。农行达到2.66%，为大型银行中最高，中行由于受海外资产比重较大的影响而继续保持大型银行中最低（2.12%）；股份制银行中，平安（2.77%）、招商（2.75%）、华夏（2.56%）净利息收益率水平均在2.5%以上，恒丰银行净利息收益率有所上升，但仍仅为1.92%，为16家银行中最低，

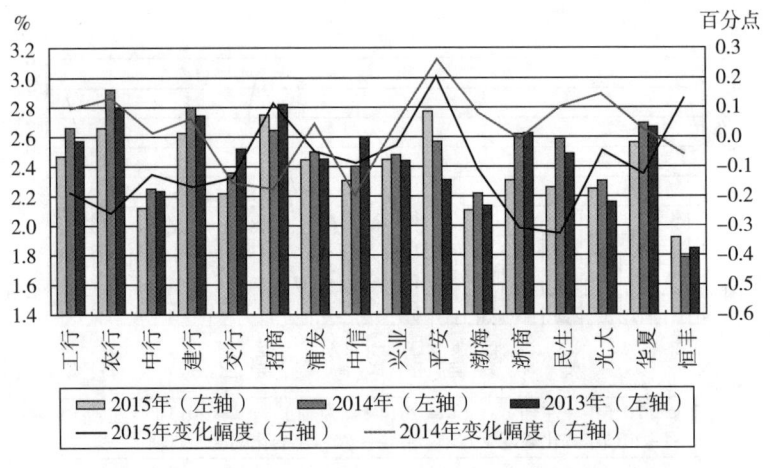

图2-22 近三年部分全国性商业银行净利息收益率情况

也是唯一一家净利息收益率在2%以下的全国性商业银行。

就变化趋势而言，除招商、平安和恒丰银行的净利息收益率有所上升外，其余13家全国性商业银行均出现不同程度的下降，且下滑幅度差异较大，下滑幅度最大的民生银行净利息收益率下降0.33个百分点。大型银行净利息收益率的下降幅度较为一致，在0.1~0.3个百分点；股份制银行中，平安、恒丰和招商净利息收益率分别上升0.20个、0.13个和0.11个百分点，民生和浙商分别大幅下降0.33个和0.31个百分点，在16家银行中下降幅度最大。

净利差与净利息收益率情况类似。图2-23列示了部分披露相关信息的全国性商业银行近三年的净利差（中行、广发未披露相关数据）。大型银行净利差水平整体较高，交行净利差为2.06%，是净利差最低的大型银行，农行、建行、工行分别达到2.49%、2.46%和2.30%；股份制银行中，平安（2.63%）和招商（2.59%）净利差水平较高，超过大型银行，位于15家全国性商业银行第一、二名。恒丰银行净利差略有上升，但仍仅为1.68%，为15家银行中最低，渤海（1.89%）次之，也在2%以下。

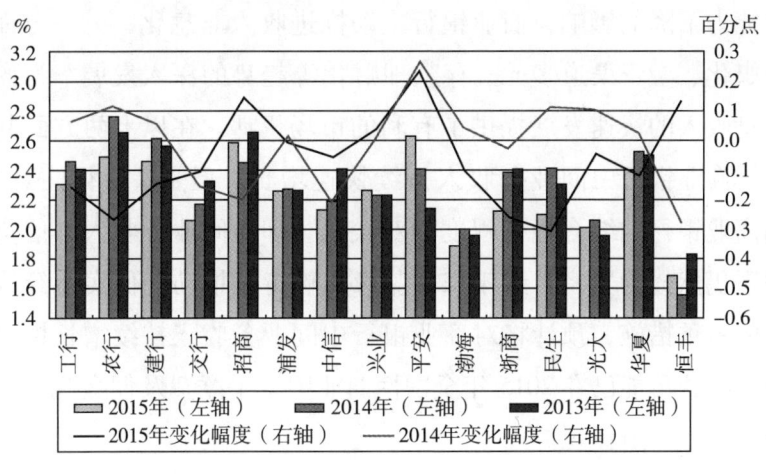

图2-23 近三年全国性商业银行净利差情况

就变化趋势而言，全国性商业银行净利差在2014年小幅回升后在2015年普遍性下降。整体而言，全国性商业银行净利差近三年净利差连续下降。与2014年相比，工行、农行、建行、交行四家大型银行净利差分别下降0.16个、0.27个、0.15个、0.11个百分点，降幅明显；股份制银行中，平安、招商、恒丰、兴业在2015年分别上涨0.23个、0.14个、0.13个和0.33个百分点，其余股份制银行则有不同程度的下降。其中，民生和浙商下降幅度较大，分别为0.31个和0.26个百分点，民生银行也是15家银行中净利差下降幅度最大的全国性商业银行。

（三）中间业务收入水平

本报告中，中间业务是指商业银行作为中间人参与的金融服务，其收入反映为利润表上的"手续费及佣金收入"。判别中间业务的重要标准是商业银行利用自己的人才、网点和系统等资源提供收费服务，其自身并不作为交易主体参与业务并承担风险。

近年来，一方面受利率市场化持续推进、同质化竞争下信贷资产议价能力下降的影响，商业银行主动推进收入非息化；另一方面，金融脱媒化、融资渠道多元、存款理财化等趋势的深入发展，为商业银行非息收入的快速发展提供了有利的市场机遇。在以上两方面共同作用下，商业银行中间业务收入持续快速增长。但是，值得注意的是，我国商业银行的综合经营程度相对较低，即中间业务收入与信贷资源的关系仍然较为紧密，近年来，监管机构持续推动降低实体经济融资成本的各项措施，预计将对商业银行中间业务收入持续增长构成不利影响，而这可能已在2015年全国性商业银行手续费及佣金收入增长率大幅下降上有所体现。

下面本报告将选用中间业务净收入和中间业务净收入占营业收入的比例两个指标考察各全国性商业银行的中间业务情况。

1. 中间业务净收入及其增幅

中间业务净收入，即财务报表中的"手续费及佣金净收入"，是手续费及佣金收入减去支出后的净额，反映商业银行中间业务的绝对水平。

2015年，17家全国性商业银行共实现中间业务净收入8352.45亿元，较上年增长16.20%，增幅较上年放缓6.4个百分点。图2-24列示了近三年各全国性商业银行中间业务净收入情况。大型银行共实现中间业务净收入5201.68亿元，占17家银行整体的62.28%，其中，中行和工行分别以1456.71亿元和1433.91亿元排名前两位，交行中间业务净收入规模在大型银行中最小，为350.27亿元，已连续四年低于招商、民生等股份制银行；股份制银行中，民生银行以601.57亿元首次超越招商银行，领跑股份制银行，招商以534.19亿元居于第二。中信、兴业、浦发、平安、光大、广发的中间业务净收入规模也在200亿元以上，而恒丰、浙商、渤海则均在50亿元以下，分别为49.14亿元、41.01亿元、34.27亿元。

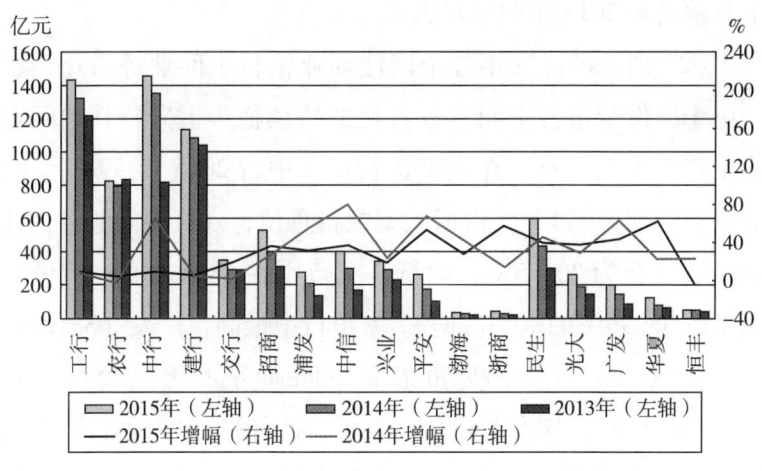

图2-24 近三年全国性商业银行中间业务净收入情况

就近三年变化趋势而言，大型银行、股份制银行2015年中间业务净收入分别增长7.04%、35.34%,增速分别较上年放缓8.32个和5.77个百分点;但由于大型银行中间业务净收入的规模要远大于股份制银行,导致大型银行在17家银行中的比重持续下降。与2014年相比,大型银行中,交行中间业务净收入增长18.32%,是5家大型银行中唯一出现双位数增长的;股份制银行中,仅恒丰银行出现-4.97%的逆势下降,其余12家股份制商业银行的中间业务收入均呈现两位数的高速增长。华夏银行以61.68%的增速领跑17家银行,浙商(56.47%)的增速也在50%以上,兴业银行增速为17.64%,为股份制银行中最低。

2. 中间业务占比

中间业务净收入占营业收入之比(以下简称中间业务占比)是衡量中间业务发展水平及商业银行收入结构的重要指标。由于利息净收入与中间业务净收入合计占我国商业银行营业收入的95%以上,因此,中间业务占比与利息收入比的变化趋势整体上是相反的。2015年,17家全国性商业银行中间业务占比为22.70%,较上年上升0.93个百分点,上升幅度较2014年明显增大。

图2-25列示了近三年各全国性商业银行中间业务占比情况。整体上,由于股份制银行中间业务占比的持续稳步上升,其中间业务占比已稳步高于大型银行。在大型银行中,中行2015年大幅上升10.72个百分点,达到30.71%,占据大型银行首位,农行中间业务占比最小(15.4%),工行为20.55%,建行、交行则在18%左右;股份制银行中,民生以38.96%的水平占据17家银行中最高,广发(38.24%)紧随其后,光大、中信、平安和招商中间业务占比也较高,分别为28.23%、28.04%、27.5%和26.51%。浙商银行中间业务占比仅为16.32%,为17家银行中最低,浦发银行(18.97%)和渤海银行(18.54%)也处于股份制银行中较低的水平。

从近三年变化情况来看,整体上大型银行中间业务占比变化情况表现不一，有增有降，而股份制银行中间业务占比仍在稳定上升，且上升幅度在变大。与2014年相比，大型银行中建行和交行中间业务占比分别下降了0.26个和0.48个百分点，中行大幅上升了10.72个百分点，工行上升了0.44个百分点，农行基本持平，略涨0.01个百分点。股份制银行中，恒丰和招商2家银行中间业务占比有所下降，下降幅度分别为5.65个和2.75个百分点，另外10家的中间业务占比均出现了不同程度的上升。其中民生银行强劲上升10.73个百分点，上升幅度在17家银行中最高。中信和华夏上升幅度也较大，分别上升了7.75个和7.56个百分点。

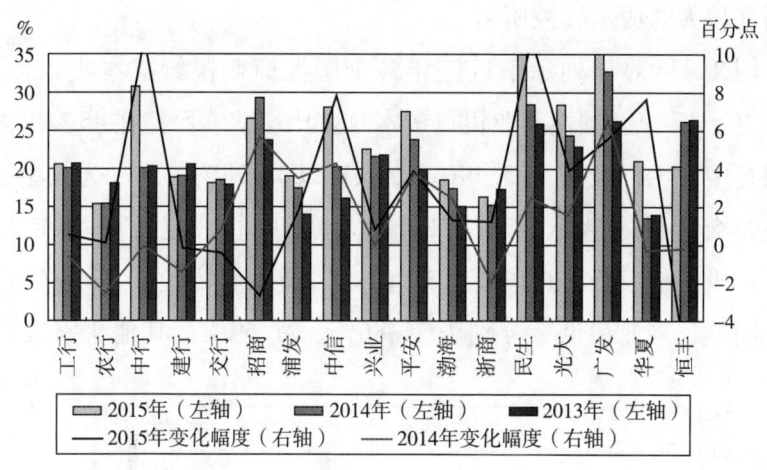

图2-25 近三年全国性商业银行中间业务占比情况

（四）成本控制水平

除收入之外，影响商业银行净利润水平的因素还有相应的成本。成本收入比即是反映为取得单位收入而所耗费的成本，在数值上等于营业费用与营业收入之比。成本收入比是银监会风险监管核心指标中的风险抵补类指标之一，按照监管要求，该指标不应高于45%。

近年来，商业银行一方面受诸多外部不利因素影响，收入增长放缓；另一方面，工资、房租等支出刚性增长，资产减值损失受资产质量影响大幅攀升。因此，直观上商业银行成本收入比承受较大的反弹压力。但从实际情况来看，近年商业银行成本收入比仍持续下降。具体分析来看，营业收入增速虽较前些年有所放缓，但仍保持10%以上的增幅；而支出方面，工资、房租支出虽然刚性增长，但在宏观经济整体放缓的背景下，此部分支出多年高速增长后处于高位，并不具备大幅增长的基础；资产减值损失受资产质量不利变化的影响出现了大幅增长，但其在整体营业支出中的比重仅在20%左右。但是，随着营业收入的进一步放缓，资产减值损失的持续大幅攀升，后期商业银行将面临较大的成本管控压力。

图2-26对比列示了近三年各全国性商业银行成本收入比情况。2015年，17家全国性商业银行成本收入比均继续保持在45%以内。大型银行中，工行最低（25.49%），农行以33.28%的水平为大型银行中最高，交行成本收入比也在30%以上，中行、建行则均在27%~28%；股份制银行中，华夏（35.01%）成本收入比在17家银行中最高，浦发、兴业最低，分别为21.86%、21.59%，其他9家银行均在

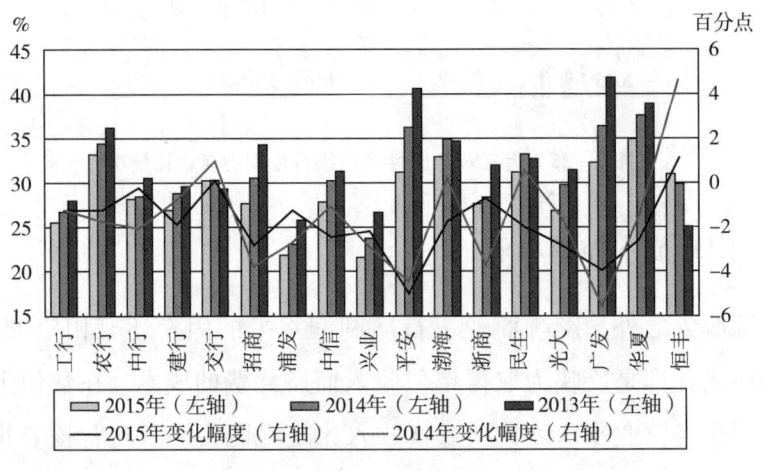

图2-26 近三年全国性商业银行成本收入比情况

26%以上。

从近三年变化来看，随着营业收入增速的企稳，甚至略有反弹，而营业支出增速相对较小，全国性商业银行成本收入比整体上在加速下降；股份制银行加速下降速度更快，其在成本收入比上相对于大型银行的劣势在缩小。与2014年相比，大型银行中，除交行成本收入比上升0.07个百分点以外，其他4家银行均有所下降，建行下降幅度最大（1.87个百分点）；股份制银行中，除恒丰成本收入比上升1.12个百分点以外，其他11家银行均有所下降，平安银行成本收入比大幅下降5.02个百分点，广发银行也下降了4.03个百分点，下降幅度在17家银行中列第一、第二，其余银行也有1~3个百分点的下降。

五、流动性分析

从本质上而言，商业银行要根据流动性、安全性、收益性相统一的原则对资产负债进行配置，而发生于2015年6月的"钱荒"即是过于追求通过资产负债错配实现收益最大化，而忽视了对流动性的关注。2015年以来，人民银行一方面通过诸多定向调控措施进行预调微调，并先后多次降准降息，保持了银行体系流动性的整体充裕。2015年9月2日，中国银监会公布修改后的《商业银行流动性风险管理办法（试行）》（中国银监会令2015年第9号），并自2015年10月1日起施行，从具体监管措施上强化流动性管理。

对商业银行而言，该办法是流动性管理上的一大重要变化。《办法》对商业银行流动性监管设定了流动性覆盖率和流动性比例两大监管指标。此外，修订后的办法删除原办法"商业银行存贷比应不高于75%"的要求，同时在流动性风险监测部分新增"银监会应当持续监测商业银行存贷比的变动情况"，意味着将存贷比由"法定监管指标"

调整为"流动性风险监测指标"。为此，本报告选择存贷比、流动性比例和流动性覆盖率分析全国性商业银行的流动性管理水平。

（一）存贷比分析

存贷比是银行贷款余额与存款余额的比值。以往监管部门为商业银行设置的监管要求是不超过75%，但2015年6月24日，国务院常务会议通过《中华人民共和国商业银行法修正案（草案）》，删除了贷款余额与存款余额比例不得超过75%的规定，将存贷比由法定监管指标转为流动性监测指标。8月29日，全国人大常委会表决通过关于修改《中华人民共和国商业银行法》的决定，删除实施已有20年之久的75%存贷比监管指标，决定自2015年10月1日起施行。随着经济、金融业的不断发展，存贷比监管已不适应当前商业银行资产负债多元化和业务创新发展的需要，商业银行存贷比取消，是鼓励银行经营多元化的重要举措。

图2-27列示了近三年全国性商业银行存贷比情况。与2014年17家全国性商业银行存贷比均在75%的监管标准以内不同，2015年17家全国性商业银行中，有中行（77.89%）、浦发（76.01%）、中信（75.63%）和华夏（75.26%）4家银行的存贷比超过75%。整体上，全国性商业银行的存贷比均有所上升，这与互联网金融背景下银行存款持续流失的趋势是吻合的。

大型银行中，中行存贷比大幅上升至77.89%，为17家银行中最高，农行存贷比虽有所上升，但仍处于65.81%的低位，为大型银行中最低，建行以69.80%的水平次之，而交行、中行存贷比分别为74.08%和71.4%；12家股份制银行中，兴业（67.62%）、平安（69.01%）、渤海（67.59%）、浙商（66.94%）和恒丰（52.3%）5家银行存贷比处于70%以下的水平，其中，恒丰（50.14%）是17家银行中最低，其余7家银行存贷比均在70%以上。

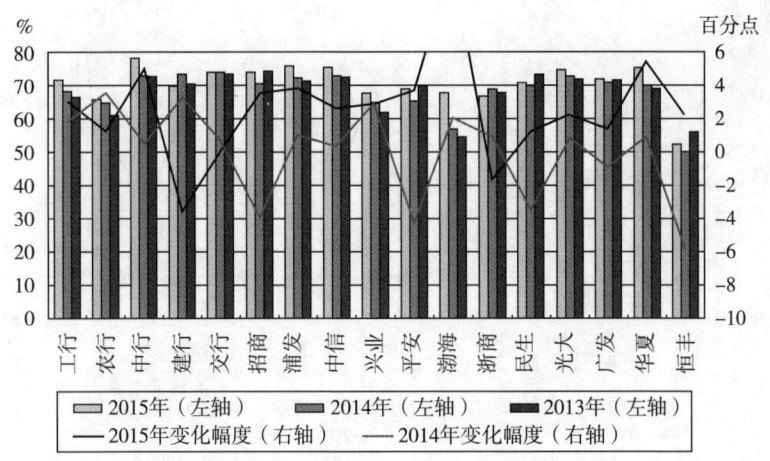

图 2-27 近三年全国性商业银行存贷比情况

与 2014 年相比，除建行和浙商外，其余 15 家全国性商业银行存贷比均有所上升。大型银行中，中行大幅上升 4.92 个百分点，工行、农行、交行分别上升 3.00 个、1.20 个和 0.01 个百分点；股份制银行中渤海银行上升 11.02 个百分点，上升幅度在 17 家银行中最高，其次是华夏银行，存贷比上升 5.31 个百分点，招商（3.44 个百分点）、浦发（3.75 个百分点）和平安（3.62 个百分点）3 家银行上升幅度也超过 3 个百分点，其余股份制银行上升幅度在 1～3 个百分点。逆势下降的建行和浙商分别下降了 3.65 个和 1.69 个百分点。

（二）流动性比例

流动性比例为流动性资产余额与流动性负债余额之比，衡量商业银行流动性的总体水平，不应低于 25%。近年来，我国银行业金融机构流动性比例总体上保持了稳步上升的态势。2015 年达到 49.3%，为 2009 年以来的最高水平，较上年上升 0.9 个百分点。

图 2-28 列示了近三年全国性商业银行的流动性比例情况。2015 年末，17 家全国性商业银行流动性比例均明显高于 25% 的监管要求。

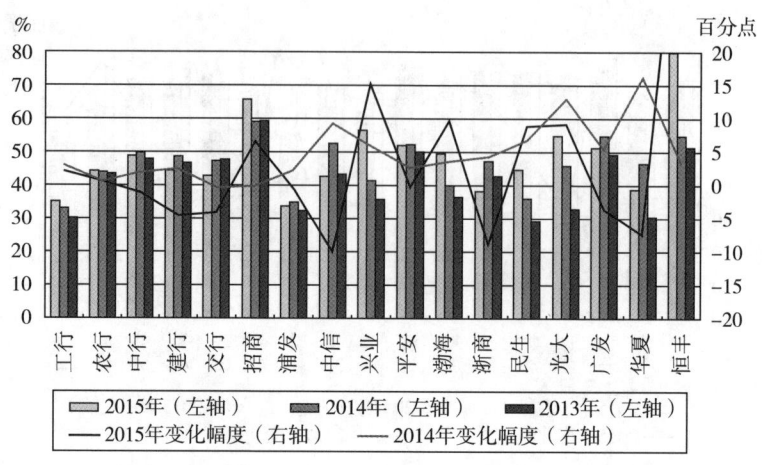

图 2-28　近三年全国性商业银行流动性比例情况

其中，大型银行流动性比例最高的是中行（48.6%），农行、建行、交行也均在 42% 以上，而工行以 35.3% 的流动性比例继续保持大型银行中最低；股份制银行中，恒丰以 106.62% 的水平成为 17 家银行中最高，招商（65.67%）、兴业（56.8%）、平安（52.14%）、光大（54.9%）、广发（51.27%）流动性比例也在 50% 以上，而浦发（34.06%）为 17 家银行中最低。2014 年，全国性商业银行流动性比例整体上止跌回升，但 2015 年又出现不少商业银行流动性比例出现下跌，整体而言，流动性比例变动分化严重，股份制银行上升或下降的幅度要大于大型银行。大型银行中，中行、建行、交行分别出现了 1.3 个、4.71 个、4.72 个百分点的下降，工行和农行则分别出现了 2.1 个和 0.48 个百分点的上升；股份制银行中，流动性比例变动最大的恒丰银行，上升了 51.58 个百分点至 106.62%，兴业（15.21 个百分点）、渤海（9.47 个百分点）、光大（9.00 个百分点）和民生（8.72 个百分点）也出现较大幅度的上升，其余 6 家银行均不同程度下降，下降幅度最大的是中信（10.11 个百分点），其次是浙商（8.94 个百分点）和华夏（7.62 个百分点）。

(三) 流动性覆盖率

流动性覆盖率是优质流动性资产储备与未来30日的资金净流出量之比，旨在确保商业银行在设定的严重流动性压力情景下，能够保持充足的、无变现障碍的优质流动性资产，并通过变现这些资产来满足未来30日的流动性需求。2014年3月开始施行的《商业银行流动性风险管理办法（试行）》中明确指出，商业银行的流动性覆盖率应当在2018年底前达到100%。在过渡期内，应当在2014年底、2015年底、2016年底及2017年底前分别达到60%、70%、80%和90%。

由于流动性覆盖率这项指标的准确计量取决于比较完善的数据基础，现阶段部分银行可能无法达到相关要求，因而部分银行并未完整披露相关数据，在已披露相关数据的银行中，大多数银行仅披露2015年的数据。

图2-29列示了部分披露相关信息的全国性商业银行的2015年流动性覆盖率情况。总体来看，这14家商业银行均符合在2015年底流动性覆盖率达到70%以上的监管指标，部分银行已经超过了100%的监管要求，大型银行的流动性覆盖率整体上明显高于股份制银行。大

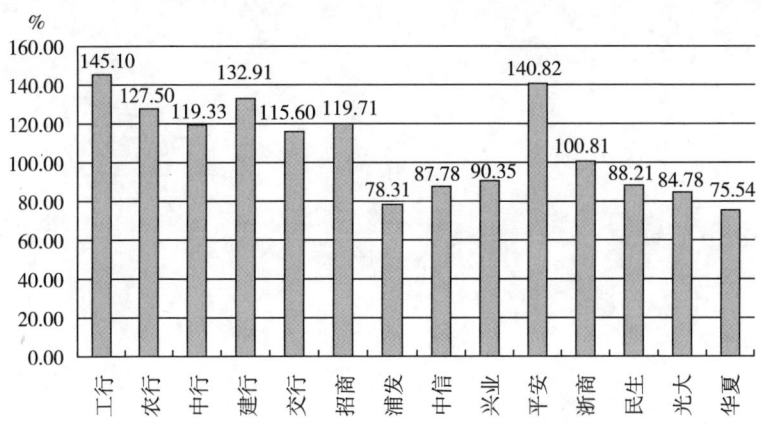

图2-29 部分全国性商业银行2015年流动性覆盖率情况

型银行中，中行以145.1%的流动性覆盖率位于第一，随后依次是建行（132.91%）、农行（127.50%）、中行（119.33%）、交行（115.60%）。在股份制银行中，平安银行（140.82%）遥遥领先，甚至超过除中行外的大型银行，其次招商的流动性覆盖率也较高，达到119.71%，浙商（100.81%）也超过了100%，其余几家股份制银行流动性覆盖率基本处于75%~90%。

第三部分

2015年全国性商业银行核心竞争力评价报告*

* 本部分由欧明刚主持,刘戈、冯斯健撰写。

一、发展战略

2015年商业银行的转型还在继续。在这一年里,以供给侧的结构性改革在深入,不良资产在增加,正式取消存款利率上限浮动区间,利率市场化进程基本完成,民营银行准入开放,同业竞争更加激烈,汇率形成机制进一步改革,汇率弹性增加,这些都对银行的经营带来了新的环境。环境的变化使银行业加快以差异化为主要特征的发展转型。大型银行和中小银行纷纷进行合理的战略转型和经营模式调整,一个差异化和高效率的银行机构体系正在逐渐形成。

总体上,全国性银行的发展战略可以分为以综合性发展为目标的大型银行道路和以差异化经营为特征的股份制银行道路。当然,综合化与差异化并不是截然分开的。中国工商银行、中国银行、中国建设银行、中国农业银行、交通银行等国有大型商业银行,均以综合化、国际化为发展目标。中国工商银行的战略定位中包括实施"综合化、国际化"领域的创新转型;中国银行是中国国际化程度最高的银行,提出要成为"在全球化进程中优势领先的银行";中国建设银行以成为"国际一流银行"为发展目标,其国际化综合化的发展方向可见一斑;中国农业银行也在其战略中明确提出要"建设国际一流大型商业银行";交通银行战略定位则为"走国际化、综合化道路"(见表3-1)。

相比较而言,中小银行则出于差异化经营的考量而专注于某一项或几项业务领域,希望深度发展这方面业务从而实现并保持竞争优势。例如,对于小微企业金融业务领域,华夏银行坚定实施"中小企业金融服务商"战略,民生银行提出要加速转型,创新小微金融服务,广发银行也致力于"最高效中小企业银行"的战略目标,将小微金融包括在其"四轮驱动"的战略布局之内。

2015年，民生银行、恒丰银行等股份制银行作出了重要的战略调整。其中，民生银行坚持根植于民营企业，启动了深化改革的"凤凰计划"，加快推进分行转型和事业部制改革；平安银行致力于为客户提供一站式全方位的综合金融服务；广发银行希望打造为中国最高效中小企业银行和中国最佳零售银行；浙商银行努力将自己打造成"小微客户最需要的创业推手"；恒丰银行2015年首次提出打造"精品银行"的概念，发展以综合金融服务为特色、跨界融合的新型金融形态（见表3-1）。

表3-1　　　　　　2015年部分全国性商业银行发展战略

银行	发展战略
中国工商银行	经营转型是工商银行发展战略的核心。2015~2017年发展战略规划主要内容包括：一是实施信贷管理基础再造、不良贷款综合治理和全面风险管理提升等三大工程，把好转型质量关；二是实施资产、负债、收益和渠道四大结构调整，构建与新市场、新业态相匹配的新型经营架构；三是实施信息化银行、零售金融、对公金融、大资管与综合化、国际化等五大领域的创新转型，构筑起在新常态和利率市场化大背景下稳定盈利增长和扩大核心竞争优势的战略基础；四是深化体制机制改革，夯实转型发展的管理基础
中国银行	担当社会责任，做最好的银行——将中国银行建设成具有崇高价值追求的最好的银行，成为在民族复兴中担当重任的银行，在全球化进程中优势领先的银行，在科技变革中引领生活方式的银行，在市场竞争中赢得客户追随的银行，在持续发展中让股东、员工和社会满意的银行
中国建设银行	本行致力于发展成为专注为客户提供最佳服务，为股东创造最大价值，为员工提供最好发展机会的国际一流银行
中国农业银行	面向"三农"，建设国际一流大型商业银行
交通银行	走国际化、综合化道路，建设以财富管理为特色的一流公众持股银行集团
招商银行	以"轻型银行"为目标、以"一体两翼"为定位（以零售金融为"一体"，以公司金融、同业金融为"两翼"），努力布局互联网金融，实现数字化思维与能力全面领先，努力成为"创新驱动、零售领先、特色鲜明的中国最佳商业银行"
中信银行	努力建设成为业务特色鲜明、盈利能力突出、资产质量较好、重点区域领跑的最佳综合融资服务银行

续表

银行	内容
民生银行	牢牢根植于民营企业，形成明确的业务定位和战略目标，选择差异化经营道路，服务实体经济，创新小微金融服务，打造自身品牌，成为一家具有鲜明特色的金融机构，全面提升公司价值。全面启动"凤凰计划"，通过体制引领改革，用三年到五年时间实现以客户为中心的、全面的增长方式转型与治理模式变革，再造一个完全不同版本的、适应市场变化的民生银行。坚持特色银行和效益银行的战略目标，通过加快分行转型和深化事业部改革，成为中国股份制商业银行中具有核心竞争力、可持续发展的标杆性银行
浦发银行	初步构建银行控股的集团经营架构，在巩固银行主业核心竞争优势基础上，推动多牌照业务融合与协同发展，显著增强综合化金融服务能力，打造适应能力强、发展优势突出、轻型化程度高的高绩效全能型银行集团
兴业银行	2016~2020年，坚持"轻资本、高效率"的经营转型方向，增强结算型、投资型、交易型"三型"业务能力，驱动批发金融、工商金融、零售金融、资管金融"四轮"并进，努力建设最具综合金融创新能力和服务特色的一流银行集团，朝着"一流银行、百年兴业"的远大目标持续迈进
光大银行	遵循"创新、协调、绿色、开放、共享"的发展理念，加快战略转型，实现客户、业务、利润和渠道结构的优化和调整，推动公司、零售、金融市场三大板块业务协调发展
华夏银行	坚定实施"中小企业金融服务商"战略，加快经营转型，深化结构调整，努力降本增效，实现服务专业化、业务品牌化、经营特色化、管理精细化，努力打造"华夏服务"品牌，建设具有鲜明品牌特色的现代化商业银行
平安银行	以为客户提供"一个客户、一个账户、多个产品、一站式"服务的全方位综合金融服务体验为目标，开启智慧经营模式，秉承"专业化、集约化、综合金融、互联网金融"四大经营战略
广发银行	确立"建设中国最高效中小企业银行，打造中国最佳零售银行，跻身股份制商业银行第一梯队"的战略愿景，形成小微金融、零售金融、金融市场、网络金融"四轮驱动"的战略布局
浙商银行	立足"到2025年左右，成为最具竞争力全国性股份制商业银行和浙江省最重要金融平台"的愿景，以"全资产经营"为业务导向，全面对标不同领域的先进同业，打造具有创业精神与创新能力的智力密集型银行，努力成为同业客户最默契的合作伙伴，公司客户最认可的财务顾问，小微客户最需要的创业推手，个人客户最信赖的财富管家

续表

渤海银行	追求股东价值、客户价值、员工价值和社会价值的和谐均衡增长，并将建设公司治理完善、依法合规经营、业务特色鲜明、经营业绩优良的现代银行作为长期愿景
恒丰银行	结合 One Bank 核心理念，力争 3 年成为一流的全国性商业银行，5～10 年构建恒丰国际金融财团，打造以客户价值链为中心、以数据为核心资产、以综合金融服务为特色、跨界融合的新型金融形态，缔造"精品银行、全能银行、百年银行"

资料来源：各商业银行官网、2015 年年报。

2015 年，银行的转型体现在如下几个方面。

（一）打造"轻型银行"，以转型引领发展

随着全球化、资本化、网络化新一轮经济洗牌与市场变革的推进，中国实体经济正加速推进转型升级，从高资本投入、高资源投入、低技术含量和低附加值的粗放型产业结构向以创新高科技产业和服务业为主的轻型产业结构转变，金融行业的发展也必须与这一趋势相适应。未来资本轻、效率高的银行将拥有更多机会，因此，向"轻型银行"转型成为多家银行的选择，轻型银行即用更少的资本来获得较好的收入增速，同时，更注重非利息收入的增长。其本质就是要以更少的资本消耗、更集约的经营方式、更灵巧的应变能力，实现更高效的发展和更丰厚的价值回报。

以较早期轻型发展的招商银行为例，招行从 2010 年提出"二次转型"的战略构想，并在 2014 年把打造"轻型银行"作为招商银行"二次转型"的方向，以创新产品和升级服务为突破口，以财富管理、资产管理等新兴金融业务为重点，在合理发展传统业务的同时，推动非利息收入业务的快速增长，深入推进业务结构调整和经营转型，提高资本使用效率和降低资本消耗。

经过两三年的摸索，2015 年招商银行的"轻型银行"战略初步成

型。资产更"轻":资产端大幅压缩退出产能过剩等领域风险资产,加大信用卡、住房按揭贷款等低风险优质零售资产投放,零售贷款余额已占贷款总规模近一半,对公高评级客户资产占比提升6.1个百分点,风险加权资产与总资产的比值持续下降,权重法下公司风险加权资产与总资产的比值为62.62%,较上年末的65.60%下降2.98个百分点,资产结构进一步优化。负债更"轻":按照"资产决定负债"的经营逻辑,优化存款定价和差异化授权机制,主动大幅压缩高成本的结构性存款,活期存款占比提升,净利息收益率不降反升11个基点,有效对冲了数次降息的负面影响。收入更"轻":非利息净收入占比提升至32.13%,成本收入比降至27.67%的历史新低。

招商银行并不是唯一一家提出发展轻型银行的商业银行,正有越来越多的银行把轻型发展明确纳入其发展战略之中。

兴业银行在2016~2020年战略规划中,把"轻资本、高效率"作为未来五年经营转型方向,并且2015年,兴业银行在以轻资本、轻资产为特征的重点业务上业绩有显著增长。承销发行债务融资工具规模达3842.45亿元,同比增长22.14%。理财产品日均存量13476.41亿元,同比增长60.27%。资产托管规模达72139.48亿元,较期初增长52.64%。完成期货交易所结算业务量19124.99亿元,排名全市场前列。

2015年5月,当时还在任的工行董事长姜建清也提出"银行也要轻装上阵",在利率市场化不可避免的情况下,银行要从过去的银行重资产结构,逐渐向轻资产的经营结构转型,不要再过度依赖存款,发展多种盈利方式,从信贷经营大行逐步变成信用管理大行。这对工商银行轻型化转型有着指导意义。

此外,中信银行发展战略提出"一个中心,两个导向",其中轻型发展(轻成本、轻资产)作为两个导向之一;浦发银行提出要实现轻型银行发展经营模式,保持规模质量效益协同发展。

(二) 大力推动中间业务收入的增长

2015年,利率市场化进程下,存款利率上限全面放开,商业银行面临的存贷款利差收窄和利差收入增速放缓的压力进一步加大,各家银行纷纷继续推进收入结构的调整,大力发展中间业务:在合理发展存、贷款等传统业务的同时,通过发展银行卡、私人银行、投行、理财、托管及咨询等业务努力推动非利息收入业务的快速增长,以深入推进业务结构调整和经营转型。

从我国银行业近三年来收入的构成可以观察到,商业银行正在逐渐降低对传统的存贷款业务带来的利差收入的依赖,大力推动中间业务收入的增长。2013年到2015年,总体而言,全国性商业银行非利息收入占比呈现明显的上升趋势,五大行中,交通银行的非利息收入占比三年来连续增加,工行、农行、中行、建行四大行也都有小幅提升;除招商银行、兴业银行、浙商银行、恒丰银行2015年非利息收入占比出现小幅回

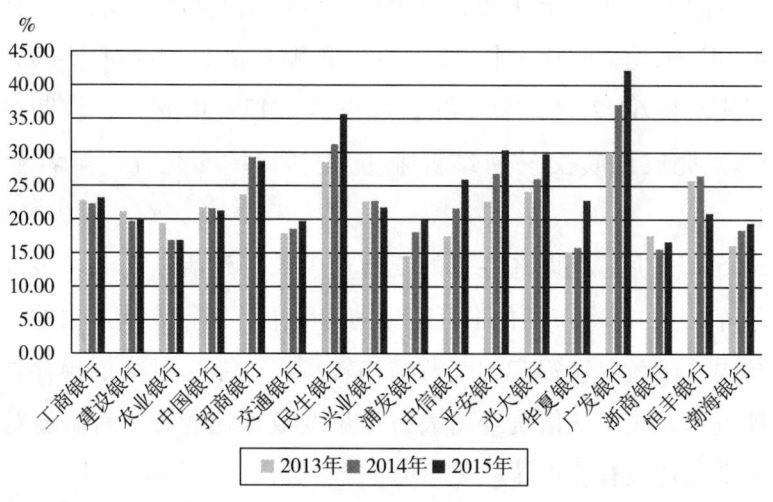

资料来源:Wind资讯。

图3-1 2013~2015年全国性商业银行手续费及佣金收入占比

落外,绝大多数民营银行2015年非利息收入占比都在上升,民生银行和广发银行在2015年的非利息收入占比甚至达到40%左右。

招商银行在2015年继续大力拓展财富管理、信用卡等业务,带动了非利息净收入的较快增长,实现非利息净收入647.42亿元,同比增幅33.05%,其中,净手续费及佣金收入比上年增长35.26%。在所有非利息净收入中,零售金融业务非利息净收入占比41.14%,较上年增长50.66%。

民生银行2015年继续推进收入结构调整,大力发展中间业务,实现非利息净收入601.57亿元,较上年增幅38.82%,占营业收入比率为38.96%,同比提高6.97个百分点。其中,手续费及佣金净收入512.05亿元,增幅33.91%,占营业收入比率为33.16%,同比提高4.93个百分点,主要是代理、银行卡和托管及其他受托业务等收入的增长。

平安银行积极调整业务结构,大力发展中间业务,投行、托管等业务快速增长,同时,代理与结算、信用卡、理财、黄金租赁等业务手续费收益表现良好,带动了非利息收入的大幅增加,2015年非利息净收入300.64亿元,同比增长47.65%。其中,手续费及佣金净收入同比增长52.18%,增速高达66.20%。

广发银行近年来主要由于信用卡业务相关手续费收入保持较快增长,同时加大中间业务拓展,代理、理财及托管等轻资本业务收入实现较快增加,2015年实现非利息净收入219.18亿元,增幅为42.26%,占营业收入比率为40.04%。其中手续费及佣金收入占营业收入比率为38.24%,2011~2015年年均增长率为49.72%。

(三)持续从资产端推进信贷证券化业务,从负债端推进同业业务发展

银行业是持有存量的信贷资产最大的机构,但银行业目前面临越来越严峻的存量风险和负债错配的问题,而信贷资产证券化可以将流动性差的金融资产转化为可流通的资本市场证券,同时对信用风险重新划分,实现发起机构的风险缓释,是盘活存量、扩大整个流动性供应的主要途径,有利于优化银行信贷结构。

2012年5月,银监会和人民银行发布《关于进一步扩大信贷资产证券化试点有关事项的通知》,标志着信贷资产证券化试点工作重启。此后,监管部门大力推动信贷资产证券化工作的进展。2014年11月,银监会发布《关于信贷资产证券化备案登记工作流程的通知》,将资产证券化由审批制改为备案制,以促进业务更常规化发展,以及发起机构、基础资产和投资者类型的多元化。2015年1月,银监会下发《关于中信银行等27家银行开办信贷资产证券化业务资格的批复》,标志着信贷资产证券备案制项目的实质性启动,中信银行、光大银行、华夏银行、民生银行、招商银行、兴业银行、平安银行、浦发银行、恒丰银行、渤海银行10家全国性银行都在名单之列。2015年5月13日,李克强总理在国务院常务会议上表示,将新增5000亿元信贷资产证券化试点规模,并继续完善制度、简化程序,鼓励一次注册、自主分期发行。

在政策的支持下,2014年我国信贷资产证券化实现了井喷式发展,2015年继续延续了增长态势,共有61家银行业金融机构在银行间市场发行104只信贷资产支持证券,规模合计3987亿元,同比增长41%(数据来源于银监会2015年年报,见图3-2)。

兴业银行(五期共258.7亿元)、招商银行(四期共230.2亿元)、民生银行(五期共194.4亿元)和中国银行(四期共131.9亿元)在2015年新发行信贷支持证券的规模领先于其他全国性商业银行(见图3-3)。

兴业银行2015年信贷资产证券化产品发行总规模在股份制银行位列第一,并创造市场首单超短期证券化产品、国内首单QFII投资中国

第三部分　2015年全国性商业银行核心竞争力评价报告

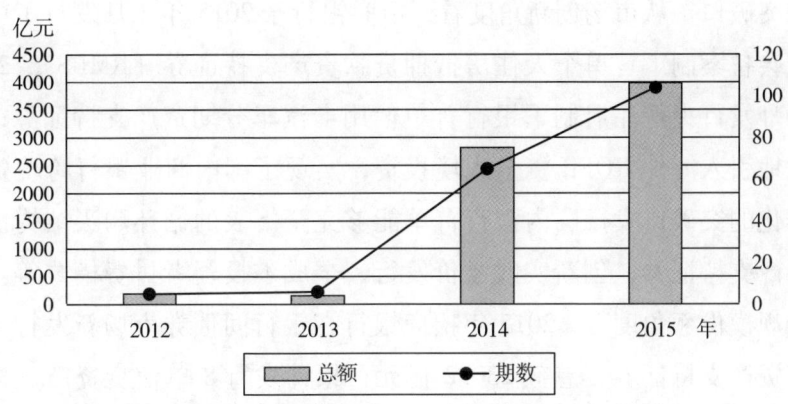

资料来源：银监会2014年、2015年年报。

图3-2　银行业金融机构发行信贷资产证券化产品规模和期数

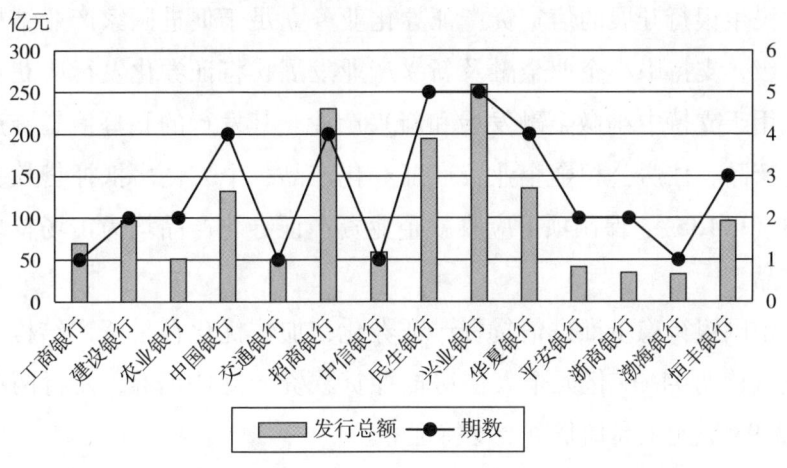

资料来源：Wind资讯。

图3-3　2015年部分全国性商业银行资产证券化项目发行情况

CLO产品以及银行间债券市场首个资产证券化产品做市成功等创新案例。

招商银行信贷支持证券的累计发行规模居全国商业银行首位，并且信贷资产证券化逐渐成为招商银行实施"轻型银行"战略的重要抓

101

手和突破口。从市场创新角度看，招商银行于 2015 年 3 月发行了中国银监会备案制下首单个人住房抵押贷款资产支持证券（RMBS），2015 年 6 月发行央行注册制下银行首单信用卡汽车分期资产支持证券；开创性地引入海外 RQFII 资金入境投资，实现了国内商业银行跨境资产证券化的突破；发行国内银行首单能够完全下表的循环购买结构信用卡资产支持证券；创新实践溢价发行、全成本投资者付费模式等。从市场规模份额角度看，2015 年招商银行在银行间债券市场新发行 4 期信贷资产支持证券，总额 230.2 亿元；累计发行 8 单信贷资产支持证券，发行规模达 516.6 亿元，市场份额约 7%，位居国内商业银行第一；品种已覆盖对公贷款、信用卡汽车分期贷款和个人住房抵押贷款，成为国内证券化品种最多的银行。

民生银行开展的信贷资产证券化业务立足于促进国家产业结构调整升级，支持中小企业金融及新兴产业发展，将证券化发行所获价款优先用于支持中小微金融发展和新兴产业。其发行的私募信贷资产证券化产品、住房公积金企业资产证券化产品、个人住房抵押贷款支持证券（RMBS）、保函项下应收款企业资产证券化产品均为市场首单创新产品。

中国银行稳步推进信贷资产证券化，加快优化存量资产结构，成功发行首期 44.99 亿元个人住房抵押贷款资产支持证券，发行两期共计 83.93 亿元工商信贷资产支持证券。

为应对利率市场化的挑战，除了可以通过信贷资产证券化从银行的资产端进行调整，也可以通过发行同业存单调整负债端业务。所谓同业存单，就是指存款类金融机构在银行间市场上发行的记账式定期存款凭证。自 2013 年 12 月中国人民银行发布《同业存单管理暂行办法》后，10 家商业银行先后试水，从此，拉开了同业存单发行的序幕。同业存单成为替代同业融资的主要金融工具，并扮演银行流动性管理的角色。同业存单的成功发行，是银行主动适应利率市场化改革需要，积极推动金融市场业务发展的结果，有助于进一步提高主动负债定价能力，优化负债结构，提升流动性管理的主动性。人民银行2014年年底发布387号文，明确提出"将非银同业存款纳入存贷比考核，但免缴存款准备金"的同业业务新政，也促使多家商业银行扩大了同业存单的发行规模。在利率市场化持续推进的背景下，发行同业存单已经成为银行优化负债结构、拓宽负债来源的重要渠道。

据统计，2015年共有约300家银行类金融机构对外公布同业存单发行计划，实际发行规模达5.31万亿元，发行机构数量、实际发行规模均较上年大幅增长。而2014年只有90多家银行公布了同业存单发行计划，实际发行额累计为8975.6亿元。2015年同业存单发行量是2014年全年发行量的5.9倍（见图3-4）。

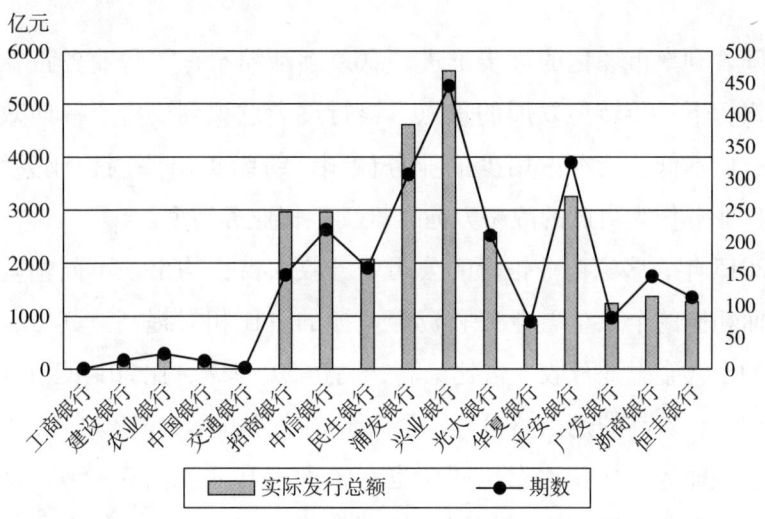

资料来源：Wind资讯。

图3-4 2015年全国性商业银行同业存单发行规模及期数

各家银行发行的同业存单的期限多为3个月，每期发行规模也存在5亿元、10亿元、20亿元等不同规模，实际认购金额可能小于计划发行规模。在五大行中，农行的同业存单发行规模最大，共发行24

期；建行和中行分别发行14期和13期；交行和工行则分别只发行了2期和1期。大行自身在存款来源上相较小行更充足，以存款为主的传统形式的被动负债仍然占银行负债的主要部分，不需要通过这种高成本的负债来补充，已经发行的更多也是为了履行试点银行的义务，更多的是试水和开拓维护同业业务关系为主，因此发行规模相对较小，而小银行和股份制银行的负债来源则相对匮乏，对同业拆借、发行债券等主动负债的管理更为积极。其中，兴业银行发行期数和额度均最多，发行445期；平安银行发行325期；浦发银行发行306期；中信银行发行219期；光大银行发行210期，均远远超过国有大型商业银行的发行规模。

（四）推动零售业务转型

随着利率市场化的逐步推进、息差逐渐缩窄，零售业务正在成为商业银行下一步转型发展的重点。银行逐渐意识到要将资源向效益贡献好、成本低、资本占用少的业务倾斜，纷纷提出要调整业务结构，把零售业务作为自己的战略方向，推动零售业务转型。

2015年，多家商业银行的公司业务收入占比均出现不同幅度的下降，而相应的个人金融业务和资金业务的占比相对提高。其中，广发银行的个人金融业务收入占比最高，高达50.11%，比2014年上升约4个百分点，次高的是招商银行，个人金融业务占比44.19%，光大银行个人金融业务占比相比上年同期也有较大提升（见图3-5）。这与金融危机之后各家银行向零售银行转型的战略相对应，相比而言，公司金融业务受宏观经济形势影响较大，呈现出明显的周期性，而个人金融业务风险相对较小，更为稳定，在中国GDP增速放缓的背景下，各家银行开始更重视个人金融业务。

具体来说，交通银行提出要打造以财富管理为主体，普惠金融、消费金融、互联网金融为特色的"大零售"业务发展格局，全面推进

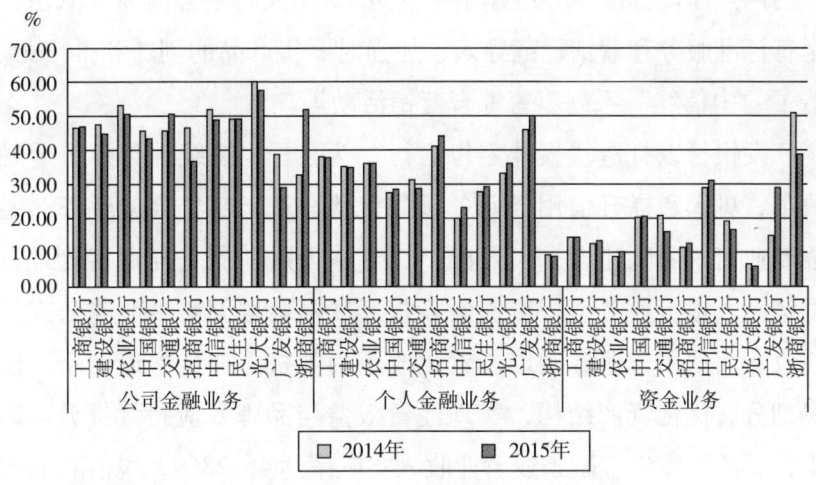

注：招商银行的经营分布占比依据税前利润计算而得。
资料来源：各商业银行年报。

图 3-5 部分全国性商业银行的收入结构

个人金融业务转型发展。

农业银行持续深化零售业务转型，稳步提高市场竞争力。健全客户分层服务体系，根据客户资产等级提供差异化服务，提升服务质量，改善客户体验。强化公私联动营销，开展"春天行动"等零售业务综合营销活动，创新开展微信线上营销。建设全新个人客户营销管理系统，提升科技支撑水平，加强数据挖掘和应用，提高交叉营销和精准销售能力。截至 2015 年末，农行个人客户达 4.74 亿户。

招商银行发展策略中的一个重点就是零售金融，2015 年，其零售金融业务盈利占比继续提升：税前利润达 291.05 亿元，比上年增长 23.88%，占全部税前利润的 39.64%，同比提升 5.30 个百分点。同时，零售金融业务成本收入比（不含营业税及附加）为 39.69%，较 2013 年下降 4.80 个百分点。

中信银行全面启动零售战略二次转型：包括推进网点转型，制定统一的网点建设标准,并组建了一支近1500人的零售内训师队伍,加快全行标准服务和营销规范导入;加强对零售产品的创新和推广力度;打造了"中信红"系列零售综合营销活动等。

广发银行以打造"最佳零售银行"为目标,持续深化零售金融业务改革,巩固和提升信用卡业务领先优势。对于零售金融业务,通过加强专业营销团队建设,大力推广"空中理财"服务与财富管理,持续升级私人银行业务,积极探索零售互联网金融创新,推进全方位渠道建设;而信用卡业务则以专营化改革为契机,加强渠道创新,推进市场细分,优化资产结构,实现经营效益与品牌效应持续提升。2015年末,其归属零售金融条线营业收入贡献率达46.28%,税前利润占比高达57.02%。

平安银行零售继续深化大事业部制改革,并依托平安集团综合金融优势,利用该行的专业平台网络、全牌照产品和通道资源,加快客户迁徙转化,进一步夯实零售业务基础。2015年末,零售存款余额较年初增长10.91%,零售贷款(含信用卡)余额较年初增长14.58%;管理个人客户资产快速增长,期末余额突破6600亿元,较年初增长32.9%。

(五)积极运用互联网思维和技术来创新金融服务和经营管理

移动互联正向智能互联转变,互联网金融正以低门槛、无边界、体验好的特点快速改变客户接受金融服务的习惯,对传统银行业务形成冲击的同时,也为商业银行提供了弯道超车的机遇,促进商业银行利用互联网技术和平台发展成本低、效率高、体验好的电子金融。2015年,银行业金融机构不断推进电话银行、网上银行、手机银行、微信银行、电商平台、直销银行等电子服务渠道建设。根据中国银行业协会发布的《2015年中国银行业服务改进报告》显示,截至报告期末,银行业金融机构离柜交易达1085.74亿笔,比上年略增;离柜交易金额达 1762.02 万亿元，同比增长 31.52%；行业平均离柜业务率为 77.76%，同比提高 9.88 个百分点。

从 2015 年银行业金融机构离柜交易情况来看，五大国有银行交易笔数均排名靠前，建行、农行、工行分别位居前三名。然而，股份制商业银行离柜业务率远超于五大国有银行。民生银行、招商银行、广发银行的离柜业务率分别为 98.43%、97.26%、96.67% 位居前三，建行离柜业务率 95.58% 仅位居第六名，农行、工行的离柜业务率分别为 92.83%、90.20%，居第十名和第十三名。中行、交行的离柜业务率还低于 90%，分别为 87.97%、83.13%。

在息差收窄导致利润增速下行的大背景下，工行、农行、中行、建行、交行等大型银行都把互联网金融提高到战略地位。通过开设网上直销银行，搭建自有电商平台，引入 B2C、B2B 模式，筹建社交平台系统等举措，深度布局互联网金融和移动金融，作为应对利率市场化、金融脱媒加剧、市场竞争白热化的应对措施。

工商银行 2015 年加快线上渠道战略布局与功能完善，大力推动移动渠道建设，融 e 行移动端上线，手机银行全面升级；深化电子银行客户分层营销服务机制；电子银行交易额达 592 万亿元，比上年增长 30%；2015 年末，个人网银和企业网银用户分别增长 11.6% 和 12.5%。

中国银行进一步优化手机银行、网上银行、电话银行和微信银行功能，客户体验持续改善。2015 年电子渠道交易金额达到 153.45 万亿元，同比增长 13.00%。其中，手机银行交易金额达到 5.18 万亿元，同比增长 152.00%，逐步成为客户服务主要渠道之一。

农业银行着力打造金融服务、社交生活和电子商务三大平台，2015 年电子银行各类客户新增 1.23 亿户，全行各类电子银行客户总量达 7.66 亿户。全年电子渠道金融性交易笔数达 209.4 亿笔，较上年增长 41.2%。

中小商业银行也纷纷在网络金融战略的指导下推动平台、模式以及产品领域的创新。

招商银行2015年推进"内建平台、外接流量、流量经营"的互联网金融整体布局，推动银行的经营管理向互联网模式转型；对外，注重多元化跨界合作，推动外部竞合模式创新，开展异业的金融场景建设，引入外部流量，创新产品和服务，生态体系能量初显，形成招商银行在互联网金融领域差异化的独特竞争优势。

中信银行坚持"网络金融化"和"金融网络化"双向均衡发展，加速互联网金融领域战略布局。2015年末，手机银行客户数1272.73万户，比2014年末增长97.23%。推出跨境电子商务支付产品"跨境宝"，成为业内首家具备"全流程、全币种、全线上"跨境电商金融服务能力的商业银行。同时，中信银行与百度公司联合发起设立百信银行，预计未来可成为国内首家独立法人模式的直销银行。

民生银行改版手机银行并将直销银行引入手机银行中，持续创新微信银行，加大网络支付业务布局，率先推出指纹支付，成为国内首家试水生物识别支付应用的商业银行。截至2015年末，手机银行客户总数达1902.57万户，比2014年末新增600.45万户。个人网银客户1450.81万户，比上年末新增289.78万户。

浦发银行2015年发布互联网金融战略，推出"SPDB＋"互联网金融品牌，促进公司经营服务模式全面提升。所有零售银行业务均已完成互联网化改造。

兴业银行电子银行业务围绕金融"市场化、脱媒化、网络化、定制化"的趋势，专注"开放、专注、执行力、客户体验"四个方面，认真做好直销银行、互联网银行、远程银行等线上渠道的经营服务和创新发展。发展移动支付，推出Apple Pay、HCE云闪付等支付。截至2015年末，个人网银有效客户911.61万户，较期初增长12.20%；手机银行有效客户832.24万户，较期初增长57.58%。

平安银行加大推进移动互联网和大数据的建设，客户经营3E化（E获客、E营销、E服务）能力持续提升，在业内形成了"创新领先"的品牌优势。2015年末，网上银行累计用户数1009万户，较年初增长39%；口袋银行累计用户数1395万户，较年初增长158%。

（六）积极拓展海外业务

随着我国经济进一步融入全球，"一带一路"、亚太自贸区建设、人民币国际化的不断推进，将带动企业产能向国外转移，各类跨境贸易、投资活动将更加活跃，资本输出力度加大，离岸人民币市场规模不断增大。2015年，中资银行业金融机构不断加大自身"走出去"和支持企业"走出去"的步伐。完善机构布局，构建全球化服务网络。通过银团贷款、境外发行债券等多种方式，为"走出去"重点客户提供资金支持。积极提供境外投资贷款、承包工程贷款、贸易融资、财务咨询等一揽子金融服务。加大人民币跨境结算步伐，提供全球化不间断的资金交易服务。截至2015年底，共有22家中资银行在59个国家和地区设立1298家分支机构，其中，一级机构213家（见表3-2）。

以中行、农行、工行、建行、交行为代表的大型商业银行是我国银行国际化进程的主要力量。截至2015年底，大型商业银行在境外57个国家和地区设有一级机构（含代表处）171家，比2003年增加105家。其中，在"一带一路"沿线23个国家设有一级机构51家。总体而言，2015年大型商业银行海外扩张速度慢于2014年，但均在稳步推进。

中国银行是中国国际化和多元化程度最高的银行，2015年积极把握"一带一路"金融大动脉建设、人民币国际化和中国内地企业"走出去"的市场机遇，有序推动海外机构筹设。全球服务网络进一步完善，海外机构共覆盖46个国家和地区，比2014年新增5个；拥有644家分支机构，比上年末新增16家；覆盖18个"一带一路"沿线国家，比上年末新增3个。2015年末，本行海外机构总资产在集团中的占比达到27%，利润总额占比进一步提升。2015年全年海外机构实现利润总额87.75亿美元，比上年增长1.37%，对集团利润总额的贡献度为23.64%，比上年提升0.66个百分点（见图3-4）。

而招商银行是目前国内中小股份制银行中国际化程度最高的银行，稳步拓展海外市场，重点拓展港澳地区、新兴市场国家和国际金融中心城市。另外，2015年6月8日，中信银行与台湾中国信托金融控股股份有限公司在北京签署股权合作协议，中信银行成为首家赴台投资的股份制商业银行，也是大陆金融机构首次赴台参股金融控股公司。

表3-2　　　　　各商业银行海外分支机构数量

	子公司/子行	分行	代表处	合计
中国银行	17	31	7	67
工商银行	20	27	1	48
建设银行	8	24		32
农业银行	5	9	3	17
交通银行	2	12	1	15
招商银行	2	4	3	9
中信银行	1	5	1	7
光大银行		1		1
广发银行		2		2
平安银行			1	1
兴业银行		1		1
民生银行		1		1
浦发银行	1	1	1	3
华夏银行				

注：①数据截至2015年12月31日；②中行所设的12个中国业务柜台，一并计入海外机构数量。

资料来源：银行年报机构分录。

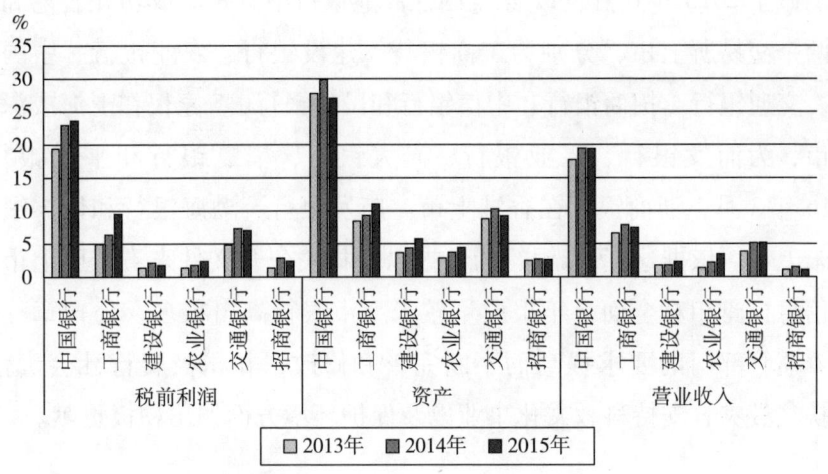

资料来源：各商业银行年报。

图 3-6　部分银行的海外机构贡献率

二、公司治理

稳健的公司治理机制是中国银行业长期可持续发展的基础。在过去的几年里，我国银行业通过股份制改造，陆续建立起了现代商业银行的治理架构，并取得了相当的成绩。但由于银行业具有许多不同于一般企业特性，商业银行的公司治理也有一定的特殊性，其高水平的公司治理需要严格按照中国《公司法》、《商业银行法》、《商业银行公司治理指引》等法律法规以及上市地上市交易所规则的规定，并结合银行自身特点，在实践中不断优化公司治理制度和完善公司治理结构。考察银行的公司治理情况，可以从四个维度着手：一是公司治理构架是否完善，例如，独立董事比例是否满足1/3的要求；二是董事会、监事会成员履职情况；三是信息披露是否满足真实、准确、完整等要求；四是社会责任履行状况。

截至 2016 年 6 月，17 家全国性商业银行中有 8 家成功在香港和上海两个交易所上市，分别为工商银行、建设银行、农业银行、中国银行、交通银行、招商银行、中信银行和民生银行，5 家仅在上海或深圳上市，为浦发银行、兴业银行、光大银行、华夏银行和平安银行。2016 年 3 月，浙商银行在香港上市。广发银行、渤海银行和恒丰银行暂未上市。依据这 17 家银行的年报以及相关公开文件来看，已上市银行信息披露相对全面，年报质量较未上市银行高出很多，公司章程也随着监管部门的要求提高而不断完善和修改，并积极履行社会责任，在扶贫救灾、支持科教文化事业以及保护环境方面作出积极贡献。

（一）公司治理构架情况

目前，17 家商业银行均遵守"三会分设、三权分开、有效制约、协调发展"的原则，按照"三会一层"的现代公司治理架构进行建设，股东大会、董事会、监事会和高级管理层相互制衡，确保决策的制定、执行和监督相互独立，有效运作。

根据《商业银行公司治理指引》的要求，董事会应当根据商业银行情况单独或合并设立其专门委员会，例如，战略委员会、审计委员会、风险管理委员会、关联交易控制委员会、提名委员会、薪酬委员会等。17 家银行中除渤海银行未详细披露这方面的详细情况外，其他银行均符合要求。

上市公司董事会成员中至少应包括 1/3 独立董事，除渤海银行和恒丰银行外，其他银行公司治理结构均符合要求，独立董事比例达标，中信银行独立董事比例最高，渤海银行和恒丰银行独立董事比例仅为25%，这对大股东利益制衡有一定影响。监事会方面，监事会由职工代表出任的监事、股东大会选举的外部监事和股东监事组成，外部监事的人数不得少于 2 人。农业银行、中国银行、兴业银行外部监事仅有一人，恒丰银行没有外部监事。具体董事会、监事会结构见表 3-3。

表3-3　　　　全国性商业银行董事会与监事会机构　　　　单位：%

银行名称	董事会人数	独立董事人数	独立董事比例	监事会人数	外部监事人数	职工监事人数
工商银行	16	6	37.50	6	2	2
建设银行	15	5	33.33	8	2	3
农业银行	14	5	35.71	7	1	4
中国银行	14	5	35.71	7	1	3
交通银行	16	6	37.50	13	2	4
招商银行	16	6	37.50	9	3	3
中信银行	9	4	44.44	8	3	3
民生银行	18	6	33.33	7	3	3
浦发银行	15	6	40.00	7	3	2
兴业银行	12	5	41.67	6	1	2
光大银行	16	6	37.50	9	2	4
华夏银行	15	6	40.00	11	4	3
平安银行	13	5	38.46	7	3	3
广发银行	15	6	40.00	9	3	3
浙商银行	18	7	38.89	12	4	4
渤海银行	12	3	25.00	5	2	2
恒丰银行	12	3	25.00	4	0	1

资料来源：根据各商业银行2015年年报整理。

（二）董事会成员履职情况

董事会例会每季度至少应当召开一次，董事应当投入足够的时间履行职责，每年至少亲自出席三分之二以上的董事会会议，因故不能出席的，可以书面委托同类别其他董事代为出席（见表3-4）。董事在董事会会议上应当独立、专业、客观地发表意见。董事会会议可以以现场会议、通讯表决等形式进行。除渤海银行未披露其董事会会议情况外，其他16家银行均满足会议次数要求。其中，浙商银行召开的董事会次数最多，达19次；中国银行和浦发银行均为18次。广发银行的董事亲自出席率最高,达100%;华夏银行和民生银行出席率也接近100%,浦发和光大银行董事亲自出席率相对较低,仅为88%;独立董事出席率中,中国银行、民生银行、华夏银行、广发银行均为100%。渤海银行和恒丰银行未披露独立董事出席董事会情况。总体而言,广发银行、华夏银行、民生银行董事履职情况较好。

表 3-4　　　　　　　　董事亲自出席会议率　　　　　　单位:%

银行名称	董事会次数	现场会议次数	董事亲自出席率	独立董事亲自出席率
工商银行	8	—	96	95.7
建设银行	8	—	94	90
农业银行	9	—	96	92.5
中国银行	18	9	94	100
交通银行	7	5	91.3	97.6
招商银行	14	6	95	95.2
中信银行	11	—	83.8	88.6
民生银行	11	—	98.8	100
浦发银行	18	6	88	92
兴业银行	6	4	87.3	83.3
光大银行	8	4	88	93.5
华夏银行	7	2	99	100
平安银行	9	4	—	95
广发银行	10	—	100	100
浙商银行	19	—	94.4	95.5
渤海银行	—	—	—	—
恒丰银行	18	6	—	—

资料来源:根据各商业银行2015年年报整理。

(三) 信息披露情况

信息披露是公司向投资者和社会公众全面沟通信息的桥梁,也是银行监督的重要举措。真实、全面、及时、充分地进行信息披露至关重要,只有这样,才能对投资者、债权人和其他利益相关者真正有帮助,有效保护投资者和存款人利益。年报是银行公司信息最集中的反映,上市银行年报披露既要遵循《公开发行证券的公司信息披露内容与格式准则第2号——〈年度报告的内容与格式〉》,也要遵循《公开发行证券的公司信息披露内容与格式准则18号——商业银行信息披露特别规定》。而非上市银行只要遵循中国银监会的股份制商业银行信息披露指引。

从2015年各银行发布的年报来看,上市银行均按照中国证监会的要求,在会计年度结束4个月内编制完成年度报告并进行披露,并且相比往年可读性增强,格式更加规范,披露内容更加全面,尤其是在内地与香港同时上市的8家银行,因信息披露需要符合两地监管要求,所以年报内容更加详尽(见表3-5)。

而未上市的银行,年报披露时间相对靠后,广发银行、渤海银行均在2016年4月末才公布年报,恒丰银行则在7月21日才披露年报。年报内容也相对简略、模糊,很多重要数据并未提及,渤海银行在其官网上甚至只公开了年报摘要,没有公布完整的年报。

表3-5　　　　　　　　全国性银行年报披露情况

银行名称	年报披露时间	财务报表附注项目数
工商银行	2016年3月31日	52
建设银行	2016年3月31日	66
农业银行	2016年4月1日	53
中国银行	2016年3月31日	55
交通银行	2016年3月30日	57
招商银行	2016年3月31日	62
民生银行	2016年3月31日	44
兴业银行	2016年4月28日	50
浦发银行	2016年4月7日	46
中信银行	2016年3月24日	61
平安银行	2016年3月10日	51
光大银行	2016年3月30日	59

续表

银行名称	年报披露时间	财务报表附注项目数
华夏银行	2016年4月19日	45
广发银行	2016年4月29日	50
浙商银行	2016年3月16日	36
恒丰银行	2016年7月21日	50
渤海银行	2016年4月21日	—

资料来源：各银行2015年年报。

（四）社会责任履行情况

商业银行的社会责任主要指商业银行对其利益相关者所承担的经济、法律、道德和慈善方面的责任。履行社会责任是现代商业银行成熟的标志，也是完善商业银行公司治理的重要举措。

浦发银行在业内最早启动全面、系统的企业社会责任工作，率先发布中国银行业第一份企业社会责任报告，交通银行则是国内首家在董事会专设"社会责任委员会"的上市公司。民生银行在2014年末正式加入"联合国全球契约"，成为首家加入该组织的全国性股份制商业银行，进一步拓展了社会责任沟通平台，提升了银行社会责任工作的国际认同度和影响力。

越来越多的银行开始重视社会责任，不仅在支持国家战略实施、支持保障性安居工程、支持基础设施行业建设、绿色信贷、环境保护等方面作出了自己的贡献，还积极发展普惠金融、参与公益事业等，履行社会责任。

1. 发展普惠金融，提高金融服务覆盖面

近年来，普惠金融的概念不断完善并得到相关政府部门的日益重视，党的十八届三中全会明确提出要发展普惠金融。2015年12月，国务院印发《关于印发推进普惠金融发展规划（2016~2020年）的通知》，确立推进普惠金融的指导思想、基本原则和发展目标。在政策的

引导下,商业银行也陆续采取措施支持普惠金融的发展,不断创新产品和服务,发力小微企业金融服务、农村金融服务和金融扶贫。

其中,广发银行助力小微企业成长推出的"税融通"是一个典型示范。广发银行创新推出小微企业"税融通"专项融资方案,通过联合税务机关,将企业纳税信用评级以及税款缴纳情况作为评价企业的主要依据,对诚信纳税小微企业客户量身定制专项融资服务方案。截至2015年底,广发银行已与广州、北京、南京、江门等地税务部门开展合作,批复"税融通"专项方案5个,总额度7亿元。

2. 配合国家战略,加强重点领域金融服务

随着"一带一路"、京津冀协同发展、长江经济带加大中西部地区基础设施建设等国家战略的实施,中国银行业主动适应新常态,紧跟其上,作出了很大的贡献。

中国银行家在构建"一带一路"金融大动脉方面走在所有商业银行前列。2015年,中国银行成功发行"一带一路"债券,首次实现四币同步发行、五地同步上市。积极跟进服务"一带一路"境外重点项目330个,意向性授信金额870亿美元。截至2015年底,中国银行已在"一带一路"沿线18个国家设立57家分支机构,服务企业"走出去"能力进一步提升。

全国性商业银行也在积极创新融资模式,加大对节能环保、新一代信息技术、生物、高端装备制造、新能源、新材料、新能源汽车等领域的信贷投放,支持战略性新兴产业加快发展。截至2015年底,21家主要银行业金融机构(包括政策性银行、大型商业银行、股份制商业银行和邮政储蓄银行)战略性新兴产业贷款余额2.4万亿元,较年初增加1865亿元,增幅8.4%。

3. 力推绿色信贷和能效信贷,严审"两高一剩"

为促进银行业金融机构发展绿色信贷,银监会于2012年印发《绿色信贷指引》,该指引要求银行积极调整信贷结构,有效防范环境与社

会风险，更好地服务实体经济，以促进经济发展方式转变和经济结构调整；2015年1月，银监会又与发展改革委联合印发《能效信贷指引》，鼓励和指导银行业金融机构积极开展能效信贷业务，充分发挥银行业金融机构在促进节能减排、推动绿色发展中的作用。从各银行2015年年报和社会责任报告来看，主动加强了对授信项目的环境和社会风险评估，绿色信贷执行力度逐年加大，环保效果明显。

绿色债券是一种国际创新的绿色融资方式，其募集资金需用于环保相关的绿色项目。2015年10月，中国农业银行在伦敦证券交易所成功上市等值10亿美元的人民币与美元双币种绿色债券，这是中资金融机构发行的首只绿色债券，也是亚洲发债主体发行的首只人民币绿色债券。该债券吸引了近140家投资者超额认购，募集资金将投放于按国际通行的《绿色债券原则》并经第三方认证机构审定的绿色项目，覆盖清洁能源、生物发电、垃圾及污水处理等多个领域。

华夏银行积极与世界银行、法国开发署、亚洲国家开发银行等国际金融组织合作，利用国际金融组织转贷款的低成本资金，为全国34家企业的49个项目发放了外国政府转贷款，累计投放10953万欧元、24023万美元，发放配套人民币贷款48亿元。项目涉及电力、新能源等10个行业，涵盖余热余压利用、热电联产、系统优化等节能领域，风电、光伏发电、生物质发电等新能源领域。环境受益地区包括北京、河北等18个省份。各类绿色转贷款项目每年实现节约标准煤192万吨，减排二氧化碳338万吨，社会环境效益明显。

4. 热心公益事业，积极扶贫救弱

在公益事业的投入上，各银行不仅积极捐助，还通过志愿活动、慈善基金等形式更好地回报社会。

2015年4月25日，尼泊尔发生里氏8.1级地震后，中国银行迅速启动重大突发事件应急处置机制，第一时间向西藏地震灾区捐款500万元，全力保障灾区金融服务。连续16年承办国家助学贷款业务，金额累计200多亿元,资助160多万名贫困学生完成学业。

中国工商银行2015年在公益事业领域共投入5575万元;全行青年志愿者活动服务人数约19万人次,累计服务约2.5万小时;开展"健康快车光明行"、"微爱·益起捐"等形式多样的主题公益活动。

民生银行在2015年设立"第二阶段公益捐赠基金",制订了《中国民生银行公益捐赠基金管理办法》《中国民生银行公益捐赠基金实施细则》和《中国民生银行公益捐赠基金紧急救助机制》等第二阶段公益基金相关管理制度,为今后公益捐赠工作的有序开展奠定了良好的制度基础。

表3-6为部分银行的直接捐款情况,2015年民生银行以6500万元人民币位列第一,2014年民生捐款总额也是第一名。中国银行和工商银行分别以5886万元和5575万元位列第二和第三。在占其当年净利润比上,恒丰银行表现尤为突出,捐赠总额达到集团净利润的0.2665%,其后是浙商银行和民生银行(见表3-6)。

表3-6　　　　部分上市银行2015年对外捐赠总额　　　单位:万元,%

银行名称	捐款总额	占当年净利润比
民生银行	6500	0.1382
中国银行	5886	0.0328
工商银行	5575	0.0201
农业银行	4867	0.0269
广发银行	4557	0.0503
建设银行	4121	0.0180
兴业银行	4000	0.0790
招商银行	3647	0.0629
交通银行	2448	0.0366
华夏银行	2273	0.1199
恒丰银行	2159	0.2665
中信银行	1559	0.0374
浙商银行	1402	0.1988

续表

银行名称	捐款总额	占当年净利润比
浦发银行	1263	0.0248
平安银行	1035	0.0473
光大银行	613	0.0207
渤海银行	—	

资料来源：根据各商业银行2015年年报、2015年社会责任报告整理。

三、风险管理

受经济下行影响，多家银行2015年不良贷款余额增加，不良贷款率升高，逾期贷款增加，风险管理难度增大：信用风险方面，受经济增长放缓、信贷规模控制和房地产调控政策延续等因素影响，部分区域及行业所蕴藏的风险逐步显现，贷后管理难度加大。同时，由于利率全面放开，利率风险加大，此外，2015年9月，银监会对《商业银行流动性风险管理办法（试行）》进行了相应修改，办法明确，商业银行的流动性覆盖率应当在2018年底前达到100%。在过渡期内，应当在2014年底、2015年底、2016年底及2017年底前分别达到60%、70%、80%、90%。在过渡期内，鼓励有条件的商业银行提前达标；对于流动性覆盖率已达到100%的银行，鼓励其流动性覆盖率继续保持在100%之上。

（一）资本高级管理办法

2014年4月，银监会根据《商业银行资本管理办法（试行）》，核准工商银行、农业银行、中国银行、建设银行、交通银行、招商银行实施资本管理高级方法，上述六家银行资产总额占中国商业银行总资产的45%左右，其中四家为全球系统重要性银行（G–SIB）。此轮核准标志着我国银行业风险治理能力建设开始迈上新台阶。《资本办法》整合了《巴塞尔资本协议Ⅱ》和《巴塞尔资本协议Ⅲ》，确定了标准法和高级法两种计算资本充足率的方式。

此轮核准的具体范围为第一支柱信用风险初级内部评级法、部分风险类别的市场风险内部模型法、操作风险标准法。过去，我国商业银行资本充足率的计量均采取由监管部门统一规定的标准方法。高级方法则是使用银行内部模型计量风险和监管资本的方法。实施高级方法有助于推动我国银行业风险管理从定性为主转变为定性与定量相结合，提升精细化管理水平实现风险、资本和业务三者有机结合。

近一年来，银监会通过现场检查、监管会谈、座谈走访等多种方式督导商业银行提高风险计量审慎性，推动高级方法结果在商业银行经营管理中的应用。当前，中国银行业高级方法实施呈现出梯次推进的良好局面，一方面，已核准高级方法的银行正在有序申请扩大高级方法覆盖范围、升级完善计量模型方法；另一方面，部分股份制商业银行正在申请或拟于近期申请实施资本管理高级方法。

六家银行实施高级方法一年多以来，这些银行平均资本充足率较权重法上升 0.65 个百分点左右。整体上体现了高级方法比权重法风险敏感度更高、具有适度激励作用的特点。通过高级方法实施，六家银行打造了"升级版"的风险管理体系，实现了风险计量的科学化和精细化，风险量化、资本约束成为经营管理的核心要求。与此同时，高级方法的实施，进一步丰富了监管工具箱，推动从简单定量监管向定性与定量相结合监管转变，从不良率等事后指标监管向评级分布、违约率等事先指标监管转变，从资本充足率的结果监管向资本计量应用全流程监管转变，有效提高了监管的前瞻性、客观性和主动性。

工行表示，将进一步加大数据积累与整合力度，针对资产质量下滑以及与经济周期有较强相关性的特点，做好经济下行期的损失数据积累。不但要积累内部违约、损失、财务、客户与交易信息，还要采集外部客户行为与第三方数据,为升级内部评级法做好准备。

招行在高级方法首批达标的基础上,将推动初级内部评级法向高级法升级,市场风险内部模型法覆盖新品种和新业务,并向非银行子公司扩展,同时实现操作风险标准法向高级法的过渡,逐步实现第二支柱的监管核准。同时,招商银行还将持续扩大高级法的适用范围和方法升级,逐步由境内机构向集团、附属机构和境外机构拓展,进一步将计量结果应用到业务经营管理中,为招商银行综合化经营奠定风险量化管理基础。

(二)风险管理的手段与技术

截至2015年末,大型银行和绝大多数股份制银行都已经建立起风险管理体系,并且具备定量分析与定性分析相结合的风险管理技术。大型银行风险管理体系建立较早,风险管理相对成熟,而中小型股份制银行则在2015年继续完善提高风险管理的水平。

具体而言,中国银行2015年完善资本管理高级方法,开发环球大企业评级模型,提升风险模型预测精准度。加快推进内评法应用,持续强化风险调整资本回报率(RAROC)应用,支持业务,轻资本发展。建设全球额度管控系统,推动海内外系统一体化。进一步整合风险数据基础,提升数据质量。

农行持续深化资本管理高级方法的实施和应用,并配合银监会完成对市场风险内部模型法、非零售境外客户评级体系、非零售评级主标尺优化方案、零售信用风险内部评级法四个资本管理高级方法项目的现场评估,积极跟进监管核准实施意见,持续推进核准评估整改工作。组织开展市场风险内部模型法体系的全面验证,优化计量模型。持续推动操作风险高级计量法的内部实施,不断完善计量模型,提高模型的稳定性和准确性。

平安银行则在衍生品投资方面有针对性地建立了风险管理体系,

设置了专门的风险管理机构,通过制度建设、有限授权、每日监控、内部培训以及从业人员资格认定等手段有效管理衍生品投资业务风险(见表3-7)。

表3-7　　　　　　　　商业银行风险管理情况

银行名称	已使用高级管理办法	信用风险	流动性风险	市场风险	操作风险	其他风险
工商银行	是	定性定量	定性定量	定性定量	定性	定性
建设银行	是	定性定量	定性定量	定性定量	定性	定性
农业银行	是	定性定量	定性定量	定性定量	定性	定性
中国银行	是	定性定量	定性定量	定性定量	定性	定性
交通银行	是	定性定量	定性定量	定性定量	定性	定性
招商银行	是	定性定量	定性定量	定性定量	定性	定性
民生银行	是	定性定量	定性定量	定性定量	定性	定性
兴业银行	否	定性定量	定性定量	定性定量	定性	定性
浦发银行	否	定性定量	定性定量	定性定量	定性	定性
中信银行	否	定性定量	定性定量	定性定量	定性	定性
平安银行	否	定性定量	定性定量	定性定量	定性	定性
光大银行	否	定性定量	定性定量	定性定量	定性	定性
华夏银行	否	定性定量	定性定量	定性定量	定性	定性
广发银行	否	定性定量	定性定量	定性定量	定性	定性
浙商银行	否	定性定量	定性定量	定性定量	定性	定性
恒丰银行	否	定性定量	定性定量	定性定量	定性	定性
渤海银行	否	—	—	—	—	—

资料来源:各银行2015年年报。

1. 信用风险

信用风险是指借款人或交易对手未按照约定履行义务从而使银行业务发生损失的风险,也是大多数银行面临的主要风险。

受宏观经济形势影响,银行业不良贷款反弹压力持续增大,部分企业生产经营困难、市场进入和推出频率加快,经济转型和产业结构调整中不可避免会使银行形成一部分不良贷款,各家银行也都采取了不同的措施来控制和化解不良资产。

多家银行都建立并持续完善信用风险管理体系，提升信用风险管理专业化水平和精细化程度，优化信贷投向及客户结构，不断强化信贷业务全流程风险管理。调整资产结构，坚持服务实体经济，加大对国家战略重点领域和薄弱环节的支持力度；调整存量，坚持有保有压，继续对产能严重过剩行业贷款进行总量控制，压缩大宗商品批发贸易领域授信；稳定业务增长，守住防控信贷风险底线，更好地适应和服务经济新常态。

大型商业银行和多数股份制银行已经开始用定量的方法评估银行的信用风险。对信用风险的计量主要包括对存放及拆放同业款项、发放贷款及垫款、债券和衍生金融工具等款项和工具的贷款减值准备评估、风险集中度的测算等。

工商银行全面推动信贷管理流程、经营资质、责任机制改进优化，逐步完善适应新常态的信贷管理体质；创新信贷管理理念与方式，围绕e-ICBC互联网升级发展战略，加快完善互联网信贷业务管理体系；强化信贷资产质量管理，组建专业化处置团队。为加强对公司类信贷资产质量的精细化管理，工行对公司类信贷实施十二级内部分类体系。

建设银行持续完善信用评级体系和管理机制，真实反映客户风险状况。将计量工具和结果广泛应用于额度管控、贷后管理、欺诈侦测、智能催收、综合金融服务方案、产品创新等各方面，提升风险管理工具的应用深度和广度。开展多维度的综合性及专题性压力测试，提升系统性风险防控水平。逐步建立基于大数据的组合风险预警方法，跟踪贷款劣变、风险迁徙规律，实现分级风险预警、预防。完善区域、产品等多维度风险限额管理体系，有效传导风险偏好，实现精准调控。

中国银行将重点放在不良资产清收上。各分行成立清收中心，统一调配行内外清收资源，对不良项目进行集中管理，提高处置效率。深挖不良资产潜在价值，多策并举，积极探索不良资产证券化等创新方式,因企施策,加大重组力度,努力帮助企业走出困境。

兴业银行则开展风险预警管理系统建设,加强阶段性开发成果应用,同时注重风险信息收集和预警,建立信用业务重点监测资产池;通过风险信息的有效预警、及时处理和运用,为贷前准入、贷中审批决策及贷后风险化解提供判断依据,防止风险蔓延;强化风险排查,提高风险排查广度和深度,对风险热点和重点领域及时研判和应对。

2. 市场风险

市场风险是指因市场价格的不利变动而使银行表内和表外业务发生损失的风险。市场风险分为利率风险、汇率风险、股票价格风险和商品价格风险。

2015年,银行面临着降息和利率市场化带来的负面影响及挑战。多家银行根据宏观形势,从完善市场风险管理政策制度、加强市场风险监控和应对和推进市场风险计量系统和工具建设三个方面加强对市场风险的管控。在制定2015年度资金交易投资和市场风险管理政策时,银行更加注重对市场风险限额指标体系的建立,通过持续加强市场风险管理系统建设,提高系统参数化水平。

农业银行积极应对利率市场化改革,持续优化存贷款定价模型,加强差异化定价管理,提高市场化定价能力。综合运用缺口分析、久期分析、静态情景模拟和压力测试等多种方法计量利率风险,加强净利息收益率的分析和预测。交通银行汇率风险和交易账户的一般利率风险采用内部模型法计量,对内部模型法未覆盖部分的市场风险采用标准法计量。平安银行定期监测人民币生息资产和付息负债在各期限重定价缺口水平,并且定期通过资产负债管理系统对利率风险进行情景分析和压力测试。浦发银行优化市场风险内部模型系统,完成2015年系统优化功能上线,实现了市场风险内部模型系统与各类业务系统的全面对接,优化了估值曲线,完善各类业务的系统应用,提高了市场风险计量的完整性、准确性。民生银行全面梳理表外业务的潜在市场风险，初步建立对表外业务市场风险的监测与控制机制，将表外市场风险纳入全行市场风险管理流程中。

3. 流动性风险

流动性风险指商业银行虽然有清偿能力，但无法满足客户提取到期负债及新增贷款、合理融资等需求，或者无法以正常的成本来满足这些需求的风险。流动性风险的计量主要包括剩余到期日分析、未折现合同现金流量分析和表外项目分析。

2015年，银行体系流动性总体充裕，人民银行以普降和定向相结合的方式五次降低法定存款准备金率，并综合运用公开市场操作、短期流动性调节工具（SLO）、中期借贷便利（MLF）等多种工具组合调节银行体系流动性，有针对性地加强对"三农"和小微企业的资金支持，将存款准备金由时点法考核改为平均法考核，市场资金总体宽松。但金融市场的风险仍旧不可忽视，流动性管理难度加大。2015年年中以来，我国资本市场出现了两次快速下跌。第一次是6月中旬以后股市大幅下挫，为防止爆发系统性金融风险，人民银行及时采取了降息措施，并提供了流动性支持，6月、7月M_2增速分别跳升了1个和1.5个百分点。第二次是2016年1月沪深股指再度大幅下跌25%~30%，为防止恐慌、促进市场稳定加大了流动性投放，也在一定程度上使M_2增速有所加快。这对商业银行不断提高管理和计量流动性风险水平提出了更高的要求，各商业银行纷纷加强流动性风险识别、定价、精细化管控能力，力求做到流动性风险和收益的最佳平衡。

4. 操作风险

操作风险可以分为由人员、系统、流程和外部事件所引发的四类风险，并表现为七种形式：内部欺诈，外部欺诈，聘用员工做法和工作场所安全性，客户、产品及业务做法，实物资产损坏，业务中断和失灵，交割及流程管理。

多家银行深化操作风险管理工具应用，运用操作风险与控制评估

(RACA)、关键风险指标监控（KRI）、损失数据收集（LDC）三大工具，持续开展操作风险的识别、评估、监控。优化操作风险管理信息系统，提高系统支持力度。

工商银行强化了重点领域和关键环节的操作风险性细化管理，并且推进了操作风险管理系统境外延伸与优化，进一步提高集团操作风险管理水平：分别从加强操作风险管理制度建设、增强各类型操作风险分类控制部门的风险管理职能和系统建设、加强操作风险限额管理工具应用、升级操作风险计量系统等实现了操作风险管理体系的平稳运行以及操作风险的整体可控。

交通银行按照统一的风险评估工具、标准和程序，持续加强外包风险监控。更新全行重点业务产品业务连续性计划，开展系统、场所、人员、外部供货商等四类资源不可用场景下的应急演练，并首次进行异地灾备环境下应急支付业务的应用级演练。

招商银行以防范系统性操作风险和重大操作风险损失为目标，以"新兴融资业务操作风险、信贷业务操作风险、手工操作业务风险、互联网金融业务操作风险、信息科技风险、外包风险、人员风险"等为重点领域，深入开展风险评估和监测预警，完善风险管理机制，加强风险防控。

（三）风险管理的效果

2015年，在宏观经济下行环境下，企业生产经营困难增多，资金回笼周期延长，银行压缩贷款规模，融资难度加大，造成借款人资金链紧张甚至断裂，从而使银行的逾期贷款增多。银行业不良贷款也普遍反弹，越来越多在高增速下长期被掩盖的风险开始暴露蔓延，多重风险交织重叠并且复杂多变，风险的关联性更强，银行业资产质量面临严峻考验，各家银行的逾期贷款占比与不良贷款率均有所上升（见表3-8）。

国有五大行中，农行不良贷款率最高为2.39%，工行、中行、建行、交行的不良贷款率分别为1.5%、1.43%、1.58%、1.51%，分别较上年末增加0.85个、0.37个、0.25个、0.39个、0.26个百分点。

从不良贷款新增净额看，2015年五大行累计增加2393亿元，不良贷款总额从2014年末的5004亿元增加至2015年末的7897亿元，增幅达57.8%；不良贷款率均大幅上升，农行不良贷款率最高为2.39%，其他四大行的不良贷款率相比上年末也有较大幅度的上升。各大银行均披露自己在大举消化不良贷款，但与之对应的，则是用于覆盖贷款损失的拨备覆盖率大幅下降。

股份制银行也无一例外地出现"全面双升"且升势不缓，逾期贷款率、不良贷款率和不良贷款余额大幅上升。其中，恒丰银行、浙商银行、农业银行、招商银行、平安银行、浦发银行、华夏银行、光大银行、民生银行、广发银行、渤海银行的不良贷款余额增幅均超过50%，恒丰银行的不良贷款余额增幅甚至高达103.03%，只有中信银行不良贷款余额增速相对较低，为26.7%。

表3-8　　　　　　　　全国性银行资产质量情况　　　　　　单位：%

银行	2014年				2015年			
	逾期贷款率	不良贷款率	拨备覆盖率	拨贷比	逾期贷款率	不良贷款率	拨备覆盖率	拨贷比
工行	1.91	1.13	206.90	2.34	2.79	1.50	156.34	2.35
建行	1.41	1.19	222.33	2.66	1.65	1.58	150.99	2.39
农行	2.06	1.54	286.53	4.42	3.14	2.39	189.43	4.53
中行	1.48	1.18	187.60	2.68	1.96	1.43	153.30	2.62
交行	2.42	1.25	178.88	2.24	3.04	1.51	155.57	2.35
招商	2.10	1.11	233.42	2.59	2.85	1.68	178.95	3.00
中信	3.47	1.30	181.26	2.36	2.96	1.43	167.81	2.39
民生	2.74	1.17	180.20	2.12	3.94	1.60	153.63	2.46

续表

银行	2014年				2015年			
	逾期贷款率	不良贷款率	拨备覆盖率	拨贷比	逾期贷款率	不良贷款率	拨备覆盖率	拨贷比
浦发	1.91	1.06	249.09	2.65	2.64	1.56	211.40	3.30
兴业	2.31	1.10	250.21	2.76	2.74	1.46	210.08	3.07
光大	3.47	1.19	180.52	2.16	4.09	1.61	156.39	2.52
华夏	2.43	1.09	233.13	2.54	3.96	1.52	167.12	2.55
平安	4.29	1.02	200.90	2.06	4.72	1.45	165.86	2.41
广发	4.70	1.04	170.40	1.77	5.06	1.43	151.53	2.16
浙商	1.63	0.88	292.89	2.58	1.83	1.23	240.83	2.95
渤海	1.14	1.20	204.39	2.46	2.77	1.35	205.17	2.77
恒丰	3.39	0.94	266.61	2.51	3.89	1.49	177.47	2.64

资料来源：根据各商业银行年报整理而得。

同时，大部分银行的贷款迁徙率较2014年都有了大幅提升，其中，中小银行的贷款迁徙率整体水平较高。工商银行、建设银行、农业银行、中国银行、招商银行、兴业银行的关注类贷款迁徙率较2014年的增长幅度较大，其中，招商银行和兴业银行的关注类贷款迁徙率已经超过40%，这一定程度上也解释了2014年商业银行不良率的大幅升高（见表3-9）。

表3-9　　　　全国性商业银行的贷款迁徙率　　　　单位：%

银行	2015年				2014年				2013年			
	正常	关注	次级	可疑	正常	关注	次级	可疑	正常	关注	次级	可疑
工行	4.40	29.60	38.90	10.50	2.70	17.20	37.40	5.20	1.70	9.70	43.90	9.50
建行	3.08	20.58	84.72	17.55	2.70	10.19	78.28	15.73	1.61	10.22	76.29	15.11
农行	4.96	18.28	86.94	10.35	3.60	4.99	42.53	10.10	2.53	4.36	37.24	8.62
中行	2.22	22.07	48.25	46.25	1.92	9.89	42.38	46.94	1.68	10.52	31.09	8.86
交行	2.52	27.32	32.14	21.78	2.59	24.43	52.64	18.90	1.58	23.18	37.02	17.96
招商	5.07	42.17	55.61	30.12	4.14	25.47	64.60	36.62	2.35	16.62	78.89	37.88
中信	2.67	31.77	59.66	141.39	3.21	30.16	58.23	38.19	1.51	27.20	45.98	17.94

续表

银行	2015年				2014年				2013年			
	正常	关注	次级	可疑	正常	关注	次级	可疑	正常	关注	次级	可疑
民生	4.59	27.19	23.69	52.01	3.05	16.67	12.30	14.57	2.40	23.71	19.60	11.79
浦发	5.19	49.40	31.10	50.58	3.35	46.29	71.86	12.89	1.95	34.59	53.42	9.00
兴业	3.69	52.96	87.33	35.92	2.33	42.16	93.77	20.53	1.20	30.48	97.63	30.41
光大	4.27	30.33	86.57	24.98	4.08	26.68	64.04	28.77	1.77	17.47	86.45	21.48
华夏	5.65	34.15	94.86	31.13	2.82	35.75	96.74	26.75	2.88	23.17	91.73	27.65
渤海	6.66	69.10	100	73.34	4.98	77.57	77.10	93.27	1.32	17.41	94.89	95.40

资料来源：根据各商业银行年报整理而得。

由于银行不良率的高涨，各家银行纷纷充分利用国家有关批量处置不良贷款的政策，通过增加新增贷款缩减不良率、信贷资产证券化以及核销等方法积极主动加快处置不良贷款，更动用了此前计提的损失准备，以丰补歉。

国有银行在经营方面相对稳健，且资产质量相比其他商业银行要好，在宏观经济下行的情况下，国有银行更加注重风险的管控。2015年，农业银行采取多种措施化解不良资产全年核销不良贷款500亿元。

四、信息技术

（一）信息技术先进性

在信息时代的大环境下，信息技术不可避免地与银行的日常经营结合得越来越紧密。从支持大量交易同时完成，到实时风险控制，再到大数据下的用户行为分析，信息技术不但支持银行的日程业务，同时也为银行的创新发展提供不竭动力。俨然，信息技术已经成为和金融业务并列的银行第二条命脉了。近几年，随着银行业务品类不断拓宽，业务规模不断增长，各家银行对于信息技术的投入也不断增多，这样有助于银行提高业务水平，推动产品创新，改善用户体验以及提高市场占有率。目前，在互联网金融的冲击和银行转型的双重冲击下，通过对信息技术应用与研发的大量投入，银行在业务创新、渠道开拓与维护、安全保障以及风险控制等方面都取得了明显的进步。

银行的信息技术能力建设需要雄厚的资金支持与优秀的人才储备才能顺利展开，因此，各家银行的科技水平也不尽相同。中国人民银行2015年度银行科技发展奖获奖结果在一定程度上反映了各家银行IT建设的水平与发展方向（见图3-5）。从2015年银行科技发展奖获奖结果来看，将各家银行获奖总数进行排名，前五名分别是：农业银行、工商银行、光大银行、兴业银行和上海浦东发展银行。其中，工商银行更是唯一获得特等奖的全国性商业银行。在全国性商业银行中，有四家银行获得一等奖，分别是工商银行、光大银行、中国银行和中信银行。而农业银行虽然没有获得一等奖，但是获得二、三等奖项数目

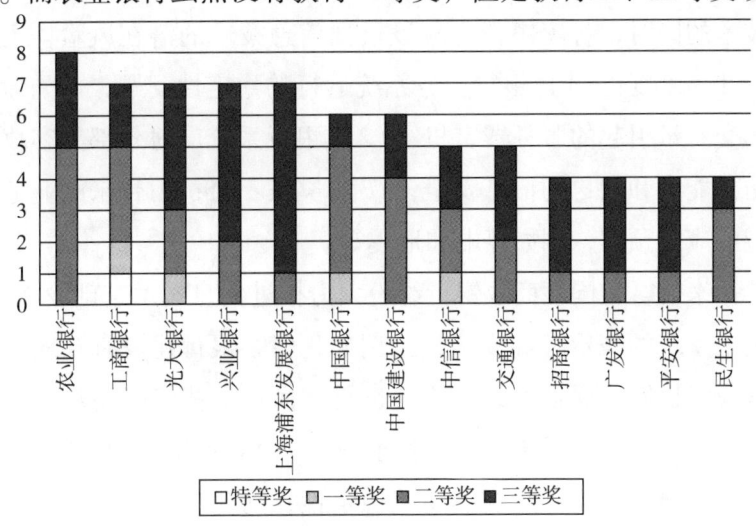

资料来源：中国人民银行。

图3-7 2015年银行科技发展奖统计

较多，因而总获奖奖项数组位列所有全国性商业银行第一位。无论是从奖项层次还是获奖数量来看，四大国有商业银行的科技发展水平与投入在全国性商业银行中依然处于领先地位，平均水平高于股份制商业银行。但是，股份制商业银行也不断加大科技投入，部分股份制商业银行的科技水平也处于前列，甚至不弱于国有商业银行，如光大银行、兴业银行和浦发银行在2015年度的银行科技发展奖获奖个数排名中名列前五，光大银行更是获得一等奖的奖项。

（二）信息科技稳定性

随着网络时代的到来，各家银行纷纷加大信息技术建设的投入，一方面通过高新技术，例如云计算技术和大数据技术等，提高银行数据分析能力，更好地分析客户需求，促进产品和服务创新；另一方面，加强基础信息设备建设，升级核心和业务系统，大力推广电子银行，不断提高传统业务电子渠道的替代率，提升经营效率。然而，在大力发展技术的同时，各家银行也应该重视信息技术的潜在风险，主要包括以下几个维度：（1）银行业务系统运行的稳定性问题，例如短期高峰值的交易量引起的服务器宕机；（2）银行系统应对外部黑客攻击的安全防护能力和用户的信息安全；（3）突发不可抗力带来的业务停摆和相应的应急预案，例如停电和地震等。

总体来说，全国性商业银行纷纷大力推进信息技术基础设施建设，提高电子系统的稳定性和安全性。例如，多家银行建设有双地备灾数据库和应急机制，保证交易的稳定进行。而且一些银行还从底层系统入手，建设升级核心系统，打造基于SaaS技术的新一代核心系统，提高交易处理能力，进一步提高系统稳定性；同时应用大数据和人工智能技术，增强系统安全性，保证信息安全。

但是，2015年，还是有些银行出现信息技术风险事故，造成了一定的损失。例如，在2015年1月，工商银行的第三方存管系统出现故障，导致 90 家证券公司的 54709 名客户的 48.8 亿元的银证转账操作受到影响，部分投资者无法资金转账，无法完成第三方存管签约以及变更银行结算账户等。此后，还出现工商银行未将交易当日冲正数据发送给证券公司致使客户资金账户余额虚增的情况。对此证监会还曾要求工商银行在 4 月 30 日前予以改正，完善技术系统，规范应急处理并在 5 月 10 日前向证监会提交书面报告。

2015 年上半年曝出新闻，中国银行济南纬一路支行的短信提醒频频出错，用户发现短信提示的账户余额与实际余额存在差异。银行相关人员已经确认确实存在该问题，并表示会在后续的系统升级后解决该问题。

除了软件系统问题，硬件设备的故障也引起技术风险。例如，根据披露的新闻显示，兴业银行福建省宁德市的多家支行的 ATM 存在故障，发生多起无故吞卡事故，引发了用户的极大不满。事后，银行人员表示将对相应机器进行检修与升级维护，避免类似情况再次发生。

用户的信息安全也是银行信息技术风险管理的重要范畴之一，但是一些银行在这方面却存在一些漏洞。例如，根据陕西省广播电台报道，2015 年年初时，招商银行的积分网站出现漏洞，用户信息被泄露。某招商银行用户的积分账户中出现近 300 个陌生收货地址，以及巨量订单，并且这些订单可以显示出详细的收货地址和收件人个人隐私信息。事后调查发现，这些订单是真实存在的，是其他用户下达的，但是因为系统错误，被误显示在该用户名下。

以上事故案例，均是根据已披露信息整理而来，是典型的银行信息技术风险事故，其他银行应该引以为戒，在不断应用新技术的同时，加强风险管控能力。

五、人力资源

2015年,各家银行在施行人力资源策略时,普遍侧重于员工技能的提高与员工结构的优化,根据未来发展战略,通过一系列培训计划和激励措施培养和激励优质人才进而丰富人才储备。通过分析可以发现,各家银行更加注重员工质量的提高,员工结构高知化进一步加强,业务技能和研发能力均有所提高。

(一)人力资源概况

1. 员工数量与结构

银行的数量很大程度上取决于银行的规模和网点分布情况。国有商业银行由于自身资产规模较大,分支结构数目众多,网点分布广泛,因而,在员工数量上要超过股份制商业银行。股份制商业银行员工总数虽然较国有商业银行还有一定差距,但近年来一直保持高速增长态势。

银行员工数量主要取决于银行规模与银行业务发展情况,尤其是网点分布情况。国有银行资产规模大,网点分布广泛,因此员工数量处于领先地位。股份制商业银行员工数量与之相比仍有较大差距,但是近几年一直保持高速增长的态势。2015年,农业银行以530082名员工高居榜首,工行、建行和中行紧随其后。股份制银行的员工规模普遍小于国有商业银行,其中,浙商、渤海、恒丰等银行的员工规模最小(见图3-8)。

在银行的员工结构中,管理人员比例反映了管理者管理的员工数量以及控制能力(见图3-9)。随着管理人员占员工总数的比例增加,在一定程度上,管理层对银行的控制能力和管理能力也在随之增高。

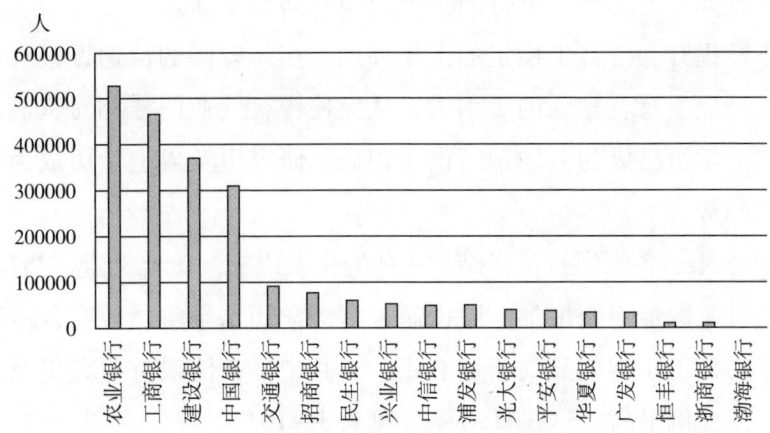

资料来源：根据各商业银行2015年年报整理。

图3-8　2015年银行员工规模

在取得有效数据的银行中，中信银行、民生银行、农业银行和华夏银行的管理层比例最高，而建设银行和浦发银行的管理层比例最低。当然，如果管理效果相同的情况下，管理层人数越少，管理层占员工总数的比例越小，说明管理效率越高。

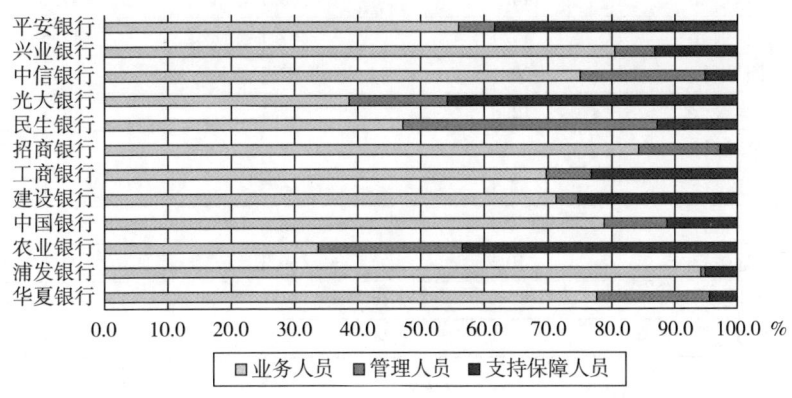

图3-9　2016年银行员工比例

在银行员工的基本情况中，员工素质可以通过员工学历结构及其高低水平来反映。一般而言，员工学历水平的提高，反映了员工整体素质的提高。近几年，银行的学历结构高知化不断加强，高学历员工比例不断提升。得益于稳定的工作环境，相对丰厚的待遇，银行业对于高校毕业生有着较强的吸引力，从而使银行就业门槛相对提高。本科及以上学历已成为入职银行的敲门砖，研究生及以上学历成为未来的招聘趋势。

2015年，各家银行员工结构中研究生及以上学历比例进一步提升，高学历员工数量不断增加。股份制银行的学历水平整体较高，本科及以上学历员工比例明显高于国有银行。其中，中信银行研究生及以上学历员工比例最高，达到20.1%（见表3－10）。

表3－10　　　　2015年银行人员构成（按学历）　　　　单位：%

	硕士及以上	本科	专科及以下
中国银行	6.9	63.0	30.1
建设银行	7.5	55.2	37.3
工商银行	5.2	48.4	46.4
农业银行	4.4	40.5	55.1
兴业银行	14.4	72.6	13.0
恒丰银行	17.5	65.4	17.1
招商银行	14.7	68.1	17.2
浙商银行	15.4	67.1	17.5
中信银行	20.1	62.2	17.8
光大银行	12.8	68.1	19.1
平安银行		79.4	20.6
浦发银行	11.6	66.3	22.1
广发银行	9.6	66.8	23.6
交通银行	10.2	66.1	23.6
民生银行		3.0	97.0
华夏银行		2.9	97.1

资料来源：根据各商业银行2015年年报整理而得。

2. 员工费用

人均员工费用反映了银行的员工成本，是银行成本控制的主要指标之一。一方面，人均员工费用越高说明人均员工薪酬越高，更高的员工福利可以激励员工更高的工作效率;另一方面,过高的员工费用说明成本控制能力不高。2015 年,在人均员工费用上,渤海银行以 51.48 万元排名第一,此外,人均员工费用超过 40 万元的还有中信银行、民生银行、恒丰银行以及平安银行。浦发银行、兴业银行、招商银行、光大银行和华夏银行等股份制银行的人均员工费用也均超过 30 万元。总体看来,股份制银行的人均费用高于大型国有商业银行,人均员工费用普遍为 30 万~50 万元,而大型国有银行的人均员工费用则普遍为 20 万~30 万元,其中,交通银行以 27.8 万元排名第一。股份制商业银行近几年高速发展,对人员的投入较大,且逐年上升(见图 3-10)。

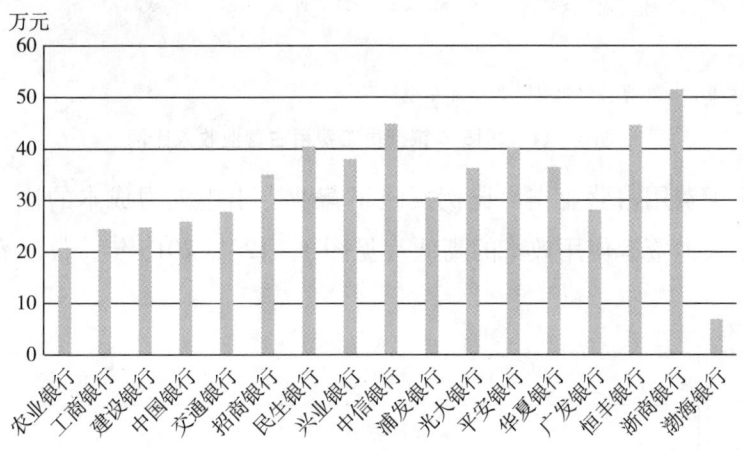

资料来源:根据各商业银行 2015 年年报整理。

图 3-10 2015 年商业银行人均员工费用

员工费用占营业收入的比例是反映银行薪酬福利水平的重要指标。如图 3-11 所示,大部分银行的这一指标介于 10%~20%,其中有三家银行的比例超过了 20%,分别是浙商银行(24.5%)、华夏银行(21.2%)和农业银行(20.6%),这表明员工福利水平过高,存在一定的不合理性,过多的银行营业收入被用于支付员工薪酬和福利,将会损害银行的盈利能力。与之相反,浦发银行与渤海银行的员工费用所占比例较低,未来存在增加员工薪酬福利的空间。

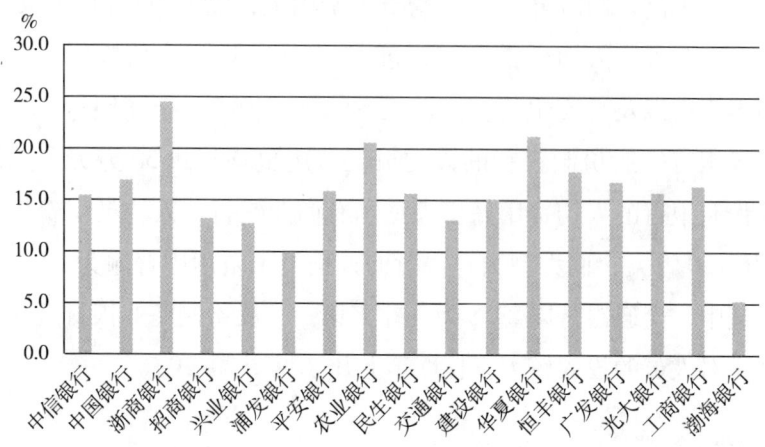

资料来源:根据各商业银行2015年年报整理。

图3-11 2015年银行员工费用占营业收入比例

员工费用占营业支出比例反映了营业支出中人力成本的比重,也反映了人力资源使用效率的高低(见图3-12)。2015年,仅浙商银行

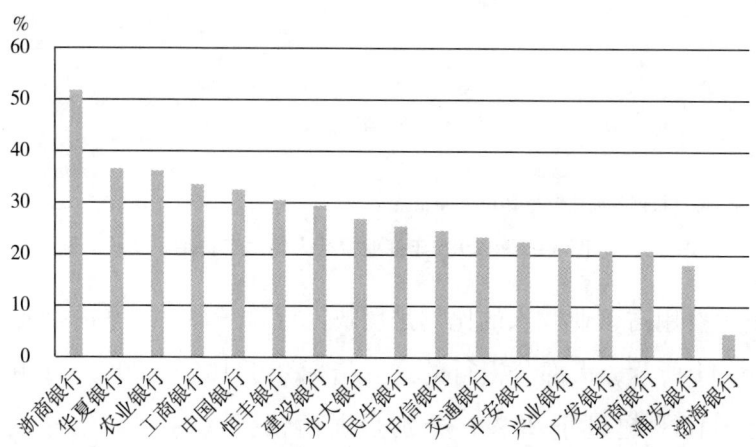

资料来源:根据各商业银行2015年年报整理。

图3-12 2015年员工费用占营业支出比例

的员工费用占比超过了50%，而浦发银行和渤海银行等银行的员工费用占比低于20%，其他各家银行的占比介于20%~40%。

3. 员工效率

人均营业收入反映的是员工生产效率的基本指标。如图3-13所示，从2015年的数据来看，股份制银行人均营业收入普遍高于四大国有商业银行。所有银行的人均营业收入均超过了100万元，其中浦发银行以人均302万元排名第一，而中国农业银行人均营业收入最低，为人均101万元。我国全国性商业银行人均营业收入为212万元/人。

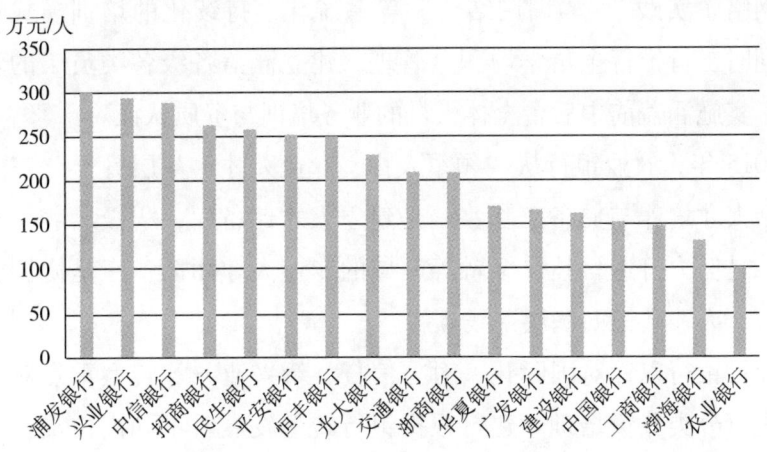

资料来源：根据各商业银行2015年年报整理。

图3-13 2015年银行人均营业收入

（二）员工培训

优异的员工素质是一家银行长期的核心竞争力，因而，建设和完善人才储备与培养体系是我国各商业银行的重要战略之一。而员工培训则是银行人才体系建设的重要一环，通过专业和系统的培训，员工可以学习专业知识并提高业务能力。近年来，我国商业银行充分重视培训工作在其人才培养中的重要作用，不断加强员工培训的投入力度，这也促进了我国银行业近几年的发展和进步。2015年，各家银行的培训次数、力度以及投入费用均有所提高，培训范围逐渐扩大，培训内容更加合理，形成了完整的培训思路和体系。

国有大型商业银行实力雄厚，规模庞大，在培训体制上也更加完整，培训的复杂程度相对较高。2015年，它们开展了形式多样、内容充实的培训工作。

2015年，工商银行以完善员工培训与资质认证"两个体系"为重点，实施"十大专业型人才培训工程"，实行"学籍学分制"、"面授+网络+实践"、"训用结合"等系统化、持续化的培训模式和机制。同时工行推行全员学习积分管理，建立涵盖各级各类员工的学习课程，实施涵盖前中后台全体人员的业务培训与资质认证。

2015年，农业银行从"领军人物、专业人才、基层骨干"三个层次开展人才培养与储备工作：一是建立人才储备库，积极培养管理人才；二是努力打造科技、金融等领域的专业人才团队；三是协调管理层规模，人才政策向基层一线倾斜。

建设银行以针对国际化、对公信贷、新兴业务等转型重点对全体员工进行分类分级培训。建行根据银行转型发展对不同岗位员工的要求，实施分岗位培训体系，实现基层一线员工持证上岗、专业技术人员资格认证、经营管理人员能力全面提升。同时，为了方便员工参与培训，丰富培训渠道，建行大力推广网络培训，已基本实现网络培训全覆盖。

2015年，中国银行进行人才队伍建设时，以专业序列为重点，指定专业序列总体方案，加速疏通人才晋升通道。为加强员工一线业务技能，中国银行加大基层培训资源倾斜，多渠道提升基层员工能力素质水平，鼓励优秀员工到基层一线和艰苦地区锻炼成长。同时，为持续强化中国银行国家化特色优势，银行坚持不懈地推进国际化、多元化人才培养开发，加强小语种人才储备，打造高端培训品牌：开展

"一带一路"、自贸区、人民币国际化、"走出去"金融服务、国家重大区域布局等重点培训项目,面向柬埔寨成功举办"一带一路"国际金融交流合作研修班,大力推动教育培训体系建设。

中小型股份银行同样对员工培训同样重视,它们将培训课程和培训计划与银行特点相结合,按照各自银行的发展战略制订培训方案。

2015年,中信银行积极开展各层级领导干部培训、后备干部培训、国际化人才培训。坚持分层分类,加强员工岗位培训和专业培训。除了面授和网络学习外,还上了"中信银行大学"微信平台,使员工学习更加便捷。

民生银行以"聚焦发展,紧贴需求,加速变革,助推转型"为指导思想,以人才发展为主线,打造"1+3+4"培训管理体系,建立与员工职业生涯通道匹配的三类学习地图、四项引导机制,将培训与考核、晋升、专业技术资格年检等建立关联,着力加强新技术、新机制在培训管理中的应用,推进培训管理数字化、流程化建设,大幅提升培训的投入产出效率。

光大银行紧密围绕发展战略和年度重点工作,以提升培训实效为目标,按照"1+4+1"(1个培训规划、4个培训管理体系和1个工作指引)的模式,开展全行培训管理工作,提升全行培训经费的投入产出率,为员工提供良好的学习环境,为全行业务发展提供坚实的能力基础。光大银行也开设了"阳光微课堂"微信公共账号,每个工作日持续推出学习内容,方便员工利用碎片化时间学习。

(三)限薪政策

国有银行高管的限薪政策持续发挥作用,从而出现了高管工资低于中层管理人员的情况。同时,一些股份制银行高管薪酬也出现了不同程度的下降。

2015年的数据显示,中小银行高管薪酬普遍高于大型国有商业银

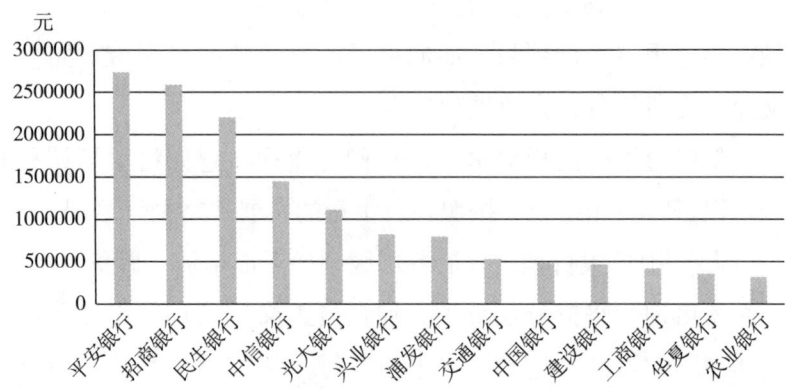

说明：只算货币发放部分，没有计算福利部分，也没有剔除部分高管任期不足一年的因素。
资料来源：根据各商业银行2015年年报整理。

图3-14　2015年全国性商业银行高管平均薪酬情况（已发部分）

行。平安银行、招商银行和民生银行的高管平均年薪（已发部分）均超过200万元，中小银行高管年薪大多高于80万元，而大型国有商业银行的年薪普遍在50万元以下，其中，中国银行高管平均年薪最高，为48万元以上。2015年高管平均薪酬排名前五位的银行为：平安银行、招商银行、民生银行、中信银行和光大银行，这几家银行均为股份制商业银行（见图3-14）。值得注意的是，2015年几乎所有的全国性商业银行高管薪酬总额较上年均有所上升，在薪酬水平上，无疑中小银行比国有银行更有竞争力，这也成为中小银行吸引高端人才的重要筹码之一。薪酬的延期支付是体现银行业风险特征的重要做法，这一点银行都做到了。

但是，与此同时，长期以来基层一线员工是银行队伍中薪酬较低的群体，他们的收入水平对于银行的竞争力有着非常重要的影响。为了解决基层员工薪酬过低的问题，农业银行落实基层员工最低工资保障。光大银行在报告中也指出在薪酬分配上持续向经营一线倾斜。

六、产品与服务

（一）创新能力

尽管银行面临的经济形势愈发复杂，来自外部的压力愈发沉重，逐渐步入冬天的银行业并没有停下创新的步伐。全国性商业银行一方面不断加强对传统商业银行业务与产品的创新力度，更好地丰富产品类型与功能，更好地满足客户需求；另一方面不断尝试新领域的探索，例如，探索互联网金融领域以及财富管理领域。2015年，中国银行业的积极创新，体现出以下一些特点：（1）与互联网紧密结合。商业银行纷纷将银行业务与互联网、大数据技术进行结合，拓宽业务渠道的同时，极大地提升数据挖掘能力，更好地分析用户需求与习惯，对传统业务进行深度改造，推进产品创新。随着银行互联网金融的探索不断加深，该领域也日趋成熟，从最初的搭建平台，到现在追求技术创新、增加功能、跨界合作等方面转变。（2）服务于银行和货币国际化。2015年IMF批准人民币成为SDR篮子货币，标志着人民币国际化走向新阶段。不少银行既对人民币的国际化作出了贡献，也看到了其中的商业机会，而根据自身情况推出相应的产品。（3）拓宽产品功能与多用性。即同一产品解决不同业务条线的问题，从而进一步降低交易成本和风险。（4）科技金融创新。随着投贷联动试点的推出和科技创新大会召开后创新型国家建设的进一步加强，银行科技金融的创新热度不断，区块链、大数据等纷纷成为科技金融领域的热门领域。（5）推进银行发起的产业基金和PPP模式创新。（6）与资本市场相关的创新。随着金融脱媒的加快，银行的应对之道就是适应资本市场的发展，推出与之配套的金融产品。

2016 年中国金融创新论坛公布了最新的中国金融创新奖获奖名单，共分为最佳金融创新奖、对公业务十佳金融产品创新奖、零售业务十佳金融产品创新奖、十佳互联网金融创新奖和十佳财富管理创新奖共计五个奖项。全国性商业银行的获奖情况见表 3-11。

表 3-11　　　　　　　2016 年中国金融创新奖获奖情况

全国性商业银行	最佳金融创新奖	十佳金融产品创新奖				合计获奖数量
		对公业务	零售业务	互联网金融	财富管理	
工商银行	●	●●	●	●	●	6
平安银行	●	●	●●	●	●	6
招商银行	●	●●	●	●	●	6
建设银行	●	●		●		4
中国银行	●	●		●		3
交通银行	●	●			●	3
民生银行			●	●	●	3
浦发银行			●	●	●	3
兴业银行			●	●	●	3
农业银行			●		●	2
光大银行				●	●	2
邮储银行			●	●		2
浙商银行		●				1
中信银行			●			1
渤海银行			●			1
广发银行					●	1

资料来源：《银行家》杂志。

工商银行、平安银行和招商银行获得奖项数目并列第一。其中工商银行和招商银行的创新集中于对公业务，在此领域都有两个创新项目获奖。而平安银行则侧重于零售银行的产品创新。获得全国性商业银行最佳金融创新奖的银行还有建设银行、中国银行和交通银行。农业银行是唯一一家没有获得最佳金融创新奖的国有商业银行，且只获得 2 个奖项，获奖数量排名中下。

从整体来看，国有商业银行凭借自身规模优势和资源优势，积极尝试业务创新与产品创新，也成果斐然，从结果看，创新能力也略高于股份制商业银行。而股份制商业银行的创新能力也很突出，并不弱于国有银行，奖牌数目排名并列第一名的三家银行中，有两家是股份制商业银行。而且，相对于国有商业银行的创新侧重于对公业务和零售业务等传统商业银行业务领域外，股份制商业银行在互联网金融和财富管理等领域积极尝试，努力创新。

（二）品牌管理

对于商业银行而言，品牌就是一种竞争优势，是依托知识和能力的创造性优势，而金融业品牌主要以服务为主来支撑，只有在服务上有个性，才能有品牌的记忆。在竞争日益激烈的今天，各家银行依托自身优势和市场细分特色，不断推出有自身特色的产品和服务，以更好地提升品牌声誉，增加市场影响力。

2015年，各家银行在继续发展和推广原有的特色服务产品的同时，又结合客户需求和互联网金融兴起的新形势创新推出新产品，力争扩大品牌优势，加深品牌影响。工商银行继续保持世界领先大银行地位，持续努力和稳健发展，利用自身优质客户基础、多元业务结构、强劲的创新能力和市场竞争力，拓展海外业务跨五大洲，境外网络扩展至41个国家和地区，形成了以商业银行为主体，综合化、国际化的经营格局，保持业内领先地位。2015年年初，工商银行推出旗下互联网金融品牌e-ICBC。

中国银行是中国国际化和多元化程度最高的银行之一，在中国内地及46个国家和地区为客户提供全面的金融服务。2015年中国银行的品牌建设，依然围绕国际化这一特点进行，中国银行进一步完善全球服务网络布局，支持"一带一路"、"走出去"企业和自贸区建设等国家重大战略。

建设银行的造价咨询业务是其独具特色和品牌优势的中间业务产品，伴随其长期从事固定资产投资和代理财政职能而衍生和发展形成，至今已有61年历史。建设银行37家一级分行均具有住房和城乡建设主管部门颁发的工程造价咨询业务从业资质，其中，36家为甲级资质、1家为乙级资质，251家二级分行设有专营机构。2015年，建设银行通过强化基础管理、抢抓市场机遇、推进业务转型、健全专营机构、创新业务产品等措施，行业地位和品牌形象不断提升，实现造价咨询业务收入74.27亿元。

农业银行的品牌特色之一就是服务"三农"。农业银行紧抓服务"三农"的战略定位，不断提升"三农"金融服务品质，顺应农业现代化规模化发展趋势，强化龙头企业和新型农业经营主体金融服务，国家级、省级农业产业化龙头企业服务覆盖面分别达到82%和61%；截至2015年底，农业银行累计支持专业大户、家庭农场34.9万户，专业合作社及社员8.1万户，专业大户、家庭农场贷款增幅达112%。做好新型城镇化和"美丽乡村"建设金融服务，县域城镇化贷款余额达4357亿元。农业银行还积极研发基于农地产权、入托收益权、股权的新型农地金融产品，探索政府增信、银银合作、"互联网+"等新型支农模式，巩固提升了县域"三农"业务的竞争优势。

2015年，民生银行抓住当前大投行、大资管、大财富的发展机遇，以"托管+"服务平台为依托，率先推出网络交易平台资金托管系统，并在资产证券化领域取得领先优势，实现托管业务稳健有序发展。强化资产管理理念，全力打造"非凡资产管理"品牌，拓展销售渠道，促进理财业务快速健康发展。

招商银行的品牌特色之一是其在零售金融业务的同业领先地位。2015年，招商银行零售金融业务税前利润占比达到46.34%，同比提升6.70个百分点。私人银行、财富管理、信用卡等业务继续保持领先优势。在此基础上，招商银行致力于打造轻型银行，资产端大幅压缩退出产能过剩等领域风险资产，加大信用卡、住房按揭贷款等低风险优质零售资产投放，零售贷款余额已占贷款总规模近一半。信贷资产证券化是招商银行实施"轻型银行"战略的重要抓手和突破口。截至2015年末末，招商银行已打造了"和信"、"和家"、"和享"等国内证券化细分市场品牌，并形成较为独特的品牌影响力，各类"和"品牌合计注册发行额度已达1100亿元。

七、市场影响力

（一）规模分析

1. 资产规模

从资产规模而言，四大国有商业银行处于第一梯队且规模远超其他十三家全国性商业银行。其中，工商银行以22.21万亿元的资产规模雄居首位，随后建设银行（18.34万亿元）、农业银行（17.79万亿元）和中国银行（16.81万亿元）分别位居第二名、第三名、第四名。资产规模排行前十名中除去第一梯队的四家银行之外，依次为交通银行（7.15万亿元）、招商银行（5.47万亿元）、兴业银行（5.29万亿元）、中信银行（5.12万亿元）、浦发银行（5.04万亿元）和民生银行（4.52万亿元）。全国性商业银行资产规模及增速见图3–15。

资产增速方面，工商银行增速最慢，仅有7.76%，其他四家大型银行都接近或超过10%。其他股份制银行增速普遍远超国有商业银行，其中，浙商银行增速最快，高达53.99%，其次是恒丰银行（25.88%）、中信银行（23.76%）、民生银行（20.25%）和浦发银行（20.22%）。

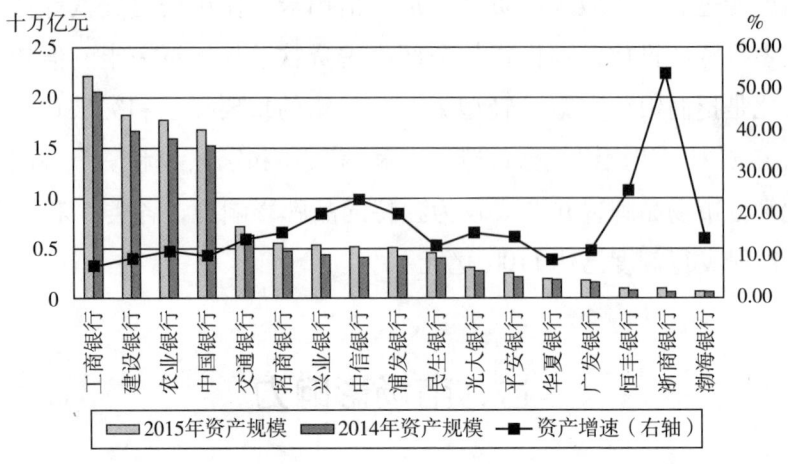

资料来源：各银行 2015 年年报。

图 3－15　全国性银行资产规模及增速

2. 存款规模

存款作为银行重要的传统业务和主要资金来源之一，在一定程度上可以反映出银行的市场影响力。截至 2015 年年末，全国金融机构人民币各项存款余额为 136.81 万亿元，同比增长 20.1%，增速有所上升，比上年末高 11.15 个百分点。其中，工商银行存款规模排名第一，为 16.26 万亿元，占金融机构存款总额的 11.9%，建设银行、农业银行、中国银行和交通银行的存款总额分别为 13.6 万亿元、12.52 万亿元、11.72 万亿元和 4.48 万亿元，在金融机构存款总额中占比分别为 9.99%、9.90%、8.57% 和 3.28%。五家国有商业银行的存款规模合计占金融机构存款总额的 43.64%。其余各家商业银行存款占比均低于 3%，而且其余股份制银行存款规模合计只占金融机构存款总额的 16.68%（见图 3－16）。从吸收存款的能力来看，国有五大行的市场影响力仍然要超过甚至远超过股份制商业银行（见图 3－17）。

存款增速方面，股份制商业银行的增速要普遍快于国有商业银行，其中，浙商银行和恒丰银行增速最快，分别为 42.05% 和 27.06%，工商银行和建设银行增速相对较慢，分别为 4.66% 和 5.97%。需要注意的是，华夏银行不但在股份制银行中增速最缓而且是所有参与比较的银行中增速最慢的一个，增速只有 3.72%。

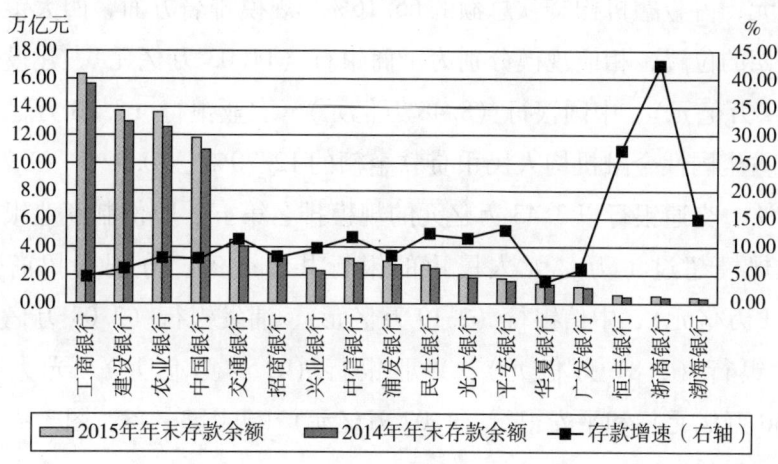

资料来源：各银行 2015 年年报。

图 3-16　全国性银行存款规模及增速

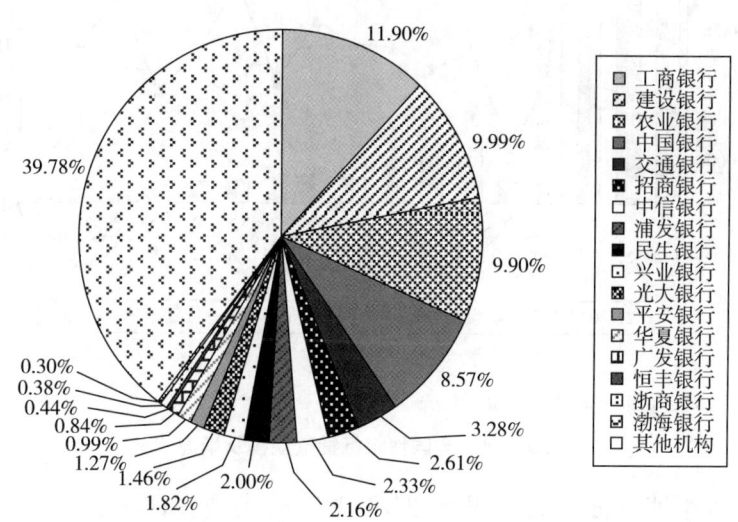

资料来源：各银行 2015 年年报。

图 3-17　全国性银行存款份额

3. 贷款规模

截至 2015 年底，全国金融机构人民币贷款金额为 93.95 万亿元人民币，同比增长 15.0%。其中，全国性商业银行贷款总额达到 61.21 万亿元，占金融机构贷款总额的 65.16%。规模排名方面，四大银行仍处前四的位置，相应规模分别为工商银行（11.03 万亿元）、建设银行（9.47 万亿元）、中国银行（8.48 万亿元）、农业银行（8.10 万亿元），分别占全国性金融机构人民币贷款金额的 12.70%、10.92%、9.77%、9.33%。交通银行以 3.43 万亿元的规模排名第五。股份制商业银行中贷款规模超过 1 万亿元人民币的银行共计七家，分别为招商银行（2.51 万亿元）、中信银行（2.19 万亿元）、浦发银行（2.03 万亿元）、民生银行（1.81 万亿元）、兴业银行（1.59 万亿元）、光大银行（1.30 万亿元）和平安银行（1.02 万亿元）（见图 3 - 18、图 3 - 19）。

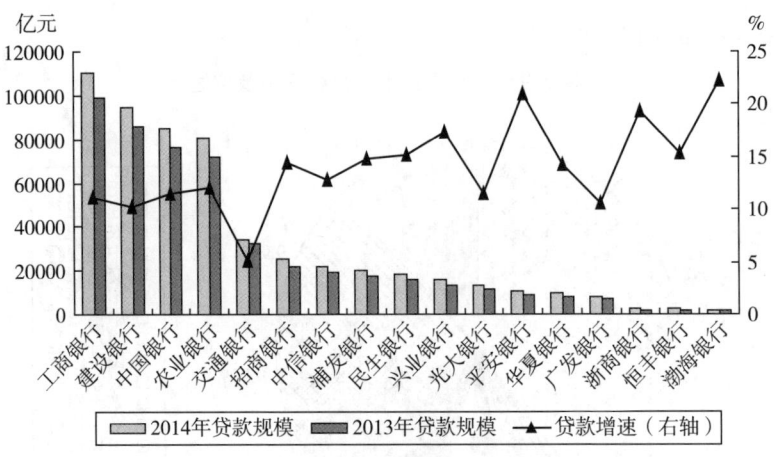

资料来源：各银行 2015 年年报。

图 3 - 18 全国性银行贷款规模及增速

贷款增速方面，农业银行以 12.09% 的表现在四大银行中排名第一，工商银行、中国银行和建设银行的增速分别为 11.13%、11.51%、10.3%，均较上年有所下降。交通银行增速仅为 5.06%。全国性股份

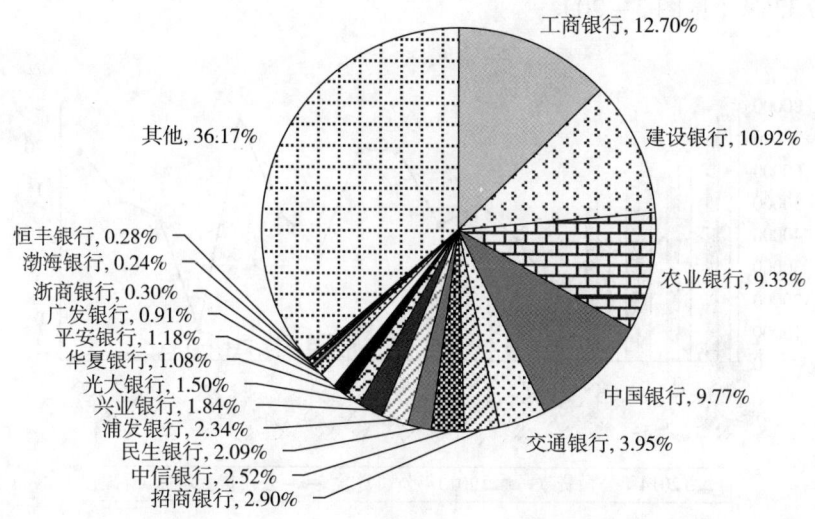

资料来源：各银行2015年年报，2015年第四季度《中国货币政策执行报告》。

图3-19 金融机构贷款份额

制商业银行的增速普遍较快，除广发银行为10.67%外，其余增速都超过10%，其中，增速超过15%的该类银行共计六家，分别为浙商银行（19.29%）、恒丰银行（15.28%）、渤海银行（22.31%）、平安银行（20.94%）、兴业银行（17.4%）、民生银行（15.14%）。

公司类贷款方面，工商银行以7.61万亿元领先所有银行，而中国银行以6.05万亿元的规模居第二名，建设银行和农业银行分别以5.76万亿元和5.15万亿元居第三名和第四名。交通银行以2.56万亿元居第五名。全国性股份制商业银行公司类贷款规模突破万亿元的共计五家，分别为中信银行（1.56万亿元）、浦发银行（1.51万亿元）、招商银行（1.47万亿元）、兴业银行（1.18万亿元）和民生银行（1.16万亿元）。

增速方面，大部分银行保持在10%以下，增速超过15%的银行有四家，分别为兴业银行（19.31%）、民生银行（19.54%）、渤海银行（19.38%）和平安银行（22.64%），广发银行出现了负增长，为

-1.32%（见图3-20）。

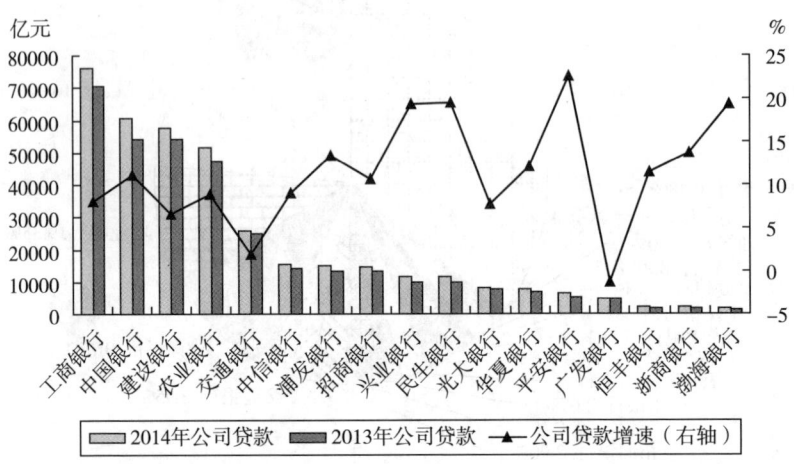

资料来源：各银行2015年年报。

图3-20 全国性银行公司类贷款规模及增速

个人贷款规模方面，四大银行仍具有明显优势，分别为工商银行（3.06万亿元）、建设银行（2.88万亿元）、中国银行（2.44万亿元）和农业银行（2.40万亿元），并且于2015年依旧保持了规模在1万亿元以上的银行仅此四家的格局。规模超过5000亿元的银行共计四家，为招商银行（0.97万亿元）、交通银行（0.87万亿元）、民生银行（0.65万亿元）、中信银行（0.55万亿元）。增速方面，高于20%的股份制商业银行有六家，分别为恒丰银行（52.69%）、广发银行（32.77%）、中信银行（25.88%）、华夏银行（22.41%）、浙商银行（21.29%）和招商银行（21.38%），其余该性质银行增速均低于20%（见图3-21）。

票据贴现方面，2015年四大银行的票据贴现表现良好，规模分别为工商银行（3503亿元）、中国银行（2255亿元）、建设银行（1689亿元）、农业银行（1573亿元）、交通银行（1113亿元）。其他银行的票据贴现规模均在1000亿元以下，规模超过400亿元的银行共三家，

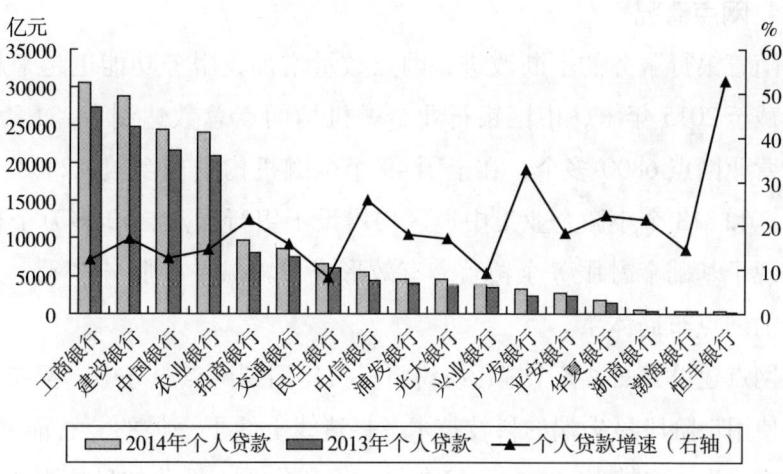

资料来源：各银行2015年年报。

图3-21　全国性银行个人贷款规模及增速

分别为招商银行（750亿元）、中信银行（680亿元）、浦发银行（438亿元），其他股份制商业银行的票据贴现规模均未超过300亿元（见图3-22）。

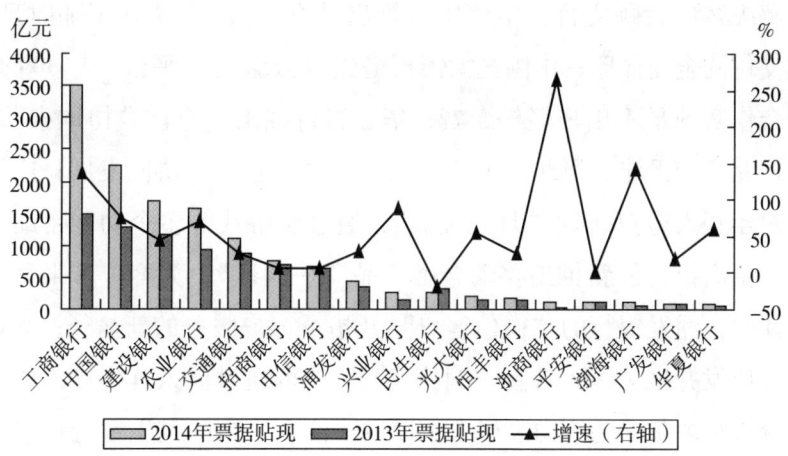

资料来源：各银行2015年年报。

图3-22　全国性银行票据贴现规模及增速

4. 网点情况

随着银行服务的不断改进，网点数量增加，服务功能也越来越齐全。截至 2015 年末，中国银行业金融机构网点总数达到 21.71 万个，新增营业网点 6800 多个，在全国 49 个金融机构空白乡镇、2308 个城镇社区和 318 个小微企业集中地区均增设了银行网点，50 多万个行政村实现了基础金融服务全覆盖，有效形成覆盖城乡、服务多元、方便快捷的网点布局体系。

网点建设方面，各个银行纷纷将科技运用到网点服务中，例如工商银行使用现阶段最尖端的科技技术，打造线上线下一体的"智能网点"旗舰店，为客户带来智能化、综合化、便利化及人性化的科技服务；中国农业银行推出"超级柜台"，客户可自主办理 50 多项业务，为客户提供一站式金融服务，业务处理速度提高 4~7 倍；中国银行成立"对台金融服务中心"，方便两岸互通互融，为台资企业客户提供便利；中国建设银行开发"客户驱动型交易流程"，增强业务流程互动性，提高交易过程透明度；交通银行创新推出"全时段吞卡取回"服务，自助服务效能提升解决客户后顾之忧；中信银行推出"薪金煲"，实现了随时理财、随时支付的全新体验；中国光大银行搭建"云缴费"平台，与 300 余家机构合作实现足不出户轻松缴费；华夏银行推出"京津冀协同卡"，有效推进北京、天津、河北三地资源共享、功能互补、协同发展；广发银行针对年轻人客户研发"月光宝盒"，通过玩游戏等多个功能帮助客户存钱；招商银行创新推出移动金融产品"一闪通"，为客户带来移动金融新体验；浦发银行的"微信客户"开拓了客户服务的新途径；兴业银行率先研发并推出国内首台"盲人 ATM"，可通过插入耳机进入语音导航系统进行取款，为视力障碍人士提供了便利；中国民生银行打造"玉出云南"金融服务流程，专门服务珠宝特色业务；恒丰银行推出"一贯"直销投资服务平台，投资过程和投资收益随时可查。

在网点数量方面，四大行有着绝对优势，组织结构也相当复杂，总行——二级分行——二级支行和营业部的组织结构加上广泛分布于乡镇一级的微型网点相对于股份制商业银行有着不可比拟的优势。农业银行以23612个网点居于首位，截至2015年末，全行完成标准化建设的网点占比达到85.2%，较上年末提高5个百分点，并对网点开展整理、整顿、清扫、清洁、素养、安全等"6S"标准化管理，改善网点服务环境，提高服务效率，提升员工士气，实现员工体验和客户体验双提升。工商银行以17122家网点数排在第二位，接着是建设银行（14856家）和中国银行（10693家）。但需要注意的是，中国银行目前仍是我国唯一一家入选全球系统重要性银行的银行，其优势在于规模较为庞大的海外机构和国际业务，因此，其在国际市场上的影响力不能仅凭网点数量进行比较。交通银行网点数量达到2785个，与四大银行有明显差距，但是也遥遥领先于其他股份制商业银行。民生银行继续推进小区战略金融服务，投入运营的社区网点（含全功能自助银行）达4902家。其他全国性股份商业银行中网点超过1000家的银行共计4家，分别是兴业银行（1435家）、招商银行（1422家）、浦发银行（1295家）、中信银行（1231家）（见图3-23）。

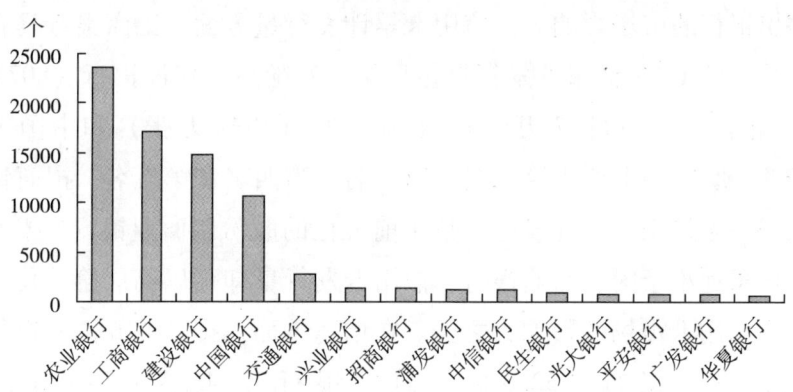

资料来源：各银行2015年年报。

图3-23 全国性银行网点数量

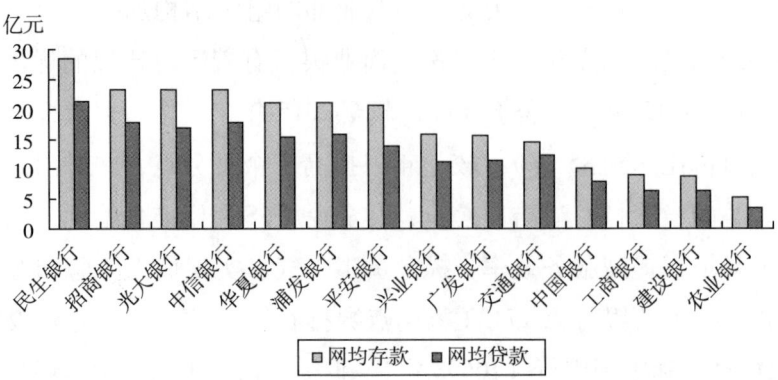

资料来源：各银行2015年年报。

图3-24 全国性银行网均存贷款量

(二) 战略性业务

1. 信用卡业务

信用卡是银行重要的中间业务之一，同时也是一项会直接面向个人消费者的常用业务。随着社会经济的发展，人们使用信用卡的次数和频率在不断增加。因此，信用卡的累计发行量和增速在一定程度上反映出银行的市场影响力。信用卡累计发行量方面，工商银行具有突出优势，以1.09亿张的发行量位居第一。随后，建设银行（8074万张）、招商银行（6917万张）、农业银行（5837万张）和中国银行（5238万张）分别位于第二名、第三名、第四名和第五名。招商银行是唯一一家信用卡累计发行量位于前五位的股份制商业银行。招商银行，体量远小于国有商业银行，信用卡发行量却可以高居第三位，可见其在信用卡市场的影响力之强。在增速方面，排名前五位的银行分别是：华夏银行（32.6%）、浦发银行（24.3%）、中信银行（23.5%）、建设银行（22.5%）和平安银行（21.6%）。

2. 电子银行业务

近几年随着科技的发展，银行的电子银行业务丰富多样，创新不

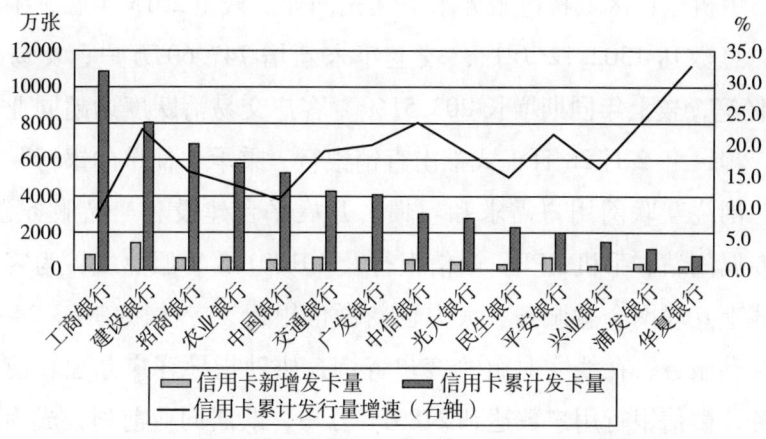

资料来源：各银行 2015 年年报。

图 3-25　全国性银行信用卡发卡量及增速

断，不仅方便了客户，提升用户体验，更加提高了银行业务效率，大大节约成本。各银行从开发多种移动银行形式、创新网上银行产品、提高支付安全性等各个方面扩大客户群。目前，电子银行业务既有传统的手机银行、网上银行、电话银行以及自助银行，又有新推出的微信银行、直销银行、移动支付平台服务窗等新形式。

农行互联网技术创新趋势，在渠道协同领域加大创新，进一步完善功能齐全的网上银行、电话银行、掌上银行、自助银行等多元化电子渠道。建立网上客服、微博客服、微信客服等多渠道的客户服务体系，推进客服中心精细化管理，着力提升客户服务水平。推出跨行资金归集、结售汇等增值服务，加大融资和理财产品的供给，利用客户互动、交易互动、服务互动提高客户的参与热情。民生银行重点围绕手机银行、直销银行、微信银行、线上支付开展产品和服务创新，进一步创新手机银行。推出自助注册客户小额支付、小微客户在线贷款和续授信、信用卡在线申请和实时购汇等众多特色功能；广泛挖掘区域客户需求，新推广州公益捐款、南京青年志愿者卡、西安公积金查询等,手机银行区域特色服务水平领先同业。截至2015年底,手机银行客户总数达1302.12万户,较上年末新增747.60万户;交易笔数1.82亿笔,较上年同期增长203.51%,客户交易活跃度远超同业平均水平。2014年2月28日正式推出直销银行,秉承"简单的银行"服务理念,围绕互联网用户需求和习惯,开展平台建设和产品服务创新,打造专属网站、手机APP、微信银行及10100123客服热线,为客户提供纯线上互联网金融服务,大力创新微信银行,专注微信7×24小时用户互动服务,在线实时解答客户咨询,协助指导客户办理和使用各种业务,微信银行用户数达到218.11万户,跃居同业前列,成为微信中有影响力的大号,有力地支撑了产品宣传和业务营销。交通银行全面推广智慧网盾,提升交易安全性。保持移动金融优势,全面完成第二代手机银行建设,开通微信银行、易信银行和支付宝钱包公众号,为客户提供便捷服务。工商银行进一步丰富网上银行产品体系,推出个人网银简约版、电子彩票、对公B2B结算支持电子票据等创新产品,巩固网上银行核心竞争优势。

电子银行柜台渠道替代率体现了银行电子银行的建设情况和应用程度。根据2015年各银行年报统计,民生银行的电子银行柜台渠道替代率居首位,为96.49%。招商银行和广发银行以95.38%和94.54%的替代率排列第二和第三。表3-12为部分银行的渠道替代率情况。

表3-12　　　　全国性银行电子银行柜台渠道替代率　　　　单位:%

银行名称	电子银行柜台渠道替代率
民生银行	96.49
招商银行	95.38
广发银行	94.54
浙商银行	93.50
中信银行	93.16
农业银行	89.60
建设银行	88.03

续表

银行名称	电子银行柜台渠道替代率
工商银行	86
兴业银行	85.56
浦发银行	85
中国银行	84.70
交通银行	83.13

资料来源：各银行 2015 年年报。

3. 个人理财业务

理财产品的发展是银行从以产品为导向转变为以客户为导向的重要实践，当前更是面临多种金融机构的激烈竞争，需要在平衡风险的基础上继续推进。同时，随着经济的发展，越来越多的用户倾向于选择风险较低的理财产品来对抗通胀压力，获取一定的收益，各银行也越来越重视理财产品的开发和创新。招商银行致力于推动理财业务转型，严格按照中国银监会"非标准化债权资产"的限额要求进行投资，持续满足监管要求，并积极发展净值型产品和结构化产品，净值型和结构化产品运作资金余额的比重 29.85%。民生银行全力打造"非凡资产管理"品牌创新推出保本型理财，并与其小区金融业务相结合，推出小区专属理财产品，开展信用卡进社区的专项营销，在移动运营的支持下，小区居住地成为重要的获客来源。

从 2015 年各家银行已公布的数据来看，工商银行的理财产品续存规模以 1.98 万亿元居首位，仍然是境内最大的资产管理银行。农业银行和建设银行以 1.16 万亿元和 1.15 万亿元的续存规模排在第二位、第三位。理财产品余额超过 5000 亿元的银行有六家，分别是招商银行（9081 亿元）、浦发银行（9000 亿元）、光大银行（8351 亿元）、中国银行（7200 亿元）和中信银行（5830 亿元）（见图 3-26）。

4. 国际结算业务

国际结算业务对整个银行业务来说，风险小、成本低、利润高、

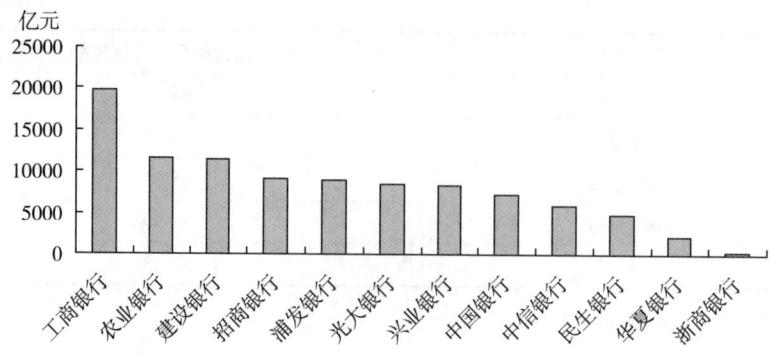

资料来源：各银行 2015 年年报。

图 3-26　全国性银行理财产品续存规模

技术含量成分高。从整体上来看，国际结算业务领域从业人员和所占信贷规模比例并不高，但是，所占的利润却要占银行净收入的相当大的份额。近年来，我国银行业大力发展中间业务，拓展收入来源，国际结算自然得到了高度重视。

国际结算业务是中国银行的传统优势，2015 年完成国际结算业务量 3.98 万亿美元，增长率为 1.5%，保持全国领先。工商银行国际结算业务量仅次于中国银行，达到 2.6 万亿美元，但与同期相比，业务量规模有所缩小，增速为 -4.5%。建设银行和农业银行以 1.29 万亿美元和 10.00 万亿美元的业务量排名第三和第四，这两家银行的国际结算量增速分别为 9.3% 和 10.9%。相比之下，其他银行的国际结算业务量较小（见图 3-27）。

5. 资产托管

随着我国经济结构调整升级、资本市场快速发展、大资管时代创新以及互联网金融大发展的多重机遇，银行越来越重视托管业务这一平台，各银行纷纷大力整合自身行内资源，搭建外部合作平台，积极推进交叉营销，以实现资产托管业务跨越式发展。

工商银行稳固业内第一托管大行的领先地位的同时，积极营销、

第三部分 2015年全国性商业银行核心竞争力评价报告

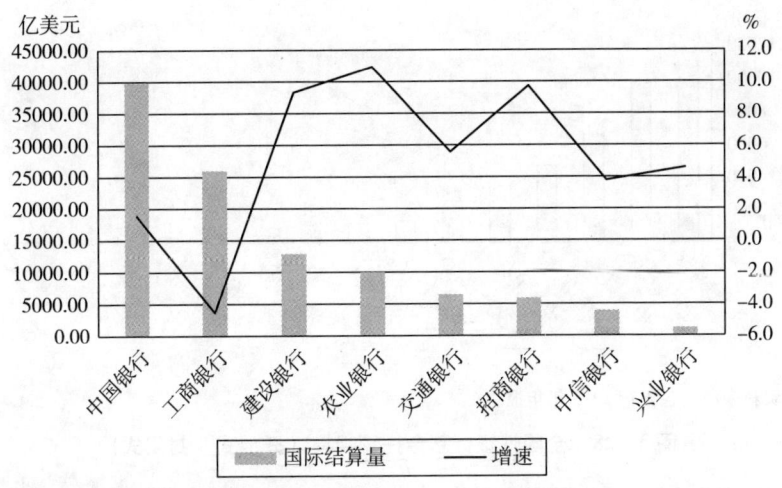

资料来源：各银行2015年年报。

图3-27 全国性银行国际结算业务量及增速

成功托管首只混合所有制改革类基金、首只并购重组概念基金、首只以沪港通方式投资香港市场基金等，积极拓展新兴托管业务市场，企业年金托管同业第一。招商银行深入推进托管产品创新、系统研发及流程优化等工作管理措施，推出国内首家全功能网上托管银行，强化托管业务营销力度，托管资产规模、收入均创历史新高。

2015年，各家银行都在不断扩大基金托管、保险托管等业务的规模。基金托管方面，中国工商银行、中国农业银行、中国建设银行、中国银行和交通银行都是最早获得基金托管理业务的银行，他们在市场中占主导地位。在中小银行中，招商银行和兴业银行有着明显的实力，占据3.11%和2.76%的市场份额。根据统计，截至2015年底，工商银行开放式和封闭式基金托管总份额达1.1万亿元，市场占比超过四分之一，为25.32%，其后是建设银行（9618.4亿份）和中信银行（6549亿份），中国银行和农业银行表现一般，分别为4674亿份和3498亿份（见图3-28、图3-29）。

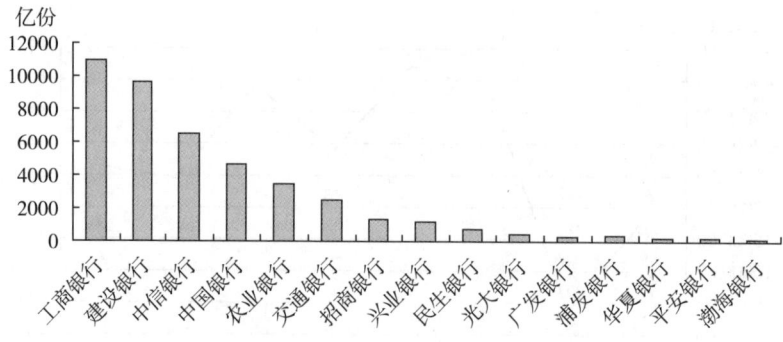

资料来源：各银行 2015 年年报。

图 3-28　全国性银行基金托管规模（开放式＋封闭式）

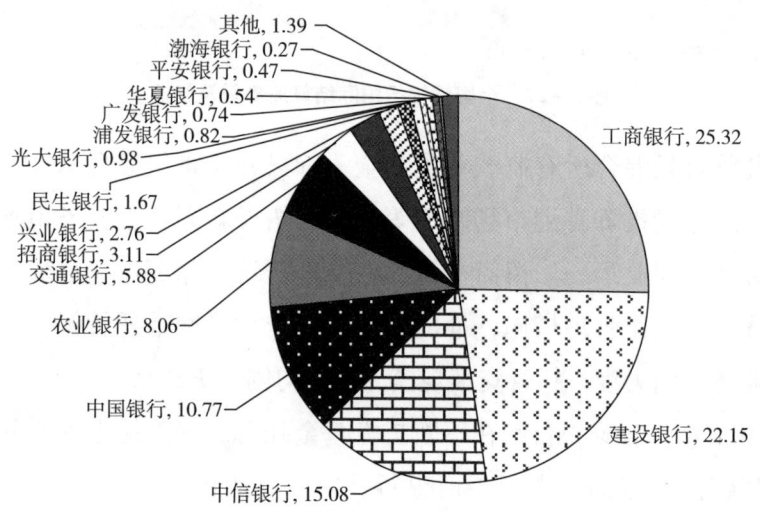

资料来源：各银行 2015 年年报。

图 3-29　全国性银行基金托管市场占比

托管基金总资产上，工商银行继续保持老大地位，达 1.29 万亿元，市场占比为 25.78%，排第二位的是建设银行，为 1.16 万亿元，中信银行跻身前列，排在中国银行和农业银行前面，他们分别为 6574 亿元、5647 亿元和 4344 亿元。中小银行中，托管基金总资产（开放式+封闭式)规模超过1000亿元的银行有招商银行(1510亿元)、兴业银行(1297亿元)和民生银行(1002亿元)(见图3-30)。

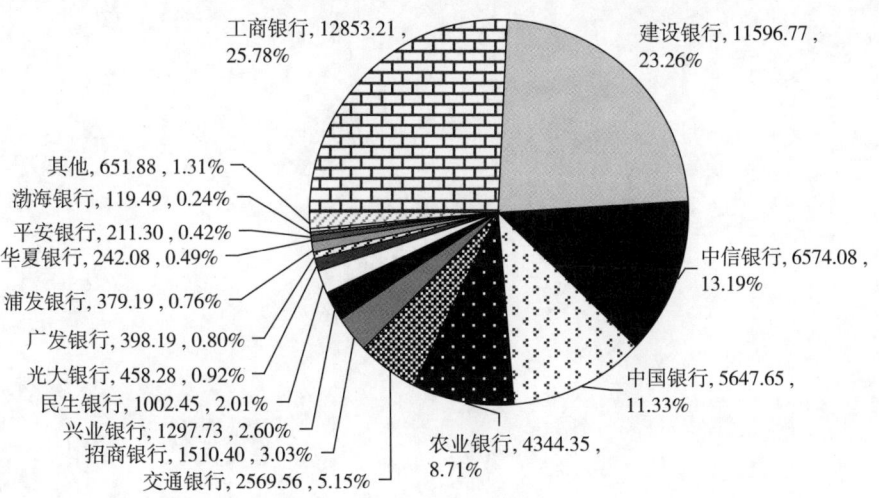

资料来源:各银行2015年年报。

图3-30 全国性银行基金托管资产规模及市场占比(单位:亿元)

第四部分

2015年中国城市商业银行竞争力评价报告[*]

---

[*] 本部分由张坤、欧明刚执笔。

2015年，世界经济增长3.1%，比上年下降0.3个百分点；我国经济增长6.9%，居民消费者价格指数上涨1.4%，均比2014年有所下降。2015年我国金融市场运行总体保持稳健，股票市场经历大幅震荡并有所上涨，债券市场发行规模进一步扩大。银行业改革深入突进，取消了存贷款利率管制，正式建立了存款保险制度，进一步丰富了商业银行融资工具，颁布了互联网金融发展指导意见。商业银行治理体系进一步完善，金融创新更趋活跃，市场竞争更趋激烈，风险暴露进一步增加。城商行一方面加快转型发展，另一方面补充自身在人才、系统、流程、网点、客户、数据等方面的短板，在大中型商业银行和互联网金融企业的夹缝中寻求符合自身实际和优势的特色化发展路径。

一、2015年财务状况

2015年，新组建了海南银行；南昌银行吸收合并景德镇市商业银行，并更名为江西银行。截至2015年底，我国城商行总数与2014年底持平，为133家。2015年，城商行资产总额和负债总额首次突破20万亿元，资产负债增速比2014年出现了较大幅度的提升，结束了连续4年持续下降的态势，资产负债在全部银行业金融机构中的占比进一步提升。资产质量保持较高状况，不良贷款率仍然低于商业银行平均水平，但城商行不良贷款率和商业银行平均水平的走势在2015年第四季度出现了分化，2015年末城商行不良贷款率比2015年第三季度末略有下降。拨贷比有所增加，但拨备覆盖率有所下降，风险抵偿能力仍然保持在较好水平。资本充足率保持良好，公开上市和发行二级资本债是2015年城商行补充资本金的重要渠道。流动性保持充足，存款在负债中的占比有所下降。盈利水平继续增长，但盈利增速和盈利能力继续下降。

（一）资产负债

2015年城商行资产增速和负债增速比2014年出现了较大幅度的增加，结束了连续4年的持续下降态势，权益增速则有所下降，三项指标增速均高于银行业金融机构平均水平。根据银监会2015年报，截至2015年底，银行业金融机构资产总额199.3万亿元，比年初增加27万亿元，同比增长15.7%；负债总额184.1万亿元，比年初增加24.1万亿元，同比增长15.1%。同期，城商行资产总额首次突破20万亿元，达到22.7万亿元，比2014年增长25.4%，增速比2014年提高6.3个百分点，比同期银行业金融机构资产总额增速高接近10个百分点；负债总额同样首度超过20万亿元，达到21.1万亿元，比2014年增长25.5%，增速比2014年提高6.8个百分点，比同期银行业金融机构资产总额增速高10.3个百分点（见图4-1）。城商行所有者权益总额达到1.55万亿元，比2014年增长24.1%，增速略有下降（见图4-1）。

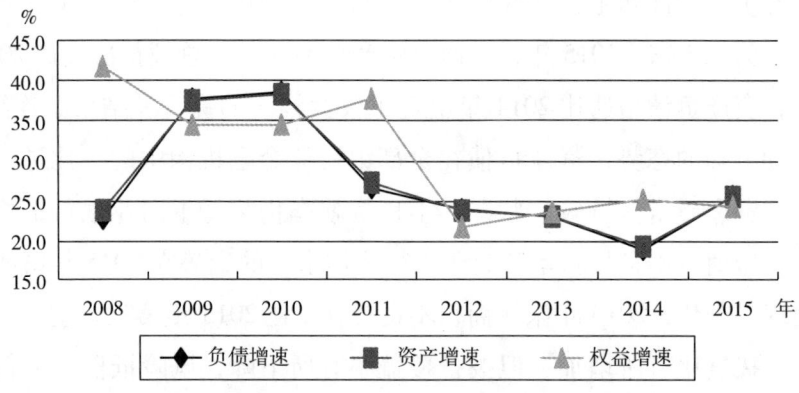

资料来源：银监会2015年报。

图4-1　2008~2015年城商行资产、负债及权益增速

2015年城商行资产和负债在全部银行业金融机构资产和负债中的

占比进一步提升。截至 2015 年底,城商行资产总额在全部银行业金融机构中的占比升至 11.38%,比 2014 年底提高 0.89 个百分点(见图 4-2)。根据银监会 2015 年报,从机构类型看,资产规模在全部银行业金融机构中占比从高到低前三位依次是大型商业银行、股份制商业银行、农村中小金融机构分别为 39.2%、18.6%、12.9%,城市商业银行资产规模占比列第四位。截至 2015 年底,城商行负债总额在全部银行业金融机构中的占比升至 11.48%,比 2014 年底提高 0.96 个百分点;所有者权益总额占比达到 10.18%,比 2014 年底提高 0.05 个百分点(见图 4-3、图 4-4)。

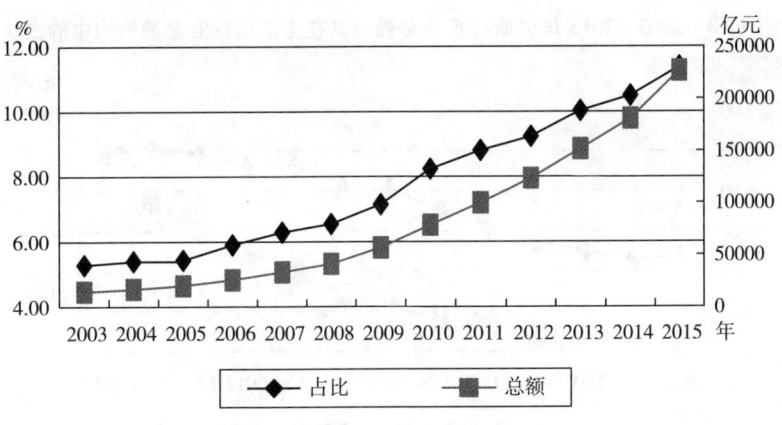

资料来源:银监会 2015 年报。

图 4-2　2003~2015 年城商行资产总额与其在全部银行业金融机构中的占比

单个城商行平均资产总额和平均负债总额持续增长,但增速比 2014 年有所下降。截至 2015 年底,城商行平均资产总额达到 1705 亿元,比 2014 年底增长 25.4%,平均负债总额达到 1589 亿元,比 2014 年底增长 25.5%(见图 4-5)。增速下降主要是因为,2014 年河南省内 13 家城商行联合重组设立中原银行,导致 2014 年底城商行数量比 2013 年底减少 12 家,提高了 2014 年底单个城商行评价资产总额和平均负债总额的增速。

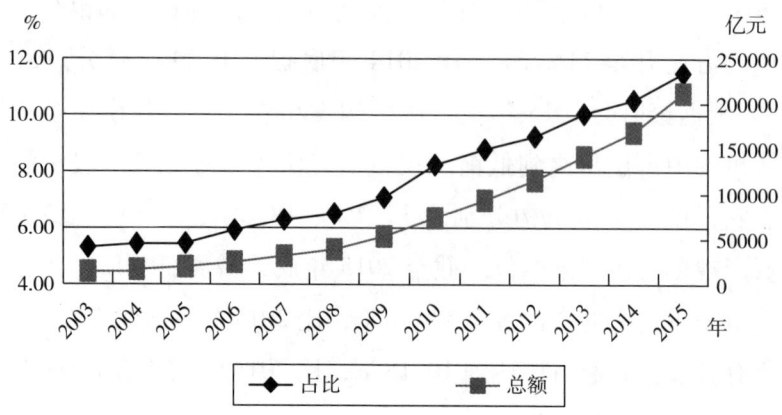

资料来源：银监会2015年报。

图4-3　2003~2015年城商行负债总额与其在全部银行业金融机构中的占比

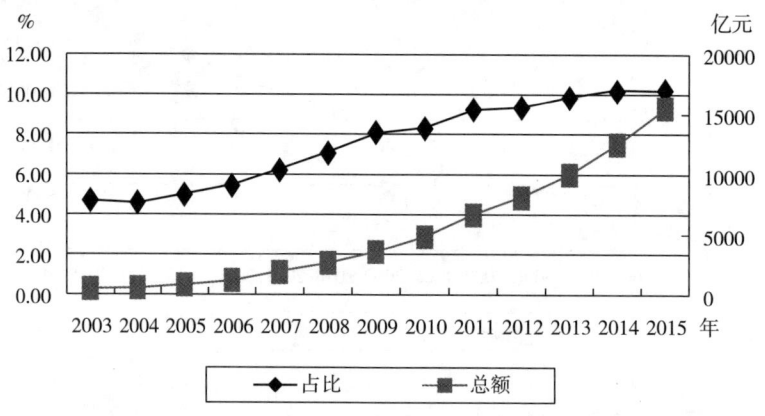

资料来源：银监会2015年报。

图4-4　2003~2015年城商行权益总额与其在全部银行业金融机构中的占比

从单个城商行规模看，截至2015年底，35家城商行资产总额超过城商行平均资产总额。其中，资产总额超过2000亿元的31家，超过5000亿元的9家，超过10000亿元的仍然是北京银行、上海银行和江苏银行3家。同期，34家城商行负债总额超过城商行平均负债总额。其中，负债总额超过2000亿元的25家，超过5000亿元的9家，超过10000亿元的也是北京银行、上海银行和江苏银行3家。

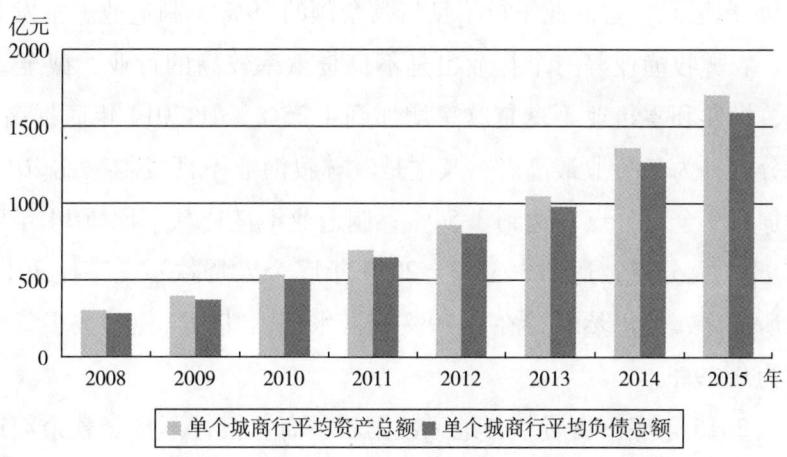

资料来源：银监会 2015 年报。

图 4-5　2008~2015 年单个城商行平均资产总额及平均负债总额

（二）资产质量

不良贷款"双升"是近期国内银行业最受关注，也是最令人担心的问题。银监会采取了多种措施，引导和促进商业银行加强风险管控、化解金融风险。2016 年全国银行业监督管理工作会议指出，要开展不良资产证券化和不良资产收益权转让试点，逐步增强地方资产管理公司处置不良资产的功效和能力。当前，我国经济增速从高速向中高速的调整基本完成，工业品价格下降、实体企业盈利下降、财政收入增速下降等矛盾和问题将进一步凸显，结构性改革和发展方式转变将会带来很多结构性机会，但将会对产能过剩行业、杠杆率过高的领域带来较大的经营压力，银行业面临的信用风险、利率风险可能会进一步上升。不良贷款余额和不良贷款率的"双升"势头很难在近期内止步。

从 2015 年底不良贷款分行业数据看，全部商业银行不良贷款主要集中在制造业、批发和零售业、农林牧渔业以及个人贷款。根据银监会 2015 年报，截至 2015 年底，制造业、批发和零售业不良贷款余额达到8295.9亿元，占商业银行不良贷款余额的59%。制造业、批发和零售业、农林牧渔业等三个行业也是不良贷款率较高的行业。截至2015年底，批发和零售业不良贷款率增加到4.25%，比2014年底提高1.2个百分点，为各行业最高者；其次是农林牧渔业不良贷款率比2014年底增加0.9个百分点，达到3.54%；制造业不良贷款率比2014年底增加0.93个百分点，达到3.35%。2015年底个人贷款不良率比2014年底有所提高，但仍然保持在0.79%较低水平，其中，住房按揭贷款不良率为0.39%。

从2015年底不良贷款分地区数据看，商业银行不良贷款余额地域分布仍是东部地区最多、西部地区次之、中部地区最少。西部地区和中部地区的次序与2014年底有所变化。不良贷款率方面，西部地区最高、中部地区次之、东部地区最低，依次是1.87%、1.75%和1.68%。

2015年底城商行不良贷款余额和不良贷款率比2014年底"双升"，但形势好于商业银行平均水平。截至2015年底，城商行不良贷款率1.40%，低于商业银行平均水平1.67%，高于2014年底0.24个百分点；不良贷款余额1213亿元，比2014年底新增358亿元。另一个值得注意的是，2015年底城商行不良贷款率和不良贷款率余额均比2015年第三季度末略有下降，分别下降了0.04个百分点和2亿元。

在2014年城商行竞争力评价报告中，我们指出，自2010年以来商业银行不良贷款率走势形成了一条"微笑曲线"。商业银行不良贷款率在2015年第二季度末超过了2010年第一季度末的水平，随着商业银行不良贷款率进一步增加，2010年以来季度数据形成这条"微笑曲线"也将会变得扭曲，或称为"扭曲的微笑曲线"。城商行不良贷款率在2015年第一季度末超过了2010年第一季度末的水平。在2015年第三季度以前，城商行不良贷款率走势与全部商业银行不良贷款率的走势基本保持一致，但二者的差异和分化在2015年第四季度出现了，商业银行不良贷款率持续上升，但2015年底城商行不良贷款率比2015

年第三季度末略有下降（见图4-6、图4-7）。截至2016年第一季度末，城商行不良贷款率低于商业银行不良贷款率0.29个百分点，差异比2015年底扩大了0.02个百分点。

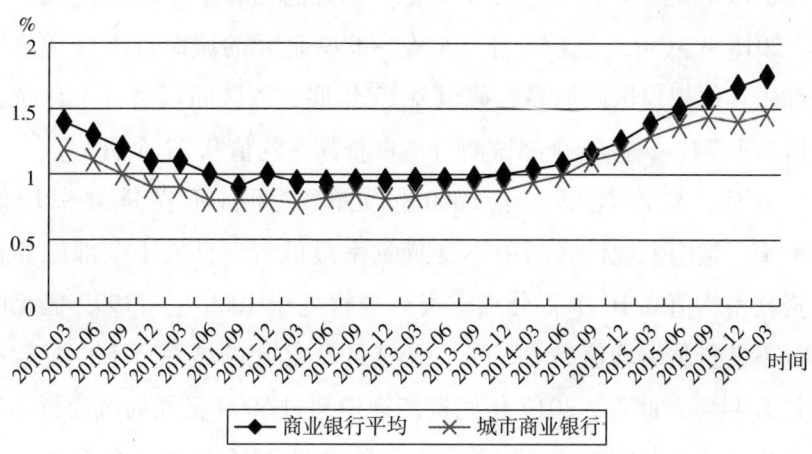

资料来源：银监会2015年报。

图4-6　2010~2016年第一季度商业银行及城商行不良贷款率

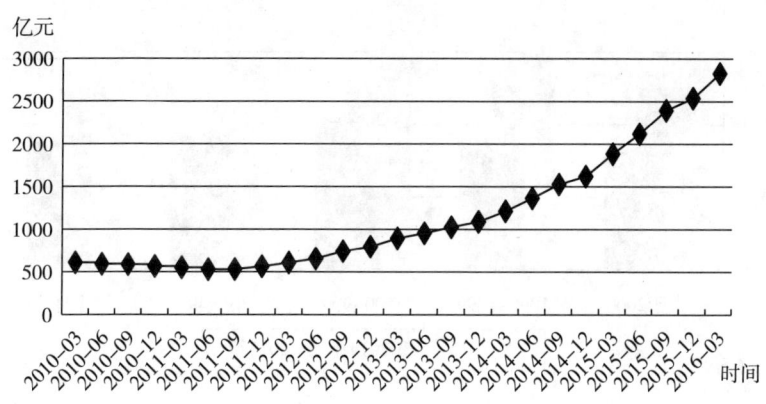

资料来源：银监会2015年报。

图4-7　2010~2016年第一季度城商行不良贷款总额

从不同规模区间城商行不良贷款率看,近三年,不同规模区间城商行不良贷款率均值都在持续增加(见图4-8)。我们以2015年底城商行资产总额为标准,将城商行分为四个规模区间,分别是大于2000亿元、1000亿~1999亿元、500亿~999亿元和小于499亿元。近三年,2015年底资产规模处于500亿~999亿元的城商行不良贷款率均值都比其他规模区间的高,截至2015年底,该区间城商行不良贷款率均值为1.74%,高于全部城商行不良贷款率均值0.22个百分点。截至2015年底,资产规模大于2000亿元的城商行不良贷款率均值为1.36%,是四个规模区间中不良贷款率最低者,且低于全部城商行不良贷款率均值0.16个百分点。资产规模处于1000亿~1999亿元的城商行不良贷款率均值是1.53%,小于499亿元的城商行不良贷款率均值是1.44%。此外,2015年底资产规模超过5000亿元的城商行不良贷款率均值为1.07%,全部13家上市城商行2015年底不良贷款率均值为1.09%,远低于全部城商行不良贷款率均值1.52%。

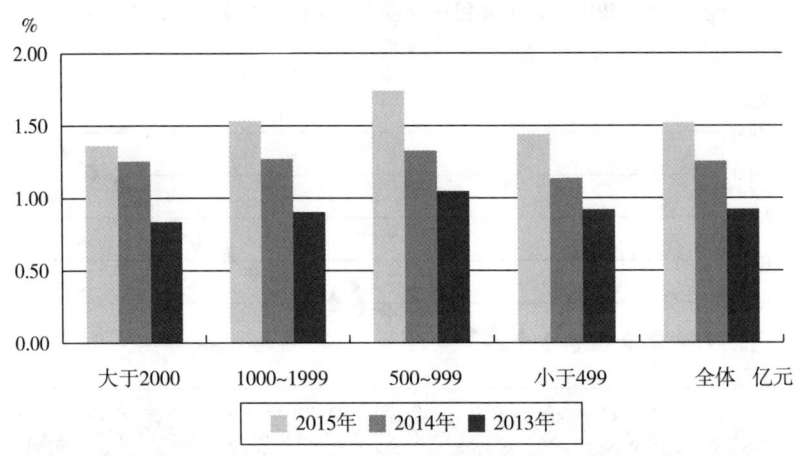

资料来源:《银行家》数据库。

图4-8 2013~2015年不同规模区间城商行不良贷款率均值

(三) 抵偿能力

一般来讲,商业银行根据其预期损失计提贷款损失准备金,用于防范可预期的损失侵蚀资本金。贷款损失准备金的充足性以拨备覆盖率和拨贷比(即贷款拨备率)两个指标来描述。根据国内银行业监管要求,商业银行拨备覆盖率不得低于150%,贷款拨备率不得低于2.5%。

从数据看,近两年来商业银行拨贷比总体上持续增加,但拨备覆盖率持续下降(见图4-9)。随着不良贷款总额持续增加,商业银行不断增加贷款损失准备金。商业银行不良贷款总额在2015年第二季度末超过1万亿元,截至2015年末达到1.27万亿元,比2014年末净增加4318亿元。一方面,拨备增长速度不及不良贷款总额增长速度,导致拨备覆盖率有所下降,从2014年第一季度末的273.66%下降到2016年第一季度末的175.03%。另一方面,拨备增长速度大于贷款总额增长速度,导致拨贷比持续提升,从2014年第一季度末的2.84%下降到

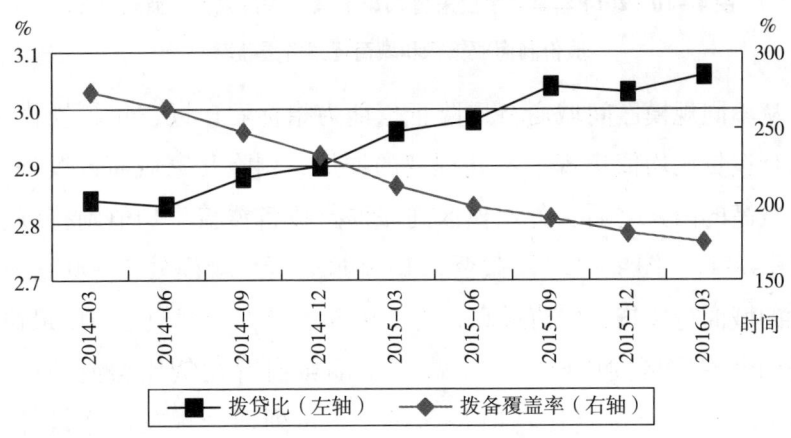

资料来源:银监会统计信息。

图4-9 2014年第一季度末到2016年第一季度末商业银行拨贷比与拨备覆盖率

2016年第一季度末的3.06%。同期，大型商业银行、股份制商业银行和城商行的拨备覆盖率均持续下降，但城商行拨备覆盖率降幅最小（见图4－10）。截至2016年第一季度末，城商行拨备覆盖率为217.80%，高于股份制商业银行的179.14%和大型商业银行的162.62%。

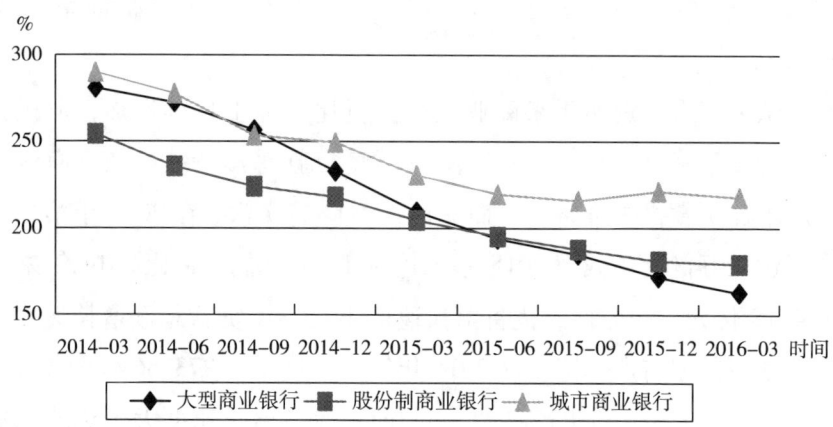

资料来源：银监会统计信息。

图4－10　2014年第一季度末到2016年第一季度末大型商业银行、股份制商业银行和城商行拨备覆盖率

从不同规模区间城商行风险抵偿能力指标看，近三年各规模区间城商行拨贷比均值出现了不同程度的增加，剔除几家城商行拨备覆盖率异常高的因素之后，各规模区间城商行拨备覆盖率均值则持续下降（见图4－11、图4－12）。截至2015年底，资产规模处于500亿～999亿元的城商行拨贷比均值最高，为4.94%，是四个规模区间中最高的，也是四个规模区间中唯一一个高于全部城商行拨贷比均值的；大于2000亿元城商行拨贷比均值是3.00%，位列四个规模区间最低。此外，2015年底资产规模大于5000亿元的城商行拨贷比均值是2.77%，13家上市城商行拨贷比均值是2.87%。同期，资产规模处于500亿～999亿元的城商行拨备覆盖率均值是218%，为四个规模区间中最低，资产规模处于1000亿~1999亿元的城商行拨备覆盖率均值是234%，资产规模小于499亿元的城商行拨备覆盖率均值是277%，资产规模大于2000亿元的城商行拨备覆盖率均值是249%。此外，2015年底资产规模大于5000亿元的城商行拨备覆盖率均值是286%，13家上市城商行拨备覆盖率均值是282%。

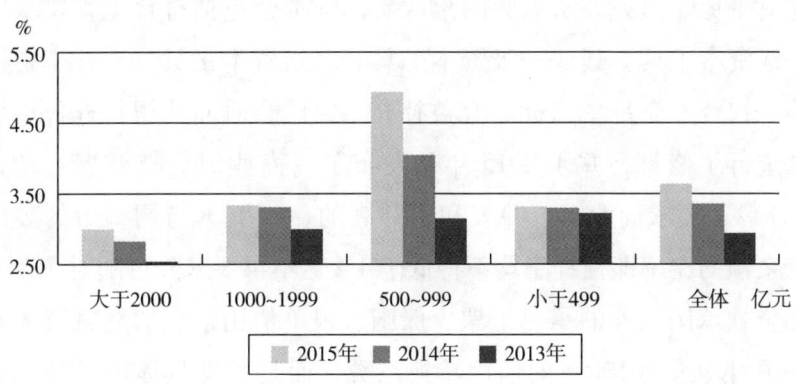

资料来源：《银行家》数据库。

图4－11 2013~2015年不同规模区间城商行拨贷比均值

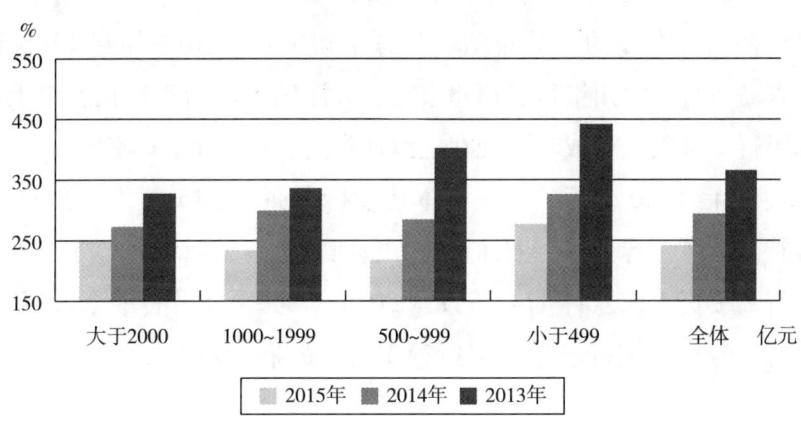

资料来源：《银行家》数据库。

图4－12 2013~2015年不同规模区间城商行拨备覆盖率均值

(四) 资本充足性

资本金是商业银行建立信誉的基础，是商业银行业务发展的支撑，是商业银行吸收损失的最后一道防线。当非预期的损失发生时，银行需要动用资本金来吸收，这可以在一定限度内保障存款人、消费者、交易对手免受损失。从监管的角度看，资本金包括符合监管要求的核心一级资本工具、其他一级资本工具和二级资本工具。杠杆率指标是风险加权资本充足率指标的有益补充。银监会对商业银行杠杆率管理办法进行了修订，并于2015年初发布了《商业银行杠杆率管理办法（修订）》，要求商业银行并表和未并表的一级资本与调整后的表内外资产余额的比率即杠杆率均不得低于4%，不再要求除可随时无条件撤销的贷款承诺以外的承兑汇票、保函、跟单信用证、贸易融资等其他表外项目均采用100%的信用转换系数，而是根据具体项目分别采用10%、20%、50%和100%的信用转换系数，自2015年4月1日起施行。

公开上市、发行二级资本债、增资扩股、利润留存是2015年以来城商行补充资本金的主要渠道。公开上市方面，2015年到2016年8月，青岛银行、锦州银行、郑州银行、天津银行成功实现在香港上市，江苏银行、贵阳银行成功实现在上海证券交易所上市，6家城商行募集资本金合计约340亿元。二级资本债发行方面，2015年北京银行、宁波银行、上海银行、华融湘江银行、包商银行、微商银行等37家城商行发行二级资本债合计1144亿元，2016年1—8月另有南京银行、重庆银行、哈尔滨银行、兰州银行等17家城商行发行二级资本债合计523亿元。

从近两年数据看，城商行资本充足率水平一直低于商业银行平均水平（见图3-13）。2015年内，城商行资本充足持续上升，截至2015年底达到12.59%，为近两年来的新高，低于商业银行平均水平0.86

个百分点，低于大型商业银行 1.91 个百分点，高于股份制商业银行 0.99 个百分点。2016 年第一季度，城商行资本充足率比年初下降 0.24 个百分点。

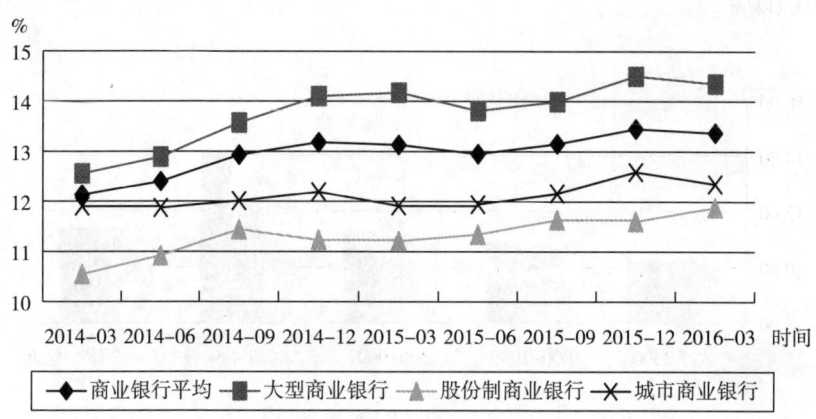

资料来源：银监会统计信息。

图 4-13　2014 年第一季度到 2016 年第一季度各类商业银行资本充足率

从不同规模区间城商行数据看，近三年较小规模区间城商行核心一级资本充足率均值和一级资本充足率均值高于较大规模区间城商行（见图 4-14、图 4-15）。截至 2015 年底，全部城商行核心一级资本充足率均值是 11.07%，资产规模小于 499 亿元的城商行核心一级资本充足率均值为 13.12%，是四个规模区间中唯一一个高于全部城商行的；资产规模处于 500 亿~999 亿元、处于 1000 亿~1999 亿元和大于 2000 亿元三个规模区间城商行核心一级资本充足率均值分别是 10.90%、10.54% 和 10.30%。此外，2015 年底资产规模大于 5000 亿元的城商行核心一级资本充足率均值是 9.34%，13 家上市城商行核心一级资本充足率均值是 9.85%。同期，全部城商行一级资本充足率均值是 11.10%，资产规模小于 499 亿元的城商行一级资本充足率均值为 13.12%，是四个规模区间中唯一一个高于全部城商行的；资产规模处于 500 亿~999 亿元、处于 1000 亿~1999 亿元和大于 2000 亿元三个规模区间城商行一级资本充足率均值分别是 10.93%、10.54% 和 10.38%。此外，2015 年底资产规模大于 5000 亿元的城商行一级资本充足率均值是 9.61%，13 家上市城商行一级资本充足率均值是 10.04%。

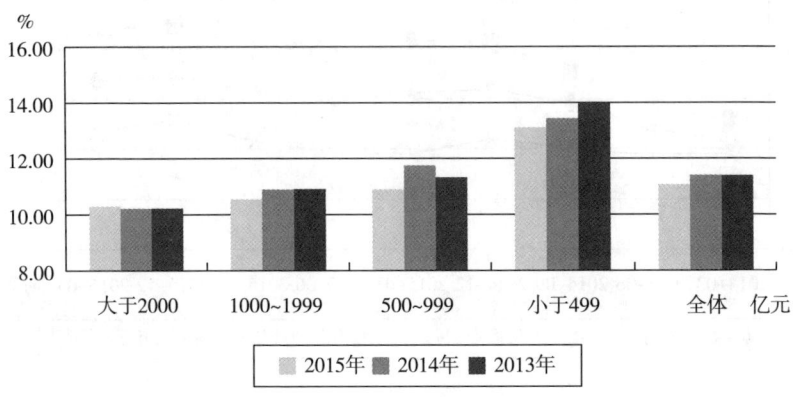

资料来源：《银行家》数据库。

图 4-14　2013~2015 年不同规模区间城商行核心一级资本充足率

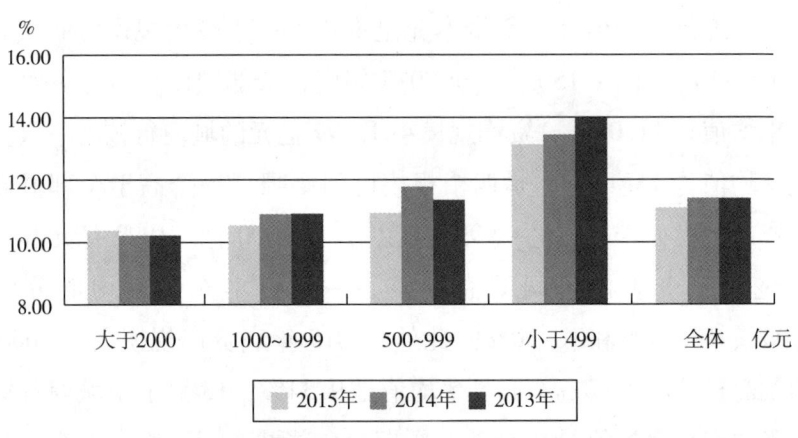

资料来源：《银行家》数据库。

图 4-15　2013~2015 年不同规模区间城商行一级资本充足率

2013 年底和 2014 年底，较小规模区间城商行资本充足率均值高于较大规模区间城商行,但2015年底资产规模大于2000亿元的城商行不良贷款率均值比2014年底出现了明显提升,高于2014年底0.65个百分点,且高于同期资产规模处于1000亿~1999亿元的城商行(见图4-16)。这与2015年二级资本债的发行密切相关。截至2015年底,全部城商行资本充足率均值是12.99%,资产规模小于499亿元的城商行一级资本充足率均值为14.28,是四个规模区间中唯一一个高于全部城商行的;资产规模处于500亿~999亿元、处于1000亿~1999亿元和大于2000亿元三个规模区间城商行一级资本充足率均值分别是12.82%、12.58%和12.65%。此外,2015年底资产规模大于5000亿元的城商行资本充足率均值是12.57%,13家上市城商行资本充足率均值是12.56%。

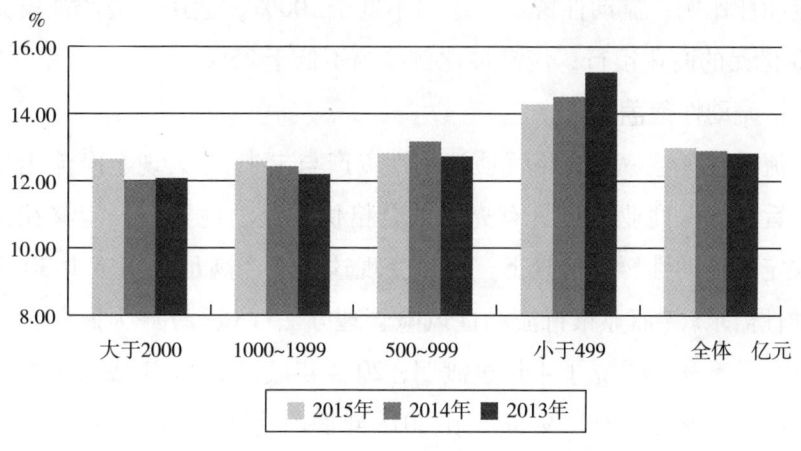

资料来源:《银行家》数据库。

图4-16 2013~2015年不同规模区间城商行资本充足率

(五)流动性状况

商业银行的流动性与偿付能力往往相互交织。为履行支付义务而打折出售资产会给商业银行带来损失,严重者会导致资不抵债,而对偿付能力的担心往往会导致流动性困境或引发挤兑。随着商业银行资产负债结构的变化和资金来源稳定性的下降，流动性风险管理面对着新的挑战。从危机过程看，由于金融机构之间相互联系越来越密切，个别银行的流动性问题越来越容易引发整个银行体系的流动性紧张。巴塞尔委员会在新一轮国际金融监管改革中，将全球统一的流动性风险定量监管纳入了新的监管框架。国内银行业流动性风险监管持续完善和规范。2015年8月29日第十二届全国人民代表大会常务委员会第十六次会议通过了关于修改商业银行法的决定，取消了75%存贷比例上限。同时，银监会根据修改之后的商业银行法对2014年3月起实施的流动性风险管理办法进行了修改，并于2015年9月2日公布了修改后的《商业银行流动性风险管理办法（试行）》，保留了流动性覆盖率和流动性比例：流动性覆盖率应当不低于100%，适用于资产规模大于2000亿元的商业银行；流动性比例应当不低于25%。

1. 流动性覆盖率

流动性覆盖率是合格优质流动性资产与未来30天现金净流出量之比，旨在确保商业银行具有充足的合格优质流动性资产，能够在银监会规定的流动性压力情景下，通过变现这些资产满足未来至少30天的流动性需求。《商业银行流动性风险管理办法（试行）》为商业银行流动性覆盖率达标设立了4年过渡期，2014年底到2017年底前依次应达到60%、70%、80%、90%，在2018年底前达到100%。在过渡期内，鼓励有条件的商业银行提前达标；对于流动性覆盖率已达到100%的银行，鼓励其流动性覆盖率继续保持在100%之上。16家资产规模大于2000亿元的城商行在其2015年报中披露了流动性覆盖率指标，均满足监管要求。除了北京银行之外，其他15家城商行的流动性覆盖率都在100%以上，16家城商行流动性覆盖率均值是190.4%。

2. 流动性比例

流动性比例是流动性资产与流动性负债之比，衡量商业银行的短期偿债能力。近几年,我国银行业金融机构和商业银行的整体流动性比例一直保持在较高水平(见图4-17)。截至2015年底,银行业金融机构流动性比例为49.3%,创2009年以来新高;全部商业银行流动性比率为48%%,连续第三年上升,比2014年底提高1.6个百分点,创2007年以来新高。

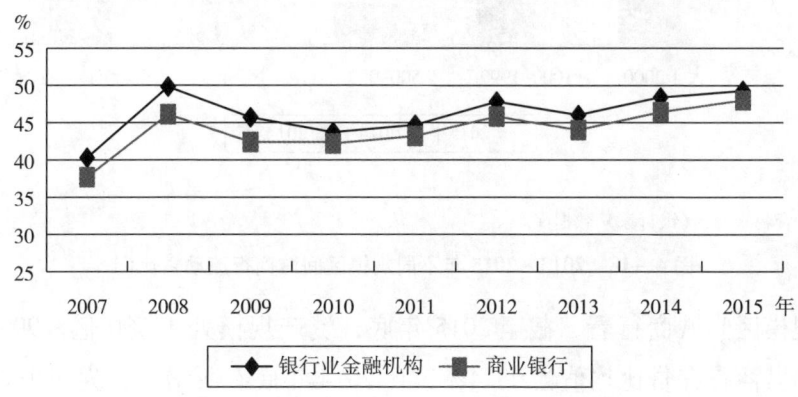

资料来源:银监会2015年报。

图4-17 2007~2015年银行业金融机构和商业银行流动性比例

城商行流动性比例保持在较高水平。截至2015年底,城商行流动性比例均值达到56.4%,连续三年增加(见图4-18)。资产规模大于2000亿元、处于1000亿~1999亿元、处于500亿~999亿元的城商行2015年底流动性比例均值分别是56.4%、57.2%和57%,均是连续三年增加。截至2015年底,资产规模小于499亿元的城商行流动性比例均值为54.6%,比2014年底出现了较大幅度的下降,也是四个规模区间中最低者。此外,2015年底资产规模大于5000亿元的城商行流动性比例均值是49.2%,13家上市城商行流动性比例均值是52.3%。

3. 存贷比例

整体上看,城商行存贷比保持在较低水平。截至2015年底,城商行存贷比均值为59.9%,比2014年底略有增加(见图4-19)。从不

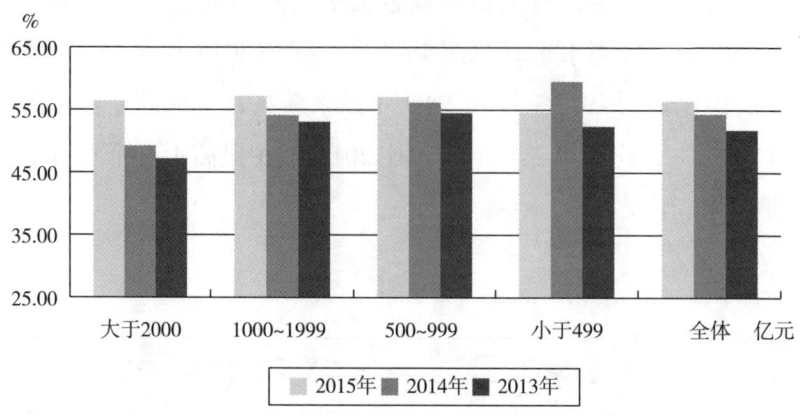

资料来源：《银行家》数据库。

图 4-18　2013~2015 年不同规模区间城商行流动性比例

同规模区间城商行看，截至 2015 年底，资产规模处于 500 亿~999 亿元的城商行存贷比均值为 63.4%，比 2014 年底有所增加，为四个规模区间中最高者；资产规模大于 2000 亿、小于 499 亿元的城商行的存贷比均值分别是 57.6% 和 60.0%，均比 2014 年底有所增加；资产规模处于 1000 亿~1999 亿元的城商行存贷比均值为 59.0%，比 2104 年底

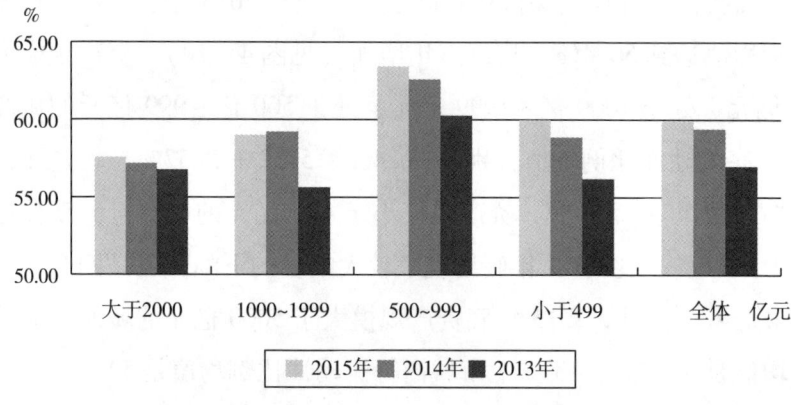

资料来源：《银行家》数据库。

图 4-19　2013~2015 年不同规模区间城商行存贷比均值

略有下降。此外，2015年底资产规模大于5000亿元的城商行存贷比均值是62.61%，13家上市城商行存贷比均值是58.1%。

4. 负债存款比

负债存款比是存款在负债总额中占比。负债存款比长期下降是金融脱媒过程中的一个重要现象。近几年，受监管引导、金融脱媒和互联网金融发展等因素的共同影响，存款在国内银行业金融机构负债中的占比也有所下降，从2005年底的83.8%一度降低到2014年底的73.3%，2015年有所反弹，比2014年底增加2.6个百分点（见图4-20）。

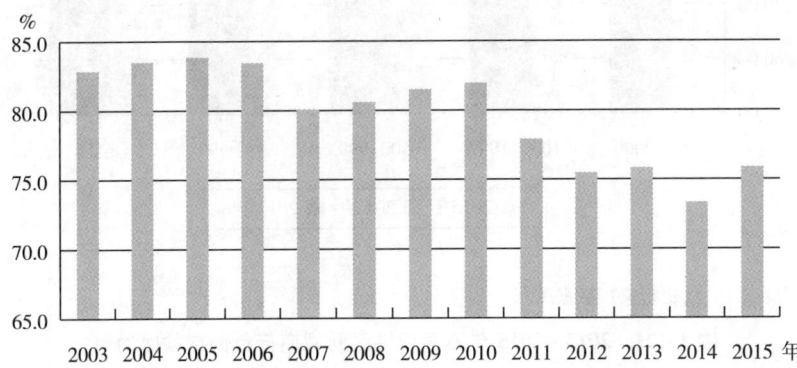

资料来源：银监会2015年报。

图4-20 2003~2015年银行业金融机构负债存款比

近三年城商行负债存款比出现较大幅度的下降。从数据看，全部城商行负债存款比均值从2013年底的80%下降到了2015年底的73%，减少了7个百分点（见图4-21）。近三年，四个规模区间城商行负债存款比均值也呈持续下降态势，降幅最大的是资产规模处于500亿~999亿元的城商行，减少了将近14个百分点（见图4-21）。从横向比较看，较小资产规模区间的城商行负债存款均值比较高。截至2015年底，资产规模小于500亿元的城商行负债存款比均值为82%，高于全部城商行负债存款比均值近10个百分点，资产规模大于2000亿元的城商行负债存款比均值为68%，属于四个规模区间中最低者（见图4-21）。此外，2015年资产规模大于5000亿元的城商行负债存款比均值是61%，13家上市城商行负债存款比均值是64.3%。数据表明，存款在城商行融资来源中的地位在持续下降，随着单个城商行规模不断扩张，存款在其融资来源中的地位也将持续下降。

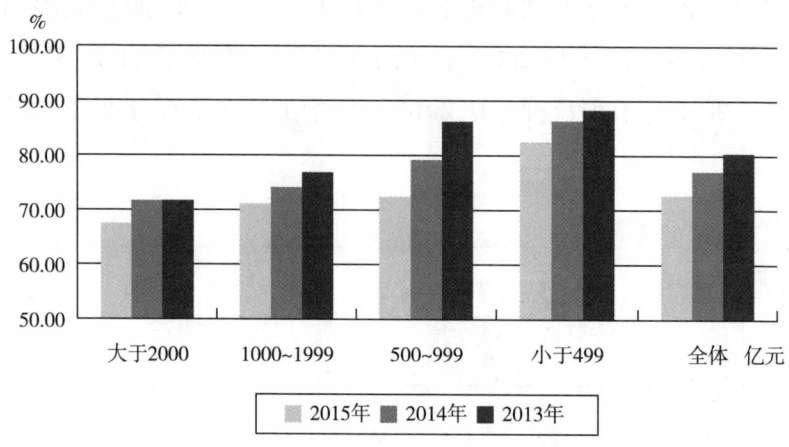

资料来源：《银行家》数据库。

图4-21 2013~2015年不同规模区间城商行负债存款比均值

（六）盈利状况

2015年城商行盈利水平继续增长，增速高于商业银行平均水平，但受拨备计提增加、利差收窄、"营改增"等因素影响，盈利水平增速进一步放缓；盈利能力进一步下降，且仍低于商业银行平均水平。

1. 盈利水平

2015年城商行税后利润总额进一步提升，但增速延续了2010年以来的持续下降态势。2015年，商业银行实现税后利润1.6万亿元，同比增长2.4%；城商行实现税后利润1993.6亿元，比2014年增长7.2%，增速比2014年下降6.1个百分点，高于商业银行税后利润增速

4.8个百分点。城商行税后利润在全部银行业金融机构税后利润中的占比首次突破10%，达到10.1%，比2014年占比提升了0.5个百分点。

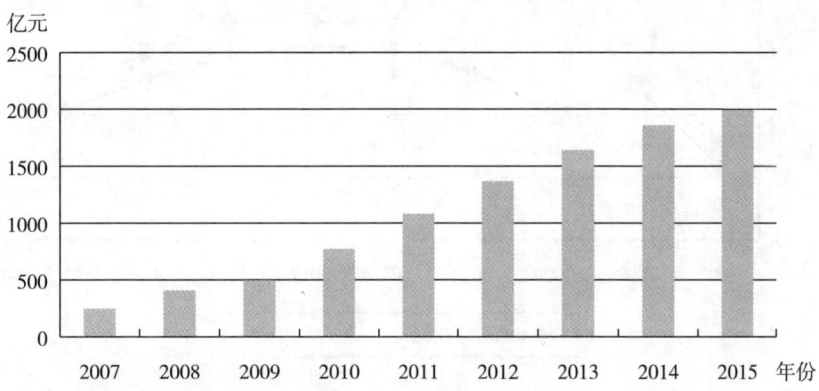

资料来源：银监会2015年报。

图4-22　2007~2015年城商行税后利润

2. 盈利能力

盈利能力以资产利润率和资本利润率两个指标描述。受发展速度放缓、风险暴露增多、利率市场化、"营改增"等因素影响，2015年银行业盈利能力继续下降，资产利润率连续第二年下降，资本利润率连续第四年下降（见图4-23、图4-24）。2015年，商业银行资本利润率14.98%，比年初下降2.61个百分点；资产利润率1.1%，比年初下降0.13个百分点。

近几年城商行盈利能力也表现出持续下降态势，且城商行资产利润率和资本利润率低于商业银行平均水平（见图4-23、图4-24）。2015年，城商行资产利润率1.0%，比2014年下降0.1个百分点，低于商业银行平均水平0.1个百分点；资本利润率14.3%，比2014年下降2.3个百分点，低于商业银行平均水平0.7个百分点。近三年，城商行资产利润率均值和资本利润率均值同样表现持续下降态势（见图4-25、图4-26）。

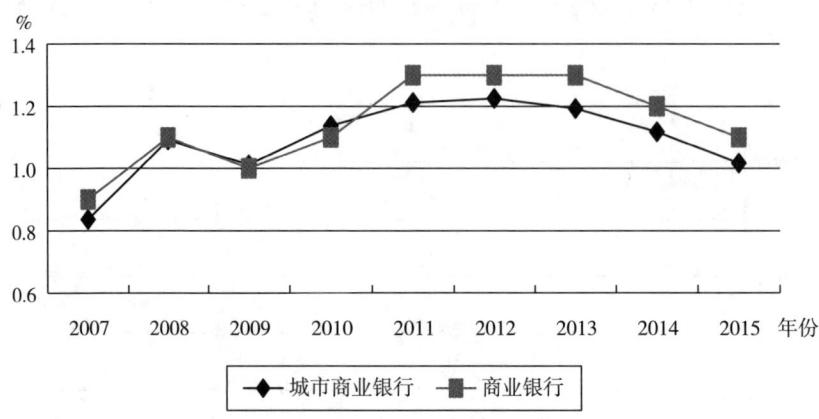

注：城商行资产利润率为税后利润与平均资产总额之比。

资料来源：银监会2015年报。

图4-23　2007~2015年商业银行和城商行资产利润率

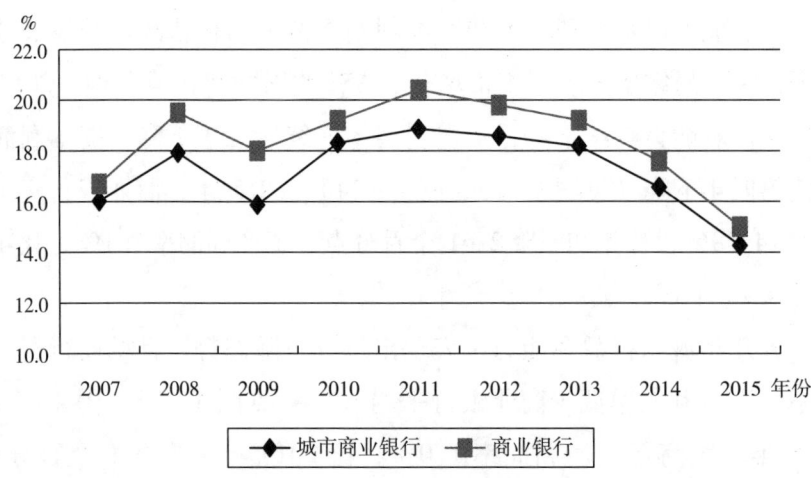

注：城商行资本利润率为税后利润与平均所有者权益总额之比。

资料来源：银监会2015年报。

图4-24　2007~2015年商业银行和城商行资本利润率

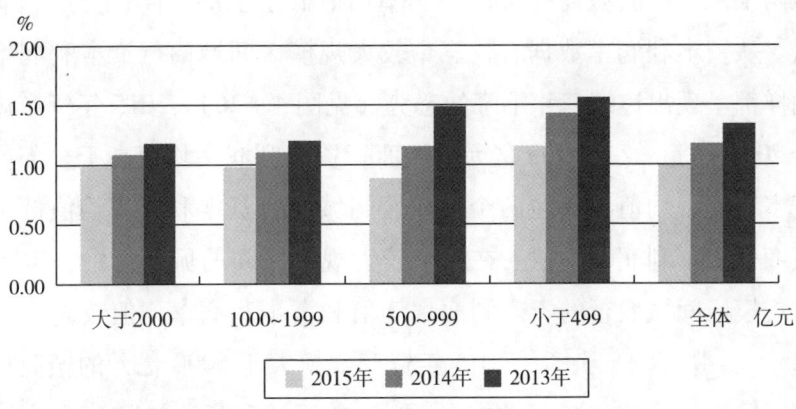

资料来源:《银行家》数据库。

图 4-25 2013~2015 年不同规模区间城商行资产利润率均值

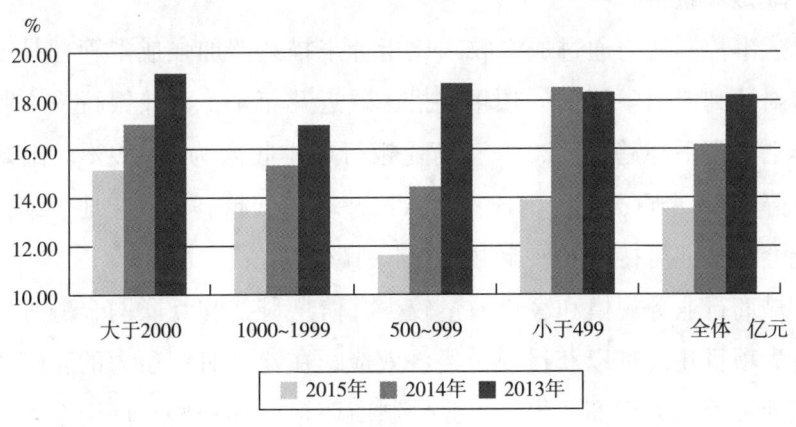

资料来源:《银行家》数据库。

图 4-26 2013~2015 年不同规模区间城商行资本利润率均值

不同规模区间城商行盈利能力均有所下降。从资产利润率数据看,四个规模区间城商行资产利润率均值均呈现连续三年下降,降幅最大的是资产规模处于 500 亿~999 亿元的城商行(见图 4-25)。2015 年资产规模小于 499 亿元的城商行资产利润率均值为 1.15%,是四个规模区间中最高者,高于全部城商行资产利润率均值,资产规模大于 2000 亿元的城商行资产利润率均值与全部城商行资产利润率均值持平,其他两个规模区间城商行资产利润率均值低于全部城商行资产利润率均值。从资本利润率数据看，三个较大规模区间城商行资本利润率均值同样都呈现出连续三年下降的态势（见图4-26）。2015年资产规模大于2000亿元、小于499亿元的城商行资本利润率均值高于全部城商行资本利润率均值，其他两个规模区间城商行资本利润率均值低于全部城商行资本利润率均值。在三个较大规模区间的城商行中，2015年较大规模区间城商行的资产利润率均值和资本利润率均值较高（见图4-25、图4-26）。此外，2015年资产规模大于5000亿元的城商行资产利润率均值为0.96%，资本利润率均值为15.55%，13家上市城商行资产利润率均值是1.14%，资本利润率均值是17.79%。

3. 成本控制

成本控制能力通过成本收入比指标来描述。加强成本管理是银行业应对盈利能力下降的一项重要措施。近几年来，商业银行成本收入整体上呈现下降趋势，2015年商业银行成本收入为30.59%，比2014年下降1.03个百分点。但成本收入比并非越低越好，一味地压缩开支可能会对长期可持续发展能力带来不利影响。

城商行业务规模和客户数量较少，信息科技和互联网金融等领域的重大项目建设难以获得规模经济效应，在建立有竞争力的薪酬体系方面面临着比大型商业银行、股份制商业银行和一些互联网金融企业更大的压力，新业务创新、新资质的申请和营销也需要较大开支。在困难时期，确实需要"勒紧腰带过日子"，但还需要为形势好转时长远发展做准备。

规模较小的城商行成本管理的压力较大。从整体上看，2015年城商行成本收入比均值比2014年有所上升。从不同规模区间来看，近三年来资产规模大于2000亿元的城商行成本收入比都是四个规模区间中最低者，2015年该区间城商行成本收入比均值为30%。2015年资产规模处于1000亿~1999亿元的城商行成本收入比均值比2014年有所下降,资产规模处于 500 亿~999 亿元、小于 499 亿元的城商行成本收入比均值比 2014 年均有所上升,且这三个规模区间城商行 2015 年成本收入比均值都高于全部城商行同期水平。此外,2015 年资产规模大于 5000 亿元的城商行成本收入比均值是 27%,13 家上市城商行成本收入比均值也是 27%。

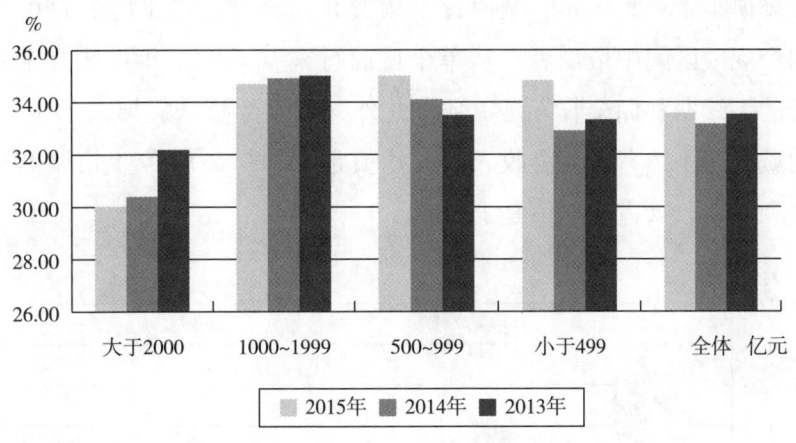

资料来源:《银行家》数据库。

图 4-27　2013~2015 年不同规模区间城商行成本收入比均值

(七) 收入结构

城商行在收入多元化方面进行了很多的努力,但非利息收入特别是手续费和佣金收入占比较低的状况并未得到根本改善。据不完全统计,2015 年至少 82 家城商行利息净收入占营业收入之比超过 70%,至少 63 家超过 80%,至少 24 家超过 90%。部分城商行显示出较低的利息净收入占比,除了收入结构特征外,会计处理也是一个重要原因,例如,将可交易性金融资产、持有到期投资、可供出售金融资产的利息收入计入利润表"投资收益"科目,而不计入"利息收入"科目。

城商行手续费和佣金收入占比较低,且较小规模区间的城商行手续费和佣金收入占比较低。从整体上看，2015年全部城商行及各个规模区间城商行的手续费和佣金收入占比均值都比2014年出现一定提升（见图4-28）。从横向比较看，较大规模区间的城商行手续费和佣金收入占比均值较高（见图4-28）。2015年资产规模大于2000亿元的城商行手续费和佣金收入占比均值为10.0%，为四个规模区间最高者，资产规模小于499亿元的城商行手续费和佣金收入占比均值为0.7%，为四个规模区间中最低者。从单个城商行来看，2015年仍然有个别城商行的手续费和佣金收入是负数。此外，2015年资产规模大于5000亿元的城商行手续费和佣金收入占比均值是13.1%，13家上市城商行手续费和佣金收入占比均值是12.6%。

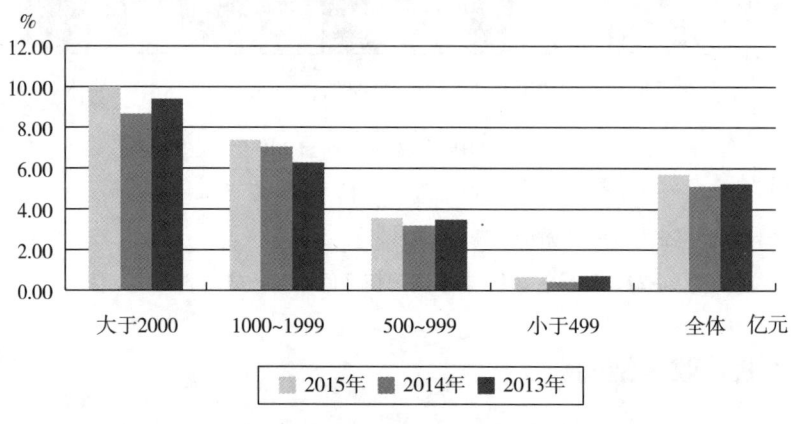

资料来源：《银行家》数据库。

图4-28　2013~2015年不同规模区间城商行手续费和佣金收入占比均值

二、新常态下改革发展热点

国内经济金融新常态对银行业的影响日益凸显出来，银行业发展增速放缓、盈利能力下降、风险暴露增多。城商行需要进一步加强对经济金融新常态的认识和把握,提升应对复杂经济金融形势和行业竞争的能力,保持自己的战略定力,扎实做好创新转型工作,在深入推进改革发展的基础上打造自己的特色和优势。

(一) 存款利率市场化与主动负债管理

价格机制是市场运行机制的核心和基础。合理的价格作为一种信号,引导企业和居民作出投资和消费决策,促进资源优化配置,从而促进生产与消费结构优化调整,促进技术进步、产业升级和发展方式转变。不合理的价格体系会导致巨大的环境成本和资源浪费,包括产能过剩、杠杆过高等。

利率是资金的价格,利率市场化改革是我国全面深化改革的重要内容,是更好地发挥市场在优化资源配置中的决定性作用的必然选择。1984年《中共中央关于经济体制改革的决定》中就曾明确指出,"价格是最有效的调节手段,合理的价格是保证国民经济活而不乱的重要条件,价格体系的改革是整个经济体制改革成败的关键。"自1996年起,我国利率市场化改革坚持渐进式改革的策略,基本遵循"先外币、后本币;先贷款、后存款;先长期、后短期;先大额、后小额"的原则和步骤有序推进。

存款利率市场化是放开利率管制最关键的一步和最后的一步。2015年,人民银行连续5次下调存贷款基准利率并于10月24日取消存款利率上限。存款利率上限的取消标志着我国的利率管制基本放开,改革迈出关键一步,银行业存款竞争和负债管理进入新阶段。在此之前,贷款利率管制已于2013年7月放开。

选择在2015年10月取消存款利率上限是出于多方面因素的综合考量。一是金融创新整体上弱化了存款利率管制的效果。近几年,金融创新日趋活跃,特别是金融服务与信息科技和互联网的融合,催生出了一大批理财产品,整个社会的金融知识和理财意识也得到了进一步提升。资本市场繁荣发展，基金产品成为资产配置的重要构成。新的客户特征、理财产品以及资本市场发展，降低了存款稳定性，对存款构成了巨大的分流压力。银行理财业务特别是保本型理财业务快速发展，从实质上实现了存款利率的部分市场化。二是存款利率浮动区间逐步扩大，取消上限只是临门一脚。在 2015 年 10 月取消存款利率上限管制之前，金融机构的资产方已完全实现市场化定价，负债方的市场化定价程度也已达到 90% 以上，人民银行仅对活期存款和一年以内（含一年）定期存款利率保留基准利率 1.5 倍的上限管理。三是金融机构的自主定价能力逐步增强。金融业对取消存款利率上限管制已经有了稳定的预期，并做了大量的准备工作。在多次提高存款利率上浮区间的过程中，金融机构存款定价行为总体较为理性，已形成分层有序、差异化竞争的存款定价格局。四是监管部门做了大量准备工作。存款保险制度自 2015 年 5 月 1 日起正式实施，人民银行于 2015 年 6 月 2 日公布了《大额存单管理暂行办法》，同业存单已于 2013 年 12 月推出，同业存单和大额存单发行交易有序推进，市场利率定价自律机制不断健全，为放开存款利率上限奠定了坚实基础。五是国内外经济环境为放开存款利率管制提供了较好的时机。我国价格水平低位运行，政策利率逐步下调，市场利率呈下行走势，为放开存款利率上限提供了较好的外部环境和时间窗口。存款利率不至于在放松管制之后大幅上升。

放开存款利率管制的收益是多方面的。商业银行获得了存款类产品的定价权，可以按照自身发展战略和市场规律加强存款类产品和服务创新，提升金融服务水平，更好地满足客户需求。资金成本的上升可以倒逼商业银行加强主动负债管理，转变经营模式，促进银行业走上更加健康的、更加有活力的发展道路，促进银行长期稳健发展。从整个社会来看，存款利率市场化可以促进富余资金更加优化地配置，提高资金利用效率，充分释放市场活力，对于稳增长、调结构、惠民生具有重要意义。

银行业对于利率市场化存在一些基础并不牢靠的担心。担心之一是，存贷款利差将收窄，在存贷款利差受保护的时代长期形成的经营模式不再适应新时期的发展需要，商业银行盈利能力将遭受重大的冲击。从其他国家和地区的经验看，在利率管制放开之后的一段时期，存贷款利差走势表现不一，并不一定会缩小，甚至还可能会扩大。需要说明的是，利率变化是多方面因素作用的结果，存贷款利率的短期走势与当时的中央银行利率政策和资金需求密切相关，长期走势与资本市场的发展和资金供给密切相关。从近三四十年银行业历史看，存贷款利差整体上是趋于收窄的，在有些国家和地区甚至降低到1个百分点上下。但很难说，存贷款利差的长期收窄是利率市场化造成的。更合理的看法是，利率市场化与存贷款利差长期收窄之间只存在时间上的先后关系，但不存在因果关系。放松管制只是给存贷款利率波动一个"宽松"的环境，它们可以"自由"地向着各自的均衡水平发展。但这一担心也并非毫无基础，从数据上看，国内银行业至少是部分商业银行的存贷利差确实收窄了。我们认为，这一担心更多是一种"转轨焦虑症"，是国内银行业在从利率管制的"常态"转向利率市场化的"新常态"的过程中必然会出现的。

需要弄清楚的是，继续保持利率管制，特别是限制存款利率上浮区间，对于银行业而言是否必然是好事儿？答案是否定的。原因是，再继续长期实施利率管制将会削弱国内银行业在整个国内金融业中的地位。从资金来源看，近几年银行存款面临的分流压力日益增大。有三个因素加快了这一进程，一是银行理财业务快速发展，二是金融脱媒，三是互联网理财。根据中央国债登记结算公司公布的数据，2015年7月银行理财产品余额突破20万亿元，2015年末存续银行理财产品60879只，余额达23.50万亿元，较上年增加56.46%。全年共有465家银行业金融机构发行了理财产品，共发行186792只，平均每月新发行产品 15566 只，累计募集资金 158.41 万亿元，平均每月募集资金 13.20 万亿元，发行产品数和募集资金额分别比 2014 年提高 3.48% 和 38.99%。全年累计兑付客户收益 8651 亿元，比 2014 年增长 21.48%。从资金运用来看，银行贷款在整个社会融资规模中的比重在持续下降。根据人民银行的统计，2015 年底本外币贷款在社会融资总量中的占比为 69.3%。金融脱媒的影响更具根本性，它同时影响商业银行的资金来源和资金运用。在金融脱媒的过程中，一部分资金流向资本市场，还有一部分资金流向了互联网融资平台，这会对银行业在整个金融体系中的地位构成冲击。从长期来看，利率管制不利于银行业维护其在整个金融业中的地位，不利于他们加强创新，转变发展模式，为客户提供更好的金融服务。

另一个担心是，利率市场化特别是取消存款利率上限，将会导致一批（如果不是一大批）中小商业银行破产倒闭。持此担心者，常常拿美国金融自由化过程中所发生的银行业危机来作为证据。实际上，美国并未管制银行贷款（除高利贷之外）利率，而逐步取消存款利率管制也是在帮助美国银行业应对金融脱媒和日益提高的市场利率，正如存款利率管制是为了保护银行业一样。1929～1933 年大萧条之后，美国银行业一直受所谓"Q 条例"的管制。但直到 20 世纪 60 年代市场利率上行，"Q 条例"的约束才真正体现出来。市场利率超过存款利率上限之后，银行存款逐步流向更高收益的货币市场工具。金融脱媒对美国银行业构成了严重冲击，美国于 1980 年 3 月颁布《存款类机构解除管制和货币控制法案》，规定 6 年内全面取消利率上限，标志着美国利率市场化正式启动。截至 1986 年 3 月底，美国利率市场化正式完成，但仍然保留了"Q 条例"对于活期存款利率管制的内容。但这一规定也在 2011 年颁布的《多德—弗兰克法案》中予以废除。1980～1994 年美国银行业危机是商业周期、石油价格波动、金融脱媒、不合理的立法和监管、地方经济等多方面因素共同作用的结果，存款利率自由化是导致银行业竞争过度和放大银行业危机的因素之一。这场危机始于1980年,直到1986年美国才实现了存款利率自由化,不能说存款利率自由化的计划一经公开就引发了美国银行业危机,更不可能把爆发于存款利率自由化之前的危机归因于存款利率自由化。在1980~1994年美国银行业危机中,共有1617家在美国联邦存款保险公司(FDIC)投保的银行倒闭,其中60%集中在加利福尼亚、堪萨斯、路易斯安那、俄克拉荷马和得克萨斯5个州,最高的得克萨斯州倒闭599家银行。此外,阿拉斯加、亚利桑那、夏威夷、路易斯安那、俄克拉荷马和得克萨斯等州倒闭银行数量超过了这些州银行数量的20%。利率自由化是银行业共同面对的一个因素,对所有商业银行是一样的,这种显著的地理特征不是利率自由化所能解释的。

对银行业而言,放开利率管制包括取消存款利率上限管制。从总体上看,既有利又有弊,利是主流、是大节,弊是末流、是小节。放开利率管制将促进国内银行业加快创新转型,激发国内银行业活力,更好地应对资本市场发展和互联网金融发展,更好地满足客户需求,更好地维护自身在国内金融业中的地位。国内商业银行盈利能力毫无疑问会受到一定冲击。实践中,近几年,国内商业银行盈利下降也是多方面因素共同作用的结果,除了存贷款利差收窄之外,还包括经济下行、风险暴露、计提拨备等。至于是否会发生一些中小商业银行倒闭事件,则还要取决于经济周期、金融条件、房地产市场波动、市场竞争等因素。对于整个银行业是好事儿,并不一定意味着对每个商业银行都是好事儿。

至于应对,国内商业银行应该针对利率市场化采取一些重要举措,包括产品服务创新、调整定价策略、主动负债管理等。更合理的说法是,国内商业银行应该针对自己所面对的外部环境采取一些重要举措,这些新的环境包括经济新常态、结构性改革、风险暴露、金融脱媒、互联网金融发展、金融创新活跃等,利率市场化也是外部环境之一。

实际上，自由的利率定价是商业银行应对外部环境变化的重要举措。每家银行需要采取什么样的具体措施，则要视该银行所面临的环境和自身实际情况来定。这方面讨论很多，此处不再赘述。

取消存款利率上限管制之后，商业银行发展进入主动负债管理新阶段。在这个新的阶段，商业银行负债管理面临着一些新的特征。一是存款保险制度正式实施。国务院早在1993年就曾提出要建立存款保险基金，21年后即2014年10月29日国务院第67次常务会议通过了我国第一部《存款保险条例》，条例自2015年5月1日起施行。条例规定了50万元的最高偿付限额，同时最高偿付限额将根据经济发展、存款结构变化、金融风险状况等因素，经国务院批准后适时调整。据统计，50万元的最高偿付限额能够为99.63%的存款人提供全额保护。这意味着，客户将资金存放在不同规模商业银行所获得的安全性是一致的，从而可以在一定程度上弥补中小商业银行在吸收存款方面的信誉不足。二是资金来源多样化。在2014年的城商行竞争力评价报告中，从数据中我们发现，近10多年来存款在银行业金融机构负债总额中的比重呈下降走势，2009年以来存款月度增速也呈下降走势，同时存款月度增幅的波动性日趋增大。主动负债工具可以用于稳定整个负债水平，并成为支持业务发展的重要资金来源。主动负债工具包括同业拆借、同业借款、卖出回购、人民银行再贷款等传统非存款负债来源，包括"支小再贷款"、小微企业专项金融债、"三农"专项金融债券、绿色金融债券等结构性非存款负债来源，还包括为配合存款利率市场化而推出的同业存款和大额存单等交易型负债来源。此外，还可以通过资产证券化、非标理财等结构化产品创新来融资。三是资金成本上升。存款保险、存款利率市场化、资金分流、市场竞争、存款人理财意识的觉醒五个因素是导致存款成本上升的重要原因。我国存款保险制度实行基准费率和风险差别费率相结合的费率制度，投保机构需要除金融机构同业存款、投保机构高级管理人员在本机构的存款以外的存款缴纳保险费。尽管人民银行多次下调存款基准利率，引导银行业有序开展负债业务，但大部分中小银行的资金成本均有小幅上升。理财产品以及近两年发行的交易型负债工具的收益率，都要高于同期限的存款产品。客户在不同收益率的产品之间进行套利，将逐步推进不同产品的收益率均等化，交易型负债工具的高收益率将逐步拉升商业银行整个负债成本。四是存款分流压力持续存在。这种分流更多体现在存款在整个社会财富配置中比重的下降。在商业银行的各种负债来源中，存款的成本整体上是较低的。从客户的角度看，他们从存款中获得的利息收益相比于其他金融产品是较少的。客户将更加多样化地配置自己的财富，存款分流是必然的。货币市场工具、股票和债券市场以及互联网理财等，在社会财富中的份额将会持续上升。

　　加强主动负债管理意味着，银行业需要积极与信息科技和互联网融合起来，积极利用货币市场、资本市场来管理自己的负债。一方面，可以加强金融与科技的融合来创新负债产品和服务。金融服务与信息科技、互联网的融合是金融业发展的一个趋势，支付、融资、理财等三大金融服务领域均已经出现了大批让人耳目一新的金融创新。银行业相继推出了电子商务平台、直销银行、手机银行、移动支付、线上供应链金融等重要金融服务，部分线下产品也在逐步向线上迁移，并借助互联网与货币市场、资本市场连接起来，互联网的应用范围也在从个人金融、小微金融等易于实现标准化、批量化和规模化的领域向其他领域延伸。另一方面，可以推进负债管理市场化。货币市场和资本市场的多样性和规模都在持续增长，商业银行需要尽可能多地利用这一趋势和机会。不仅要自己发行一些交易型的负债工具，而且要根据货币市场和资本市场发展来创造一些符合客户需求的金融产品。此外，要加强存款服务创新，从账户类型、服务方式、定价、应用场景等方面提高存款账户的吸引力。例如，存款账户具有支付的功能，可以尽可能多地拓展应用场景。类似美国银行业，商业银行可以创造一些货币市场基金账户,这一点需要得到监管认可和支持。可以创新推出一些收益率与消费者价格指数挂钩的存款产品。从以客户为中心的角度看,创新的目标是在持续提升支付服务便利性的基础上,为客户提供更高的收益。

主动负债管理需要统筹考虑资金来源的多样性、稳定性、流动性以及资金成本等。特别是,流动性管理要做好压力测试,充分考虑正常时期和危机时期市场流动性突变将带来的不利冲击。随着非存款负债和交易型负债占比的不断上升,负债流动性的重要性将日益提升。

与非存款负债和交易型负债工具比重持续增加以及存款利率市场化相伴随,负债方利率风险将日益突出。在风险管理和资产负债管理中,商业银行需要更加密切地关注利率风险,加强市场利率分析和预测,逐步引入量化的利率风险管理工具来提升利率风险管理能力,通过积极的资产负债管理向利率风险承担要效益。

(二)加强组织变革促进转型发展

转型是当前国内银行业最为紧迫的战略选择。银行业发展环境发生了巨大的变化,商业银行或主动或被动进行改革和调整,以适应经济金融发展"新常态"。经济金融"新常态"有一些基本的趋势和特征,是商业银行转型发展需要深刻理解和把握的。宏观经济方面,未来几年宏观经济增长将保持中高速水平,结构性调整和供给侧改革将成为影响未来中国经济发展前景的重要政策。金融方面,发展速度趋缓,风险暴露将继续增多,金融脱媒持续推进,企业融资方式日趋多样化,个人理财意识和财富管理需求不断增加,存贷款利差长期收窄,金融创新日趋活跃,互联网金融繁荣发展,行业竞争范围不断扩大,跨界合作将更加频繁,银行业将积极推进跨境金融和国际化发展,提升服务实体经济效率。

城商行作为我国银行业的重要组成部分也在积极推进转型发展,

但目前大部分城商行的转型发展成效尚不能令人满意。其中一个重要原因是，转型是一个过程，但并没有弄清楚这一过程的两端到底是什么样的，有什么区别。换言之，并没有弄清楚"型"是什么，现在的"型"和期望实现的"型"各是什么。对其他类型的商业银行，这一判断基本上也是适用的。

转型的前提是至少存在两个"型"，而且每个"型"必须具有相对稳定性，在一定的场合和时间可以重复、复制。根据《说文解字》，"型，铸器之法也。"清代段玉裁注："以木为之曰模，以竹曰笵，以土曰型。引申为典型。""型"的意思与英文中的"mold"、"model"基本一致。从这个意义上讲，"型"就是"模式"，银行业的"转型"转的是银行业的商业模式（business model）。

新一轮的全球金融危机爆发之后，雷曼兄弟申请了破产保护，美林证券和贝尔斯登被收购，高盛和摩根士丹利转为银行控股公司，美国五大投资银行相继"沦陷"以及大批银行陷入困境或破产倒闭，引发了对银行业商业模式的探讨。研究识别出了不同类型的银行业商业模式，包括专业银行、全能银行、零售银行、批发银行、"投资银行"等。这里所谓的"投资银行"主要通过批发市场融资，是银行间市场的重要参与者，并大规模参与资本市场和持有可交易证券，也可称为"交易银行"。不同的银行业商业模式在危机时期的表现并不一样。

从近期国内银行业整体发展情况来看，有五个转型发展趋势基本上来讲是可以确认的。一是综合化。这是金融脱媒持续推进背景下为客户提供一站式金融服务的必然选择，可以增加收入多样性、分散业务风险。监管部门鼓励金融业开展综合化经营试点。国内综合化经营试点以商业银行作为母公司设立非银行金融机构的方式为主。根据银监会2015年报，截至2015年底，13家商业银行获准设立基金管理公司，11家获准入股保险公司，31家获准设立或入股金融租赁公司，5家获准入股信托公司，10家获准设立消费金融公司，6家入股汽车金融公司，实现了一定的协同效应。此外，部分银行通过在香港注册设立投资银行等非银行金融机构的方式进入非银行金融服务领域。二是国际化。这是商业银行伴随我国经济对外开放水平不断提高、企业"走出去"不断增加和人民币国际化水平不断提升的必然选择。截至2015年底，中资银行在59个国家和地区设立1298家分支机构，服务开放型经济发展的能力明显提升。三是轻型化。这是新一轮全球金融危机以来，全球银行业资本要求进一步提升之后银行业经营发展的必然选择。2013年国内银行业正式实施新资本管理办法，规定了5年的过渡期，但实际执行中绝大部分商业银行都一步到位。商业银行纷纷加强经济资本管理，创新经营模式，优化调整业务体系与资产结构，推行资本节约型发展，降低业务发展对资本金的消耗。在2014年城商行竞争力评价报告中，我们以上市银行为代表分析了国内商业银行轻型化转型发展的成效，但从风险加权资产与资产总额之比、营业收入与风险加权资产之比两个指标看，不同商业银行轻型化转型效果差异较大。四是智能化。这是银行业深入推进金融与科技融合进程的必然选择。金融与科技的融合是近四十多年来国际银行业发展的一个重要趋势。一些商业银行使用电子银行交易替代率作为衡量应用信息科技和互联网的水平，但这个指标并不全面。例如，中信银行于2012年建立网络银行部，提出要"再造一个网上中信银行"，这显然不能仅用电子银行交易替代率一个指标来描述。信息科技和互联网对银行业的影响远不止于交易。在2014年城商行竞争力评价报告中，我们分析了城商行在产品、渠道、平台、跨界合作、大数据五个方面所开展的实践和探索。在下面的分析中，我们还将进一步谈到通过跨界合作推进互联网金融发展的主题。这里不再赘述。五是证券化。这是银行业转变经营模式、盘活存量资金、参与资本市场的必然选择。借助证券化，商业银行不需要持有其发起的贷款到期，而是可以将资产与附着其上风险分离，根据需要将资产和风险出售或购买信用衍生工具以实现风险缓释，从而构建"发起并出售"、"发起并保险"等资产经营模式，主动管理自己的风险资产总量和结构。中国资产证券化试点启动于2005年，受新一轮全球金融危机的影响有所中断，但证券化的地位是在不断提升的。

转型虽已成为共识，但仍有几个问题需要进一步研究和明确。一是单个商业银行的转型需要融入银行业转型，但并不需要与银行业转型保持完全一致。例如，大型商业银行可以凭借资金、客户、人才等方面的优势，积极涉及资本市场，深入推进综合化经营，打造全能银行模式。但全能银行模式与小型银行并不能很好地适应起来，全能银行意味着业务多元化和资源分散，这不利于建立比较优势和竞争力。再例如，大部分城商行可以发展国际业务，但却不需要将国际化作为转型的重要构成。二是转型不仅仅是财务指标的变化。财务指标的变化是银行经营管理活动的结果，是被动因素，而转型则是主动因素，财务指标变化是转型的结果。可以使用财务指标包括资产负债结构、收入结构等来描述银行业商业模式，但从财务指标上推进转型是混淆了目标和手段。三是不能将转型当口号，把转型泛化。转型过程涉及银行经营管理的关键领域和环节，包括经营理念、战略定位、组织架构、业务流程、风险管理、资本占用、客户结构、业务体系、资产结构、收入结构、服务手段等，但并不是每一个变化都可以作为转型的内容。转型过程要转变的是银行的商业模式，一切不能给商业模式带来重大改变的变化都不能算做转型的内容。

从单个城商行来看，转型道路和方式将是同中有异，也应该是同中有异。城商行重组设立的时间不一，由经营地域范围所限制的发展环境以及各自的资源基础和优势并不相同，发展水平差异越来越大，规模最大的北京银行，2015年底资产规模已经接近 1.85 亿元，小城商行资产规模还只有 100 亿元左右。城商行需要密切关注和研究银行业整体的转型趋势，同时要深刻认识和把握自身与其他大中型商业银行的差异，根据自身实际来选择自己的转型发展的道路和方式，并保持战略定力，不"亦步亦趋"。

更进一步看，也只有差异化的转型才能实现差异化的发展，才能为自己培育或巩固特色优势，解决饱受非议的同质化问题。中国银监会尚福林主席在2015年城商行年会上的讲话中明确指出："走差异化、特色化发展道路，既是城商行的比较优势所在，也是城商行竞争发展的必由之路"。与大型银行比，城商行实力有差距，市场竞争压力、发展压力都比较大。但在转型方面，城商行具有机制灵活的优势，所谓船小好掉头。从目前转型成效看，城商行仍然需要进一步加强对转型的研究，设计适合自身实际的转型道路和方式，以促进差异化、特色化发展，形成自己的优势和竞争力。

关于如何切实有效推进转型还需要很多研究。这里探讨一个主题，即组织变革。转型过程是商业银行为了在自己的内部资源和技能与外在环境之间建立匹配而对自身进行改革和调整。从这一个角度看，转型就是战略。对于银行业而言，经济增速放缓、风险暴露增多、金融脱媒、互联网金融发展、金融监管趋严等外在环境的重大变化是无法控制的。商业银行只能通过推进转型或战略实施来适应、利用这些变化，从变化中寻求长期稳健发展和竞争优势。组织变革之所以重要，在于组织架构与战略实施相互依存、相互影响。战略要通过一定的组织来实施，组织架构是组织实现整体效应的基础和工具。组织架构既可以成为促进因素，也可以成为限制因素。城商行需要对自己的组织和组织架构进行改革，以更好地推进转型。

近几年，银监会积极引导和推进银行业治理体系和管理模式改革。2014年全国银行业监管工作会议提出，要推进银行业条线事业部制、专营部门制、子公司制等治理体系改革。2015年全国银行业监管工作会议提出，要积极推动银行业务管理架构改革，深化事业部制改革，促进"部门银行"向"流程银行"转变；推进专营部门改革，实现业务合理集成，缩短经营链条，缩小管理半径；探索部分业务板块和条线子公司制改革。2016年全国银行业监管工作会议提出，继续支持银行业金融机构设立扶贫金融事业部、普惠金融事业部，指导条件成熟的银行对信用卡、理财、私人银行、直销银行、小微企业信贷等业务板块进行牌照管理和子公司改革试点。

在监管部门的要求和引导下，商业银行（包括城商行）结合自身业务发展实际，进行了组织架构的改革和优化。例如，探索事业部制改革，设立网络金融部，实现理财业务和同业业务的专营，不断优化全面风险管理体系等。其中，事业部制改革被认为是国内商业银行组织变革和管理模式创新的重要内容。事业部制起源于20世纪20年代初，诞生于P.斯隆在美国通用汽车公司的实践。事业部制具有决策高效、经营灵活、营销专业等优势，有利于培养人才、落实以客户中心的理念，被国内外大型企业广泛采用，也是国际大型商业银行普遍采用的一种组织架构，被认为是商业银行通过组织变革推进转型发展的重要工具。

越来越多的国内商业银行进行了进行事业部制改革的探索和尝试。民生银行是国内银行业事业部制改革的先行者，于2007年开始实行公司业务事业部制改革，相继成立了多个产品事业部和行业事业部，并在实践中不断完善自己的事业部制架构，近期正在计划进行公司银行大事业部制改革。平安银行于2013年8月正式启动事业部制改革，先后设立了11个产品事业部、6个行业事业部和1个平台事业部，形成地产、交通、能源矿产、现代物流、现代农业、医疗健康、文化旅游七大行业产业链"全覆盖"的模式。交通银行于2014年启动了"5+5+5"的事业部制改革计划，把现有信用卡、金融市场、贵金属、离岸业务，以及票据业务等5个利润中心建设成真正的事业部制，推行理财、投行、托管、期货，以及私人银行业务5个准事业部制改革，探索北京大客户和集团客户、分行级大客户和民营客户、汽车供应链、便民金融服务中心以及互联网金融5个事业部制改革。招商银行在总行设立了公司金融总部、零售金融总部、投行与金融市场总部三大管理总部。兴业银行在总行设立了企业金融总部、零售银行总部、金融市场总部三个总部。城商行方面,苏州银行于2015年全面实施了事业部制改革,是迄今为止事业部制改革最全面、最彻底的城商行。苏州银行在总行设立了零售银行总部、公司银行总部和金融市场总部,每个"总部"均下设了业务创新与营销管理委员会和合规风险控制委员会;在每个地区设立零售银行区域、公司银行区域和监管要求设立的部门,零售银行区域负债管理若干个零售支行,公司银行区域负责管理若干个公司团队,分行行长由零售银行区域或公司银行区域负责人兼任。此外,包商银行、富滇银行、华融湘江银行等也分别进行了一定程度的事业部制改革探索,另有一些城商行还在研究和观望中。

  事业部制重点在于总行与事业部之间的关系,其本身并不是一种完整的组织形式,而是一种加诸于其他结构之上的结构。事业部是根据产品、行业、区域或客户而组建的利润中心。事业部制是以事业部为组织核心,并以管控事业部发展、实现企业总体发展为目标的一整套组织运营体制和机制。在事业部制结构下,实行总行集中控制之下的分权经营,事业部在总行授权下自主经营、独立核算,并对自身经营业绩负责。事业部本身的结构并不是事业部制的重点,每个事业部都可以根据自己的实际情况选择不同的组织形式,可以选择职能型结构,也可以下设二级事业部,二级事业部同样可以职能型结构来设立。但总部与事业部的关系会对事业部结构的选择产生一定的影响,影响程度与总行授权范围和力度密切相关。例如,如果总行统一提供研究、财务、法律、人力等共享服务,事业部便不需要内设相关职能部门,总行可以对风险管理、授信管理等一些需要总行控制的经营活动向事业部派驻。

  从组织架构角度看,总分行制是直线职能制与区域事业部制的

"混合体"。总分行制仍然是当前国内商业银行的主要管理模式。总行一级和分行一级均采取直线职能制,总行与分行的关系实际上是在总行集中控制之下的"区域事业部制"架构。总行根据监管要求、自身业务发展和前台、中台、后台相互分离的原则进行组织架构建设,除金融市场部、资产管理部、投资银行部等总行直营部门外,公司业务、零售业务、小微业务等虽属于业务部门,但主要职责是管理,而不是直接经营。分行往往根据总行要求和业务发展需要下设内设部门。

事业部制改革可以分为两部分。一部分是对总行直营部门的事业部制改革,不涉及分行,可以在总行层面完成,包括金融市场、信用卡、资产管理、票据业务、网络金融、直销银行等业务部门。这一部分的事业部制改革是从直线职能制向事业部制的改革,通过向职能部门下放一定权限,将它们改革为事业部。另一部分是需要总分和分行共同推动的事业部制改革,包括公司业务、零售业务、理财及财富管理、小微业务等业务部门。这一部分改革是将直线职能制与区域事业部制的"混合体"改革为客户事业部制、产品事业部制或行业事业部制,涉及总行与分行、总行职能部门(特别是业务部门)与分行之间的权力和职责的重新组合。例如,在苏州银行的事业部制改革中,分行实际上被取消了,当前设立的分行行长和一些部门是为了满足监管要求。这是改革的难点所在。

事业部制改革还存在一个"分"与"合"并存的现象。一方面是"分",设立细分市场事业部,包括行业事业部和产品事业部。从民生银行的实践看,行业事业部制并不是一种成熟的组织架构,存在一定问题和不足,与国际先进银行事业部制有较大距离。另一方面是"合",设立公司金融、零售金融、金融市场等三大事业部。兴业银行、招商银行、苏州银行的组织变革中均设立了三大管理总部或事业部。这体现了组织设计的两个基本要素,即分工与协调。例如,苏州银行事业部制改革在三大事业部下设了产品事业部和行业事业部等二级事业部。

总体上看,事业部制是国内商业银行转型发展领域的一个大事件,但并不是全部的城商行都要采取事业部制。事业部制较适用于规模较大、业务多元化或经营地域广的企业和银行。事业部制要求建立有效的分工、管理和控制机制。要求总部拥有强大的控制力,包括对发展战略、风险偏好、经营范围、重大人事任免以及其他关键决策的控制,并为事业部和分行(如保留)制定明确的职责分工和协调机制,建立符合总行发展战略的绩效考核体系、顺畅的转移定价体系、完善的信息系统和运营服务支持体系。此外,事业部制也不是一剂万能药,其自身也存在一定的局限性,包括对总行管控能力要求高、本位主义、利益冲突、职能重设、资源浪费等问题。组织改革只要适合就好。

(三) 拓展非利息收入提升盈利能力

拓展非利息收入是商业银行应对金融脱媒和存贷款利差长期收窄的重要途径。金融脱媒和存贷款利差长期收窄将是国内金融业未来一段时期两个重要发展趋势。如果不考虑其他情况,金融脱媒会削弱银行业在金融业中的地位,存贷款利差收窄将会给商业银行存贷款业务盈利能力带来一定压力。应对之策可以分两个方面。一方面,主动调整以控制净息差水平,包括完善定价策略,调整信贷业务目标客户,以将更多资源投向中小企业,通过承担更高的风险来保持贷款收益率,通过主动负债管理以控制资金成本。另一方面,更多地参与资本市场,拓展非利息收入。

国内银行业非利息收入占比持续增加,但整体仍然偏低。从银监会统计数据看,2011~2015年商业银行非利息收入占比持续上升,但一直低于25%;2016年第一季度达到26.57%,创近五年多来季度占比新高(见图4-29)。从各年内季度占比走势看,2016年后三个季度,国内银行业非利息收入占比将会持续下降。从近十年上市银行数据看,2006~

第四部分 2015年中国城市商业银行竞争力评价报告

2013年27家上市银行非利息收入占比均值在14%~16%的通道内波动，2013年以来出现了较快速的提升，2015年达到20.6%（见图4-30）。13家上市城商行非利息收入占比均值表现出与27家上市银行类似的走势，自2009年以来13家上市城商行非利息收入占比均值一直低于27家上市银行（见图4-30）。2015年，13家上市城商行非利息收入占比均值增至15%，远低于27家上市银行非利息收入占比均值。

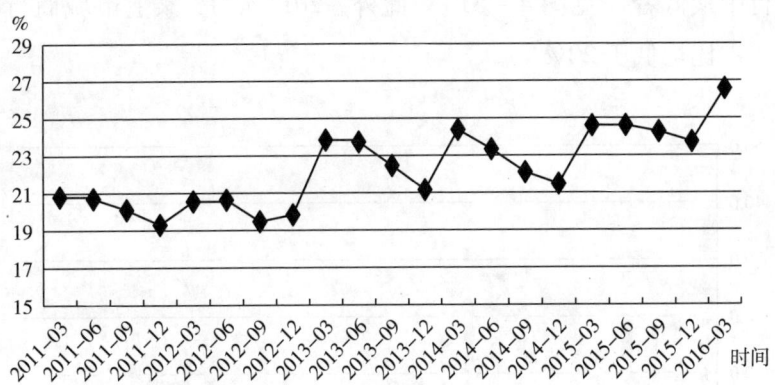

资料来源：银监会统计信息。

图4-29　2011年第一季度末至2016年第一季度末商业银行非利息收入占比

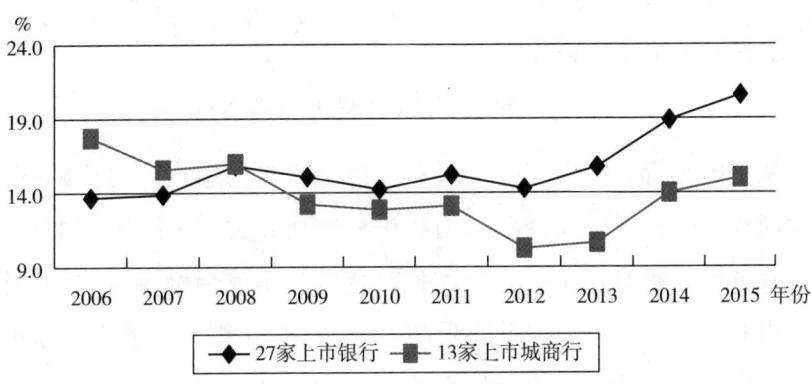

资料来源：《银行家》数据库。

图4-30　2006~2015年27家上市银行和13家上市城商行非利息收入占比均值

从单个上市银行数据看，不同上市银行的非利息收入占比表现出较大的差距。2015年，4家上市银行非利息收入占比超过30%，12家上市银行非利息收入占比超过20%，13家上市银行非利息收入占比处于10%~20%，重庆农商行和锦州银行的非利息收入占比低于10%（见图4-31）。2015年，民生银行非利息收入占比达到39.0%，为27家上市银行中最高者，锦州银行非利息收入占比为6.2%，为27家上市银行中最低者（见图4-31）。此外，2015年13家上市城商行非利息收入占比均低于20%。

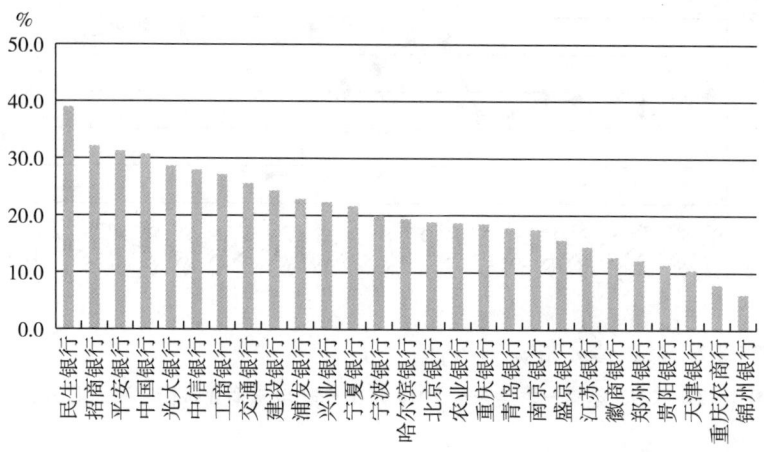

资料来源：《银行家》数据库。

图4-31 2015年27家上市银行非利息收入占比

从美国银行业收入结构变迁看，银行业非利息收入占比的变化与金融脱媒、金融管制和金融自由化进程密切相关。金融脱媒的深入推进会降低银行业的存贷款业务占比，金融管制或金融自由化则是银行业可以开展的业务范围的重要限制。20世纪30年代经济大萧条期间，出于对潜在利益冲突、银行体系稳定性和鼓励市场竞争等的考虑，美国于1933年6月通过了《1933年银行法》，禁止商业银行从事股票、公司证券、商业票据等的承销和自营。从数据上看，分业经营之后，美国银行业非利息收入在营业收入中的占比进入大约 20 年的持续下行阶段,直到 20 世纪 50 年代中期(见图 4 - 32)。实际上,《1933 年银行法》并未禁止商业银行的代理证券买卖业务、信托业务、代理保险业务以及其他债券业务等。美国银行业还曾尝试以银行控股公司的组织形式涉及证券业务,但《1956 年银行控股公司法》将业务管制应用到了银行控股公司。20 世纪 50 年代中期到 70 年代,美国银行业非利息收入占比在 15% ~ 25% 波动(见图 4 - 32)。随着货币市场共同基金等复杂金融工具的出现,金融业务之间的界限逐渐模糊,早在 20 世纪 60 年代早期,美国银行业就开始呼吁放松业务管制,他们认为业务管制不利于美国商业银行应对金融脱媒以及来自欧洲"全能银行"的竞争。20 世纪 70 年代经济自由主义在美国复兴和流行开来,1986 年美联储允许商业银行从投资银行业务中赚钱不超过其营业收入 5% 的收入,并取消了存款利率管制,随后扩大了银行业经营证券业务的范围,并进一步提升了商业银行投资银行业务收入占比上限。美国金融自由

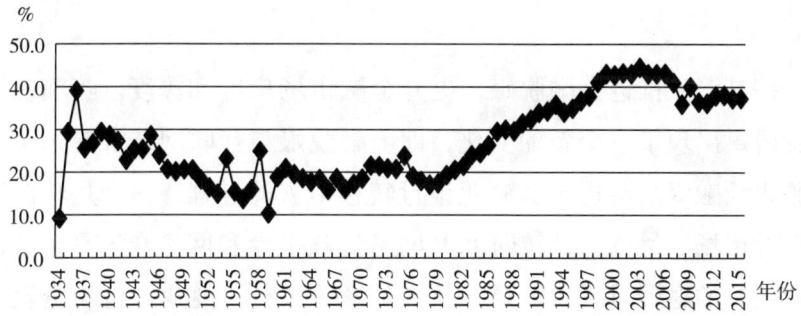

注:从营业收入可比口径看,美国联邦存款保险公司(FDIC)公布的美国银行业收入统计指标中,营业收入包括利息净收入(Net Interest Income)、"总非利息收入"(Total Non - Interest Income)、证券收益[Securities Gains/ Losses (-)],其中证券收益核算的是持有到期金融资产和可供交易金融资产的已实现损益。本图中非利息收入包括"总非利息收入"和证券收益。

资料来源:美国联邦存款保险公司(FDIC)。

图 4 - 32 1934 ~ 2015 年美国联邦存款保险公司(FDIC)承保商业银行非利息收入占比

化进程伴随着《1999年金融服务现代化法案》出台达到了顶峰。在新一轮全球金融危机爆发之前的大约30年时间里,美国银行业非利息收入占比呈现了持续增加的态势,1998年到2007年连续十年保持在40%以上(见图4-32)。受全球金融危机、《多德—弗兰克法案》的业务管制、商业银行自身的业务调整等因素影响,近年来美国银行业的证券收益、证券化收益、贷款销售以及交易账户佣金和费用等非利息收入项目发生了不同程度的波动和下降,整个银行业非利息收入占比有所下降,但仍然保持在36%以上(见图4-32)。

整体上看,随着金融工具日趋多样化、金融市场规模不断扩大,综合化经营、金融创新等持续深入推进,商业银行对于非利息收入越来越重视,国内银行业非利息收入占比将不断提升。但在当前的监管政策和经营环境下,国内银行业非利息收入占比很难达到美国银行业近二十年来的高水平。国内商业银行拓展业务范围的动力是有的,但外在约束为其拓展业务范围的设定了限度。增加非利息收入占比是整个银行业面对的课题,需要从整个金融业改革发展的角度来观察和研究。

一是深入推进金融脱媒,提升金融市场广度和深度。当前,国内金融脱媒出现了一个新的变化,即金融脱媒与互联网结合起来了。金融脱媒是融资活动逐步从商业银行转移出去的过程,一个是转向股票和债券市场,另一个是转向P2P网络贷款平台和网络众筹平台。通过商业银行的融资过程,需要存款人与商业银行、商业银行与贷款人建立两个债权债务关系,这是间接融资的本义。通过资本市场和互联网融资平台的融资过程,投资者与筹资者之间借助中介机构的服务直接建立债权债务关系,这是直接融资的本义。金融脱媒有助于提升资本市场的规模及其在整个融资活动中的地位。金融市场还有一部分,即衍生品市场,包括远期、期货、期权、互换等衍生品。发展衍生品市场的一个担心是投机。总体上看,衍生品市场的投机活动比基础资产市场多，但投机活动无处不在，包括大蒜、小麦、黄金等商品市场同样存在大量的投机活动，投机活动多不能作为不发展和阻滞衍生品市场发展的理由。衍生品是一种金融工具，关键在于运用它们的人和机构。在绝大部分时期，衍生品市场为金融机构包括商业银行提供了较好的风险管理工具。衍生品市场在金融危机期间具有放大器的作用，一些银行和非银行金融机构由于不当涉及衍生品业务而遭受大量损失，甚至破产，但没有那一场较大规模的金融危机，包括次贷危机和新一轮全球金融危机的根本原因是衍生品市场本身。

二是在风险可控的前提下，稳健推进商业银行综合化经营。这里所讲的商业银行综合化经营是商业银行兼营投资银行或保险业务。在2014年城商行竞争力报告中，我们对集团化发展和综合化经营进行了探讨。集团化是商业银行开展综合化经营的重要组织形式，包括全能银行、银行控股公司、银行保险公司、金融控股公司等。如前如述，国内银行业在设立非银行金融机构方面已经取得了一定成绩，但部分城商行的进展都不显著。商业银行本身也可以从事一些证券业务和保险业务，包括做市商、债券承销与交易、代销基金、代理保险、代客债券投资、资产托管、股票质押融资、并购贷款及并购顾问、企业财务顾问、衍生品交易等。其中一些业务，例如，非金融企业债券承销、做市商、资产托管、衍生品交易等需要满足监管部门和行业自律组织的准入条件。近年来，一个备受关注的综合化经营模式是投贷联动。投贷联动是商业银行与私募股权基金、风险投资基金或投资公司联合提供的"债权+股权"综合金融服务模式。投贷联动的定义并没有限定目标客户，但目标客户大多是创业期的中小企业，特别是科技型企业。2016年4月20日，银监会、科技部、人民银行联合印发了《关于支持银行业金融机构加大创新力度 开展科创企业投贷联动试点的指导意见》，将投贷联动界定为银行与本集团设立的具有投资功能的子公司之间的综合金融服务模式，第一批试点范围限定在北京中关村国家自主创新示范区、武汉东湖国家自主创新示范区、上海张江国家自主创新示范区、天津滨海国家自主创新示范区、西安国家自主创新示范区 5 个国家自主创新示范区和 10 家银行，包括北京银行、天津银行、上海银行、汉口银行、西安银行 5 家城商行。指导意见提出，将会适时扩大试点机构、地区范围，但并没有对非试点地区和非试点银行如何开展投贷联动做出规定。关于银行理财产品投资范围，涉及所谓"刚性兑付"难题，监管部门对理财资金"入市"比较谨慎。2016 年 7 月公开的银行理财业务监督管理办法征求意见稿提到，除面向私人银行客户、高资产净值客户和机构客户发行的理财产品之外，商业银行理财产品不得直接或间接投资于除货币市场基金和债券型基金之外的证券投资基金，不得直接或间接投资于境内上市公司公开或非公开发行或交易的股票及其受（收）益权，不得直接或间接投资于非上市企业股权及其受（收）益权；此外，发行挂钩衍生品的结构性理财产品的银行需要具有衍生品交易资格，发行代客境外理财产品的银行需要具有代客境外理财业务资格。银行理财市场规模越来越大，一方面，"刚性兑付"给商业银行带来较大的风险，另一方面，投资范围的限制也不利于商业银行为客户提供更加多样化的理财产品。银行理财业务子公司制改革可以作为进一步放松理财资金投资范围和打破"刚性兑付"的突破点，可以通过在商业银行与其理财业务子公司之间建立"防火墙"，实现风险隔离。当然，子公司制改革也需要适度推进。

三是规范商业银行收费政策，培育为服务付费的环境和文化。银行业收费业务种类繁多，这给商业银行中间业务发展以很大的空间和动力。2001 年 6 月，人民银行发布《商业银行中间业务暂行规定》，鼓励商业银行积极开展中间业务创新。但收费政策并未及时跟进，一定程度上造成服务收费行为的混乱，甚至同一商业银行同城不同网点就存在收费品种和收费水平不一的现象，银行与客户之间、银行与地方物价局之间的收费纠纷时有发生，不利于保护消费者的利益。2003

年 6 月发布的《商业银行服务价格管理暂行办法》，对商业银行服务定价结构、定价行为监管、储蓄收费管理以及价格的监督处罚等方面进行了规定，实行政府指导价和市场调节价。为规范部分银行发放贷款时附加不合理条件和收费管理不规范等问题，2012 年初，银监会发布了《关于整治银行业金融机构不规范经营的通知》，要求银行对收费服务价目进行全面梳理检查、自查自纠，并遵守"合规收费、以质定价、公开透明、减费让利"的原则，不得以贷收费、不得浮利分费、不得借贷搭售、不得一浮到顶、不得转嫁成本。2012 年下半年，银监会组建了消费者权益保护局，专司消费者教育、金融知识宣传和消费纠纷调解工作，并于 2013 年 8 月发布了《银行业消费者权益保护工作指引》。随着商业银行服务种类和受理渠道日趋多样化，服务价格披露和消费者行使知情权和选择权的形势更加复杂，银行服务价格领域暴露的问题有所增多。银监会和国家发改委对《商业银行服务价格管理暂行办法》进行了修订，并于 2014 年 2 月发布了《商业银行服务价格管理办法》，规定商业银行服务价格分别实行政府指导价、政府定价和市场调节价，并对政府指导价和政府定价的制定和调整、市场调节价的制定和调整、服务价格信息披露、内部管理、服务价格监督管理等方面进行了统性规范。2015 年，国务院发布关于推进价格机制改革的若干意见，国家发改委据此制定并于 2016 年 6 月发布了《商业银行收费行为执法指南》，要求商业银行严格执行政府指导价、政府定价，合理确定市场调节价领域的收费项目和标准，遵循依法合规、平等自愿、息费分离、质价相符的原则，做好明码标价和收费公示，落实优惠措施，并列举了可能被认定为违法收费的行为，从正反两个方面对商业银行规范收费行为提出了指导性意见，包括明确收费项目、制定服务规程、提高服务专业化水平、健全服务档案、完善收费投诉处理制度等。总体上看，监管部门对商业银行服务实体经济、保护消费者权益及收费行为的监督检查力度在不断提升，一方面有利于商业银行规范收费行为和服务价格管理，另一方面有利于提升客户和社会对商业银行服务价格的接受程度。

四是商业银行要在合法合规的限度内紧跟市场趋势，加强金融创新，完善产品和服务体系。商业银行需要在法律法规允许范围内，充分利用监管赋予的空间和条件，加强服务创新、提升服务水平，在为客户和社会创造价值的基础上实现自身的盈利。当前国内商业银行非利息收入包括手续费及佣金收入、投资收益、公允价值变动收益、汇兑及汇率产品收益和其他收益，细分类别则与每家银行的业务资质完备程度有关。手续费和佣金收入涉及银行卡、支付结算、理财、财富管理、私人银行、现金管理、投资银行、资产托管、担保及承诺、咨询顾问、代理销售、代理收付及委托等业务。投资收益主要来自债券交易，包括为交易而持有的债券、可供出售债券投资、以公允价值计量且变动计入当前损益的债券投资，以及对联营及合营企业的投资及权益投资等。公允价值变动收益涉及为交易而持有的金融工具、衍生品、以公允价值计量且变动计入当前损益的金融工具、贵金属等。汇率及汇率产品收益涉及与自营外汇业务相关的汇差收入、货币衍生品的已实现损益和未实现的公允价值变动损益、外币货币性资产和负债折算产生的汇兑损益。城商行需要对这些能够带来非利息收入的业务及其发展趋势进行深入研究，结合自身的实际和优势，从中发掘拓展非利息收入的潜力，既要做好既有的业务，还要结合客户需求变化和市场趋势开拓新的收入来源。例如，国内财富管理市场仍在继续扩大，来自理财和财富管理业务的收入将会持续增加。与各类资产管理产品市场不断发展相配套，包括下面将会谈到的与互联网金融企业的跨界合作提供托管服务，资产托管业务规模将持续扩大。随着金融市场逐步深化和综合化经营的深入推进，越来越多的企业选择股票、债券和票据进行融资，并购活动将会日趋活跃，承销、顾问等投资银行业务仍将会是城商行中间业务收入的重要来源。不论是自营业务还是代客管理资产业务，城商行都需要越来越深入地与金融市场融合起来，来自交易和公允价值变动的收益将会持续增加。前文提到，证券化是国内银行业一个重要转型发展趋势，证券化是商业银行与资本市场对接的一个"桥梁"。随着证券化比重越来越高、规模越来越大，与证券化相关的贷款销售收益、贷款服务费、信用增级费、资金保管费、证券承销费等将会不断增加。随着金融市场体系不断完善，未来将会出现更多的金融工具和金融服务模式，商业银行的非利息收入来源也将日趋多样化，不同收入来源的重要性也将会发生变化。

（四）跨界合作推动互联网金融发展

金融服务与互联网之间的融合是金融服务领域创新发展的一个重要趋势。银行业是最早应用信息技术的行业之一，计算机、互联网等的产生和发展，极大地改变了银行业服务方式，提高了银行业金融服务的覆盖面。2013年以来，以"余额宝"的诞生为标志，国内互联网企业大举进入金融业，出现了一大批以互联网为基础的P2P、众筹、网络理财平台。阿里巴巴、腾讯、百度等国内互联网巨头纷纷推出了自己的互联网金融产品和服务平台，以第三方支付或社交平台所积累的客户和数据为基础，逐步拓展金融服务范围，发起设立民营银行。银行业从中看到了冲击，也看到了机遇。国内商业银行纷纷推出了自己的互联网金融产品和互联网金融平台，创新服务方式，改善用户体验。

金融服务与互联网之间的融合使金融业的边界进一步模糊，金融服务市场竞争范围进一步扩大。互联网金融企业涉及的业务范围已经全面覆盖了支付、融资、理财三大系列。从总量上看，互联网金融企业尚不能对庞大的银行业构成致命的冲击，但这些新型金融产品和金融服务方式更加的场景化，在网络经济这一形态下比银行业的金融服务更具适应性和便利性。从目前来看，与互联网金融企业相比，银行业所提供的金融服务仍然不能很好地与网络经济融合起来，不能很好地适应网络经济对开放、便捷、场景化的要求。随着"互联网+"行动计划逐步推进，以及2015年7月人民银行等十部委发布的《关于促进互联网金融健康发展的指导意见》深入实施，网络经济和互联网金融在经济社会生活中的地位将持续提升，互联网将持续扩大其对经济、商业、购物、出行、日常生活等领域的影响，年轻一代客户对于互联网的依赖程度将继续不断提升，互联网金融服务市场空间将不断扩大。尽管竞争日趋激烈，但银行业必须要准确理解金融服务与互联网之间的融合趋势，积极应对范围日益扩大的市场竞争。

国内银行业以其在电子银行、网上银行、风险控制等方面积累的经验和优势为基础，积极发展互联网金融。一是搭建嵌入金融服务的综合性电子商务平台。包括建设银行、交通银行、农业银行、工商银行、民生银行、广发银行、兴业银行等几家大中型银行，以及宁波银行、成都银行、大连银行、兰州银行等先后推出了自己的综合性电子商务平台，旨在更好地服务客户、拓展客户，积累数据。二是推出直销银行。包括民生银行、兴业银行、北京银行、上海银行、南京银行、宁波银行、江苏银行、重庆银行、华润银行、包商银行、华融湘江银行、兰州银行、长沙银行、晋城银行、广东南粤银行、攀枝花市商业银行等几十家国内商业银行均推出了自己的直销银行，它们或以银行品牌或以全新的品牌推出。三是开发基于社交网络的金融服务平台，包括微信银行、微博银行等形式。这些平台可以作为产品宣传和品牌传播渠道进行精准营销，还可以提供查询、转账支付、理财购买、无卡取款等功能，有针对性地开发理财和融资产品。四是大力发展移动金融，包括自我开发手机银行、开发场景化的移动金融APP、与电信供应商合作推出移动支付等。以智能手机为代表的移动终端是一种贴身的服务渠道，是各家银行共享的服务渠道，是不需要银行进行大量投资即可获取的服务渠道，是各家银行的必争之地。发展移动金融可以进一步提升金融服务的便捷性，改善客户体验。五是发展线上供应链金融。这是互联网金融企业进入金融领域的重要领域，其中既包括阿里巴巴、京东，还包括一些专业线上供应链金融服务公司。商业银行可以选择与电子商务平台合作，也可以自主开发金融服务平台。在自主开发方面，线上供应链金融可以与现金管理紧密整合在一起，为企业提供支付、结算、融资、保理、理财、应收账款管理、订单管理、账务处理等服务。六是推动智慧网点建设。渠道是互联网可以发挥重大作用的领域。越来越多的交易型银行服务可以转移到电子设备和互联网上来进行，电子银行和网上银行交易替代率在持续增长。商业银行通过改造物理网点、增设智能化设备、开发智能营销终端、开发线上线下一体化服务模式等举措来推动网点转型升级，部分银行还进行了新型网点形态探索。七是推进传统产品线上迁移。网络化是提升运营效率和客户体验的重要抓手。个人理财、消费贷款、信用贷款、供应链金融等类型产品均可以实现网络化，实现线上申请、受理和审批。一些银行还以互联网为基础创新推出了新型金融产品，还将自己的产品迁移到自己的互联网金融服务平台上。八是探索大数据金融。数据可以用于支持商业银行进行产品创新、客户管理、精准营销、风险量化管理等。银行业已经认识到了大数据的潜在价值，工商银行、交通银行、招商银行、光大银行等已经进行了一定的探索，但还有很多的工作需要做。

城商行受制于经营地域受限、网点数量少等因素，对于利用互联网金融突破地域限制、扩大服务覆盖面、壮大客户基础、降低业务成本给予厚望，并进行了有益的探索和尝试。近几年，城商行借鉴吸收互联网金融理念，推出了移动支付、网络化的小微贷款和消费信贷、细分市场（如农村金融）金融服务、线上供应链金融、对接货币基金的开放式理财产品等金融产品和金融服务创新，丰富了手机银行、微信银行、移动营销终端、智能柜员机、智慧网点等线上渠道和线上线下一体化渠道体系，搭建了直销银行、P2P 平台、综合性电子商务平台等服务平台。

跨界合作可以作为城商行发展互联网金融的重要战略举措。随着城商行在互联网金融领域的布局越来越宽，人才、系统、数据、客户、资源等方面不足日益成为制约城商行大力发展互联网金融的重要短板。与互联网金融企业的跨界合作可以发挥各自资源和优势，城商行可以借助互联网金融企业积累的客户基础和海量数据，发挥在资金、风险管控等方面的优势，突破自身的限制，推进自身的转型发展。《关于促进互联网金融健康发展的指导意见》鼓励从业机构相互合作，实现优势互补，支持各类金融机构与互联网企业开展合作，建立良好的互联网金融生态环境和产业链；鼓励银行业金融机构开展业务创新，为第三方支付机构和网络贷款平台等提供资金存管、支付清算等配套服务；支持小微金融服务机构与互联网企业开展业务合作，实现商业模式创新。

一方面，城商行与互联网金融企业的跨界合作可以是全面战略合作。哈尔滨银行与快钱公司的互联网金融战略合作协议于 2013 年 11 月 20 日签署，双方将通过在"资金领域、产品创新、客户共享、管理平台"等一系列合作，帮助中小企业拓展间接融资渠道、降低金融交易成本，提高金融服务效率。2014 年 2 月 19 日，北京银行与小米公司签署"移动金融全面合作协议"，双方将基于小米公司的互联网金融平台探索综合金融服务，在移动支付、便捷信贷、产品定制、渠道扩展等多方面进行合作。2016 年 4 月 6 日，重庆银行与数联铭品、三泰控股签署战略合作协议，将各取所长，通过资源整合、优势互补，围绕"金融服务转型创新"打造跨界协同、创新转型、普惠金融的典范，以互联网信息技术的应用为手段，创新金融服务、创造商业模式，广泛开展业务层面、大数据层面、商业模式层面、股权层面等各个领域和层面的合作。三方合作重点是共同打造"社区生活金融服务平台"和

"家庭消费金融品牌"，打造普惠金融的标杆。其中，"社区生活金融服务平台"将以三泰控股已布局的社区为原点，围绕社区多元化的生活消费需求布设交易场景，嵌入重庆银行在支付、缴费、理财、消费贷款、金融资讯等方面的金融服务，结合数联铭品的大数据分析应用能力，构建和运营集生活服务与金融服务为一体的社区O2O服务平台。"家庭消费金融服务品牌"将应用大数据分析金融消费者的行为特征，构建家庭信用体系并探索在消费信贷领域的应用，逐步完善构建服务于家庭的综合化金融服务方案。在政策允许、条件成熟时，三方合作将会向公司化、专营化的方向探索，包括成立"信用卡专营子公司"或"小微企业信贷子公司"，重庆银行还有意愿与合格的合作方探索更加深入的股权合作。

另一方面，可以是业务层面的合作。其一，第三方存管是一个重要的跨界合作领域。《关于促进互联网金融健康发展的指导意见》建立了客户资金第三方存管制度，要求除另有规定外，从业机构应当选择符合条件的银行业金融机构作为资金存管机构，对客户资金进行管理和监督，实现客户资金与从业机构自身资金分账管理。第三方支付、P2P、众筹、网络理财等互联网金融企业均需要第三方存管服务，资金托管服务不占用资本金，还可以带来中间业务收入。例如，中信银行为余额宝提供托管服务，民生银行专为P2P网络交易平台推出了资金托管系统，可以提供实名验证、支付结算、资金托管、余额理财等服务。2015年10月16日，南昌银行"金e融"互联网金融平台正式上线，推出了包括直销银行、投融资、P2P资金存管在内的三项核心服务。在"金e融"发布会上，南昌银行与来自全国各地的13家P2P平台签订资金存管合作协议，包括元宝365、证大大拇指、惠金所、金鹿普惠、融通资产、投友圈、熟信、银豆网、中资联、永利宝金融、微金易贷、广信贷、巨汇财富等。南昌银行将为P2P平台提供账户管理、支付结算、资金监管等全流程业务支持，并在平台准入、收费减免、增值服务等方面给予一系列优惠措施。其二，城商行可以与互联网金融企业共建金融服务平台。例如，与P2P公司共建P2P平台。2014年10月，苏州银行对外宣布，将与点融网合建一个P2P平台。苏州银行将成立一个专门从事P2P业务的事业部，点融网则将提供自身技术帮助该事业部搭建一个P2P平台并提供相关服务。其三，POS贷款是商业银行与支付机构的一项重要合作内容。POS贷款是商业银行以商户银行卡收单交易（POS机交易流水）和客户资金结算情况，向客户发放的信用贷款。建设银行、交通银行、招商银行、中信银行、光大银行、浦发银行均提供POS贷款业务。2015年5月，宁波银行与银联商务合作推出的POS贷款业务正式启动。其四，城商行可以与社交平台、电子商务平台等大型综合互联网公司加强小额贷款领域的合作，可以是消费贷款，也可以是网络商户贷款。国内商业银行与电子商务平台的早期合作并不顺利，但随着业界对于网络贷款认同度不断提升和合作经验的不断积累，未来的合作将会更加顺畅。腾讯、京东、百度、阿里巴巴等均在寻求与商业银行加强互联网金融合作。2015年底，华融湘江银行与前海微众银行联合，以白名单制的方式面向QQ用户和微信用户推出互联网消费贷款产品"微粒贷"，具有全线上操作、无须担保、申请便捷、快速到账、随借随还等特点。其五，可以与医疗、旅游、网游等专业互联网公司进行场景化的业务合作。2015年10月南昌银行"金e融"正式上线时，便与微医集团、掌上纵横进行了跨界合作，推出网上就医、网络游戏快捷预付等创新服务，订制场景化综合金融服务方案，满足不同网络消费群体的实际需求。

跨界合作的方式会有很多。合作各方会根据自己的实际情况和需要，选择适合多方共赢、优势互补的合作领域和合作方式。大型商业银行、股份制商业银行与互联网公司的跨界合作可以为城商行提供重要的借鉴价值，例如，中信银行与百度联合发起设立"百信银行"，与返利网联合推出具有现金返利功能的中信返利联名信用卡等。从近期来看，支付、消费金融、小微金融、供应链金融、标准化网络理财可以作为跨界合作的重要业务领域。

商业银行与互联网金融企业既是竞争对手，也可以是合作伙伴，需要充分发挥各方优势，探索发展互利互惠的跨界合作关系。在跨界合作中，城商行首先要立足自身实际，正视自身的不足。面对花样翻新、日益增多的互联网金融产品和服务，面对不断扩大的竞争范围和不断增加的竞争对手，城商行需要借助外力，来弥补自身在人才、系统、数据、客户等方面的不足。其次，要转变理念，保持开放，相互认同。以互联网为基础，金融服务的供渠道、风险控制理念和技术、业务流程与手续等都会发生改变。不能用传统的理念来看待这些变化，要对这些变化保持开放、加强对网络经济的学习和认识，在与互联网金融企业的交流合作中不断增加对这些新变化的认同。再次，要谨慎选择合作方，加强管理跨界合作战略风险。当前互联网金融仍然处于发展初期，特别是 P2P、众筹等领域的公司质量和信誉参差不齐，主体风险难以准确判断。对此，要保持高度警惕。最后，要在长期跨界合作中不断提升自己，弥补自己的"短板"。

（五）联合重组与公开上市

联合重组和公开上市仍将是未来一段时期城商行改革发展的重要战略举措。城商行是国内城信社改革的产物。1995 年，深圳市城市合作银行成立，标志着城商行开始进入中国银行业历史舞台。2012 年 4 月，浙江省象山县绿叶城市信用社成功改组为宁波东海银行，同年 9 月，银监会批复同意海南省在临高金牌城市信用社基础上组建海南银行，标志着城信社改革基本宣告完成。目前，全国共有 133 家城商行，每个省（包括自治区、直辖市）均有了自己的法人商业银行。在城信社改革和城商行发展过程中，部分省份重组设立了省级城商行，部分发展水平较好的城商行实现了公开上市。城商行改革发展之所以能取得巨大成绩，联合重组和公开上市可以说是功不可没。随着近几年经济下行、风险暴露，城商行发展水平和风险管控能力的差异越来越大，"偏居一隅"、资本金补充渠道受限对城商行转型发展的限制日益凸显出来。未来一段时期，仍将会有一些城商行通过联合重组和公开上市来谋求更好的发展。

省内城商行（含城信社）联合重组是城商行改革发展中的重要模式，是城商行实现优势互补和资源整合的重要途径。截至2015年底，至少有12家城商行通过重组、联合、收购和兼并等方式设立。2005年末，安徽省内6家城商行和7家城市信用社，在自愿的基础上合并重组成立徽商银行。徽商银行的成立被认为是国内城商行联合重组的第一例，城商行在改革发展10年后揭开了联合重组的步伐。2006年底，江苏银监局批准江苏银行的开业，江苏银行由江苏省内的无锡、苏州、南通、常州、淮安、徐州、镇江、扬州、盐城和连云港等10家城商行合并成立。2007年10月，长春市商业银行、吉林市商业银行、辽源市城市信用社联合重组，设立吉林银行。富滇银行成立于2007年12月，于2008年12月吸收合并保山城市信用社。长安银行由宝鸡市商业银行、咸阳市商业银行、渭南市城市信用社、汉中市城市信用社和榆林市城市信用社等5家金融机构合并设立，于2009年7月31日开业。2009年11月，龙江银行在重组大庆市商业银行、齐齐哈尔市商业银行、牡丹江市商业银行和七台河市城市信用社的基础上正式成立。2010年10月，华融湘江银行在湖南省内的株洲市商业银行、湘潭市商业银行、衡阳市商业银行、岳阳市商业银行、邵阳市城市信用社合并重组基础上正式成立。2011年1月，湖北银行开业，是在宜昌、黄石、襄阳、荆州、孝感等5家城市商业银行的基础上联合重组而设立的。2011年11月，在合并重组平凉市商业银行、白银市商业银行的基础上，成立了甘肃银行。2012年10月，在遵义市商业银行、六盘水市商业银行、安顺市商业银行为基础合并重组的基础上，贵州银行正式开业。中原银行是由河南省开封、安阳、鹤壁、新乡、濮阳、许昌、漯河、三门峡、南阳、商丘、信阳、周口、驻马店等13家城商行以新设合并方式成立，并于2014年12月正式开业。2015年12月，南昌银行吸收合并景德镇市商业银行，并更名为江西银行。总体上，联合重组实现了城商行的资源集成和品牌提升，优化了当地金融资源配置，改善了当地金融发展格局。

在联合重组过程中，大部分新设城商行都进行了财务重组、引进了新的战略投资者，包括地方国企、金融资产管理公司、大型商业银行、境外金融机构等。从数据来看，经过联合重组新设的城商行均取得了较好的发展成绩，不良资产得到了有效化解，各项监管指标得到了优化。

金融资产管理公司参与城商行改革重组，成为近几年城商行改革发展领域的一个重要现象。这与金融资产管理公司的改制转型发展战略及化解地方金融风险密切相关。2010年华融湘江银行新设之时，就引入了中国华融资产管理股份有限公司作为控股股东。这是第一例由金融资产管理公司参与的城商行联合重组。为此，中国华融于2011年出售了所持温州银行7.09%的股权，以满足监管部门"两参或一控"的要求。在湖南省内城商行联合重组过程中，中国信达资产管理公司也曾积极参与，但最终并未成功。中国信达收购了中国银行旗下南洋商业银行，并于2016年5月30日举办南洋商业银行股权交割仪式。中国长城资产管理公司于2014年12月入驻德阳银行，直接持有德阳银行4.18亿股，通过控股公司德阳市国有资产经营有限公司持有德阳银行4.389亿股，持股比例53.59%，从而控股德阳银行。中国东方资产管理公司参与了2015年大连银行增资扩股，成为大连银行第一大股东，持有大连银行39.70%的股份，并于2016年6月受让大连一方集团有限公司持有的大连银行4.2亿股股份、华信信托股份有限公司持有的大连银行2亿股股份以及大连银行1亿股内部职工股，获得了

50.29%的股权,实现了控制。

公开上市是城商行改革发展的重要环节。公开上市能够为城商行发展提供市场约束,促进城商行改善公司治理、内部控制和风险管理、信息披露,补充资本金、拓展资本补充渠道,提升知名度和品牌形象,强化员工认同和公司凝聚力。截至2016年8月,在香港和内地共有13家上市城商行。

H股上市是2013年以来城商行公开上市的集中地,共有8家城商行实现H股上市。2013年7月,重庆银行H股上市计划获得中国证监会受理,并于2013年11月6日在香港联交所成功上市。重庆银行是第一家在香港上市的内地城商行,全球发售募集资金净额约38亿港元。重庆银行成功实现H股上市之后第六天,即2013年11月12日,徽商银行在香港联交所正式挂牌交易,募集资本净额约85.57亿港元。2014年3月31日,哈尔滨银行在香港联交所成功上市,全球发售募集资本净额约为77.22亿港元。2014年12月29日,盛京银行正式挂牌交易,净募集资金约91.35亿港元,净募集金额超过了前三家H股上市城商行。2015年12月3日,青岛银行在香港联合交易所主板挂牌上市,募资总额为42.75亿港元。2015年12月7日,锦州银行成功实现H股上市,募集资金约为60亿港元。2015年12月23日,郑州银行成功在香港联合交易所主板上市,募集资金约50亿港元,成为2015年第3家在香港联交所挂牌的城商行。2016年3月30日,天津银行在香港联合交易所主板成功上市,募集资金约为74亿港元,成为国内第8家在香港联交所挂牌的城商行。

城商行A股上市于2016年重启了。城商行在A股上市始于2007年。当年,宁波银行、南京银行和北京银行先后成功实现A股上市。此后,多家城商行表达了上市意向,并积极准备相关资料。2008年9月,发生在美国的次贷危机,迅速演变为全球金融危机,A股市场进入长达数年的低迷期,城商行自身存在的一些矛盾和问题有所暴露。A

股上市闸门迟迟不开,也是城商行选择赴香港上市的重要原因。2016年8月2日,江苏银行在上海证券交易所正式挂牌,共募集资金超70亿元。江苏银行成为6年来第一家实现A股上市的商业银行,成为2007年以来第一家实现A股上市的城商行。继江苏银行之后,贵阳银行于8月16日在上海证券交易所上市交易,募集的41.08亿元将全部用于补充资本金。

中小商业银行A股上市将迎来新篇章。目前,威海市商业银行、杭州银行、上海银行、盛京银行、哈尔滨银行、徽商银行、贵阳银行、成都银行等多家城商行已经将招股说明书(申报稿)在中国证监会网站预先披露。农商行方面,江苏张家港农村商业银行、江苏吴江农村商业银行、江苏常熟农村商业银行、无锡农村商业银行、江苏江阴农村商业银行等农商行已经将招股说明书(申报稿)在中国证监会网站预先披露。

城商行上市的动力无疑是充足的,上市可以促进城商行发展上新台阶。但需要注意的是,上市不是万能药。公司治理、经营理念、风险管控、不良率攀升、产品服务体系、人才及系统等方面不足和问题并不是一上市就可以解决的。切实推进创新转型取得实效才是根本。

第五部分

专家研究

近年来，在经济增速下行的大背景下，中国金融业进入快速变革时期，利率市场化进程加快，互联网金融影响扩大，资本监管进一步趋严，银行业发展面临着诸多挑战。最大的困难是不良资产的上升和盈利能力的下降。摆脱困境、寻求新的发展出路和发展模式，是银行业必须面对的现实问题。这既需要盈利模式的改变、新业务和新市场的开拓，也需要管理能力的提升和经营效率的提高。通过创新发展，寻求新市场、发展新产品、设计新流程、寻求新模式，通过管理提升来控制风险和提高精细化水平，来降低经营成本、提高单位产出和生产效率。

另外，银行业与实体经济息息相关，对于陷入困境的实体经济银行业应当主动为实体经济的发展提供更优质、更便捷的金融服务，这样才能培育出更为良性长久的银企关系。这就提出了银行如何更好地满足实体经济的金融需求。

中国银行业必须经历经济下行周期的严峻洗礼，通过管理的精细化、经营的差异化来突破当前的困境，促进中国银行业创新能力的提升和竞争力的提高，从而为中国经济提供强有力的金融支持。

宏观政策选择问题上的歧见与共识

王松奇

"新常态"按照美国人最初提出时的意思实质上就是"新无奈",如果按照"新无奈"的思路再套用晏殊的句式,我们可以"无可奈何稳增长"、"无可奈何搞改革"、"无可奈何抓'三去'",如此这般,不一而足。总之,所有这一切都不过是形格势禁,在所难免。如果大家都这样想,却也罢了。问题是经济研究历来是众说纷纭、各说各话的充分竞争领域,无论在短期问题还是中长期问题上经济学界和实务界都不可能形成一致的看法,明白不明白真明白假明白或者揣着明白装糊涂、揣着糊涂装明白等各色人都会奋臂出袖大声疾呼。在这里,我们不能用正确不正确的标准去做简单的判断,只要看发声人是否认真严谨即可。信口雌黄就是不认真,不认真你的假设和论点就可能经不起推敲;不严谨就是说你的论据和论证可能存在纰漏,这样你的论点最终会缺少支撑。之所以写下以上这么多缠绕而啰嗦的废话就是因为看到了最近网上热传的一篇许小年教授的文章《被人遗忘的经济学常识》,受其刺激,不平则鸣而已矣。

许小年认为,多年来学界和政策制定部门共缺少四项常识。

常识一:中央银行印钞票不能创造价值。

常识二:财政部门不创造价值。

常识三:中央计划配置资源的效率不可能比市场高,这里讲的中央计划包括各式各样的规划。

常识四:由于货币政策不创造价值,由于财政政策不创造价值,由于中央计划配置资源的效率比市场低,所以经济的增长是不可能依靠宏观政策来实现的。

许小年讲的以上四点"常识"好像是学界的"共识",既然是"共识",那我们还有什么强调的必要呢?看来,其中隐藏着重要的"歧见",即在宏观政策选择实践方面理论界和实务界可能存在着不同看法。许小年也许不是在空谈理论,前不久他在一篇文章中说,2016年5月9日权威人士的谈话给中国刚要兴起的刺激势头刹了车,"制止第一季度的做法,是今年以来在经济政策方面的一个重大调整",这说明他是在时刻关注和联系中国现实。现在,许小年又绕到经济学原理上来否定货币政策财政政策在反周期实践中的决定性作用实际目的就是变相否定在扭转中国经济下行趋势时可能要采取的适当刺激政策。

学术大师胡适先生早在五四新文化运动时期就提出了一个重要的研究方法叫"大胆的假设,小心的求证"。我们可以尝试用这一方法对许小年让大家牢记经济学常识的呼吁进行检验。

许小年认为犯了错误的主流经济学界和政策制定部门显然不仅指中国还包括外国,是以"包举宇内、并吞八荒"之心进行全方位的批评,而这种批评一直到直指凯恩斯主义。在这里,如果许小年的批判成立,那么我们能假设一:中外经济学界的主流派别及政策制定部门的专家们都是一群傻瓜白痴。对于这样大胆的假设我们该怎样进行求证呢?显然,最有力的求证就是无论1929~1933年大危机还是2008年全球金融危机,如果没有宽松的货币政策和财政政策应对,实体经济到底会衰退到何等程度,这是不难想象的。所以,秉持反周期理念的主流派经济学家和政府部门的专家们不仅不是白痴笨蛋而且还是一些务实治国的聪明人。

假设二:经济发展与路桥等基础设施状况没关系。"要想富,先修路","没有路就不能富",由这一民众的切身体会检验许小年所说的"中央银行印钞票不能创造价值"和"财政部门不创造价值"是否真的是常识。修路和致富的关系是从老百姓生活经验中总结出来的。一般共识似乎已具有真理性质。路与经济发展的关系很容易让我们想到货币政策、财政政策与宏观经济的关系，因为几百年前我们的经济理论先贤们就把货币定义为经济发展和市场交易中的"通衢大道"，也就是现代意义上的高速公路的意思。没有路经济就会憋死，路窄和路宽对经济发展速度的影响也会有天壤之别。货币政策和财政政策，它们的本质作用就是为经济发展提供货币条件也就是根据经济发展的需要修路和铺路，路太窄了交通不通畅，路太宽了又可能造成资源浪费，所以，任何国家的宏观政策研究者制定者主要任务就是研究一国一定时期确定修路的规模和速度，这就牵涉出下面的第三个问题。

假设三：中央计划和规划真的毫无必要。在这里，有中央计划和规划的经济并不等同于计划经济，这是我们在求证假设三时必须要澄清的一个问题。从历史角度看，我们将中国定义为"发展型国家"这一点恐怕毫无疑义。发展型国家的特色就是要依靠强大的国家机器通过制定适当的产业政策尊重市场规律实现经济赶超目标。因此，对一个发展型国家来说，问题不在于你有没有计划和规划而在于你能做出什么样的计划和规划，这些计划和规划既切合实际又有战略前瞻性进而有效实现国家的赶超目标。好计划好规划与坏计划坏规划或无计划无规划比就是能创造价值，而且从避免宏观经济浪费角度说，其创造价值的作用简直无法估量。中国在过去30多年高速发展中出现的重复建设和产能严重过剩实际上反映了我们或者缺少好规划或者缺少好规划的执行力，总而言之，那种一盘散沙盲目发展造成的宏观资源浪费绝不是中央政府想看到的。所以，问题不在于有无规划而在于我们有无好规划的制定和执行能力。所以，许小年说中央计划配置资源的效率比市场低这似乎已成共识的观点，我们还是可能找出很多纯市场经济的发展型国家经济发展远不如中国成功的例子。

许小年文中说"宏观经济学研究什么？研究经济增长的源泉，要将宏观经济研究的重点，从短期波动和反周期政策坚决地转移到经济的长期增长上来"。这段话倒是颇有"新"意。根据本人文献研读经验，觉得研究经济增长的源泉历来属于早期古典经济学及之后的微观经济学内容，宏观经济学的对象则仅限于狭窄的总量问题，研究总供给与总需求之间的矛盾现状及解决办法。任何一个经济体在一定的时期都有一个可能性生产边界，宏观经济学就是研究如何运用政策工具让生产尽可能达到这个可能性边界。在通常情况下，一个经济体一定时期的最大生产可能边界是由国民经济各部门中的短板部门能力决定的，因此，保持经济平衡可持续发展同时又尽可能提高发展或增长速度就成为宏观经济学关注的主要内容。因为市场瞬息万变，因此，宏观经济政策通常以短期微调为主要特色。这是我本人多年来的学习体会。许小年文中说"要将宏观经济研究的重点从短期波动和反周期政策坚决转移到经济的长期增长上来"这句话听来颇为怪异，因为这会让我们自然想起前辈凯恩斯的那句名言——"长期、长期，等长期到来时，我们大家都死光了。"侈谈长期，宏观政策就不称其为宏观经济政策了。

在文章中公开提出哪个部门创造价值哪个部门不创造价值似乎是不明智不合适的做法。按照许小年文中的思考方法我们还可以进一步说中央智囊部门不创造价值。比如原中央农村政策研究室，它肯定不创造许小年所说的那种价值，但最早的农村联产承包政策就出自这里，此政策一出就像施展了魔法一样，农村生产潜力得到空前释放，从地底下突然涌现出来大量财富，这种改革政策创造价值的功能只有我们这些曾经经历过用粮票换鸡蛋吃、经历过1960年饿肚子的人才能体会得更深。由此可见，皇天无亲，在惟惟人。政府的能动作用、政策的积极作用这些都应当成为发展型国家宏观经济学的关注重点。

说到这里，我们如果做一简单总结，那就是，经济研究领域见仁见智各说各话是正常现象，因此在宏观政策选择上我们歧见颇多是好事，关键是我们在政策制定和执行中似乎应当达成以下几点共识：

（1）经济不应大起大落；

（2）宏观政策的使命就是尽可能熨平经济波动；

（3）经济增长和发展的适当货币条件就像中国城市化进程中的路桥建设，有它没它情况会大不相同；

（4）在不降低质量的前提下，一定时期的经济增长能快就尽量快点；

（5）传统的宏观经济学需要不断发展和创新，但中国经济学界的现状是许多人还没有完全弄懂就试图对它进行颠覆性改造。所以，学术精微，我们还是时时处处谦虚谨慎为妙。

最后，我声明，针对许小年教授文中的观点只是想用说理的方法进行讨论，对许小年教授的正直和学问本人从未心存疑惑。

（作者系《银行家》杂志主编）

关于提高竞争力的七个思考

马德伦

关于提高商业银行的竞争力。我和大家交流我的一些思考。

第一，竞争白热化。我们看到当前金融业的竞争已经是如此的充分，近几年，民营银行应运而生，小额贷款公司遍地开花，互联网金融闯入了我们的视野。数据显示，互联网金融的用户达到了6.18亿户，占了全国网民的87%，互联网金融从支付、网贷、众筹、消费到基金、保险、信托已经成为一个门类齐全的金融业集合。我们的竞争对手多了，边际收益下降，边际成本在上升，利差缩小了，银行的利润薄了。竞争的另外一个必然结果是管理的约束会更加严格。招商银行上半年的离职率超过了10%，所有这些是竞争的结果。而另外一个重要的结果就是普惠金融、个性化金融的局面开始出现，所以竞争是一件好事。

第二，利率市场化。2014年8月取消存款利率管制之后，利率的定价权交给了银行。当有了这样一个定价权的时候，考验的是银行的自主权，如何适应市场变化，经济变化，在定价上做出反应，特别是在政策制定调整之前，能够先行一步。考虑到竞争，大家不会太主动，但是要从银行经营管理角度来讲，这个主动权应该存在。此外，一个长期利率的定价权，对银行管理能力，对未来趋势的判断更是一个考验。我们对市场信息变化的捕捉敏锐性是否应该更充分、更快、更敏捷呢？只有这样我们才可以在竞争中立于不败之地。

第三，汇率市场化。2015年"811"汇率制度改革之后，可以说人民币汇率在定价方面的自主权扩大了，汇率的定价不仅要靠国内，更要着眼于国际市场。需要我们有更宽广的视野，更敏锐的反应和国际市场的同步，甚至是先于国际市场的变化，也需要银行资产负债的流动性，需要银行在本外币转换之间能够有更便捷的选择。

第四，人民币国际化。人民币走上了国际，从2009年之后，我们看到人民币大踏步地走了出去，人民币的清算网络在全球的布局已经基本完成。2015年10月1日，人民币正式加入SDR，人民币"走出去"意味着我们要严肃地思考维护货币稳定，维护货币的地位。同时我们也看到人民币在国际市场上的交易量扩大了。但是如何让"储备货币"的地位得到提升，还需要努力。人民币"走出去"之后一个很重要的问题就是离岸市场的形成，离岸市场和在岸市场之间出现了不同。我始终认为在岸市场应该是一个最大规模的市场，在岸市场应该影响离岸市场，离岸市场不应该冲击在岸市场。在这个方面也需要有很多思考、改进和努力的地方。

第五，银行国际化。银行要提升自己的竞争力，走向国际也是必然，特别对大银行而言。9月22日，商务部发表了中国对外投资的报告，我们的对外直接投资已经是全球第二大，仅次于美国。2015年的金融输出资本是1456.7亿美元，我们看到经济发展模式发生了重大的变化，这样重大的变化表现在传统的贸易分工，表现在直接投资为核心，优化存量资源结构方面上。直接投资走出去需要金融服务跟得上，我们的银行在全球的布局还不够，我们业务的创新性也仍然不足。当然我们受到限制，也受到了国际信用风险、合规风险的考验。我们如何适应所在国，来为我们的企业"走出去"服务。

第六，货币政策框架变化。在利率市场化之后我们看到央行调控机制也在发生变化，比如说关于利率走廊的建设，利率走廊是给了利率浮动的空间，在这个空间和区域内是可以自由的，突破的区域不是不自由，而是央行要干预。考虑在市场利率定价权方面各家银行的主动性和从属性问题，央行在调控当中特别关注中小区域性、地方性的银行，从而创建了这样一个长期借贷面临和短期借贷面临的问题。

第七，科技对金融的影响。大数据、云计算、区块链，每一次技术的进步都会带来经济的变化。互联网、区块链技术已经对金融业产生了巨大的影响，未来包括数字货币，包括去中心化的问题，这些需要我们更深入的思考。

（作者系中国金融会计学会会长、中国人民银行原副行长）

创新驱动是经济发展的核心战略

殷久勇

当今世界经济增长乏力，其中一个重要的原因是仍然依赖旧的发展模式，没有新的发展动能。综观国际国内，创新驱动是经济发展的核心战略。在"大众创业、万众创新"的年代，银行业的创新应该引领时代之先。通过全方位、深层次的改革创新强化管理，在提升自身发展的同时，推进新产业、新业态、新模式的发展壮大，助力我国经济转型升级和供给侧结构性改革的全力实施。

中国农业发展银行作为我国第一个农业政策银行。回顾我们自身的发展历程，我们深刻认识到，创新是推进我们农发行发展的重大动力。1994 年国家成立农发行，这本身就是我国金融改革发展重要的制度创新，成立 20 多年来，经过了不懈的努力和创新发展，农发行从最初的资产规模不足 3000 亿元发展到今天 55000 亿元，金融支持力度不断增强。无论是来自新金融产品的研发，新的金融领域不断拓展，新的发展模式的应用，新的金融体制的实践，创新已经融入农发行的方方面面，已经成为农发行不可或缺的企业文化基因。

近年来，农发行贯彻党中央、国务院的方针政策和决策部署自觉提供战略，我们制订了"一二三四五六"的总体银行发展战略，充分发挥政策性银行的优势，引导社会资金回流三年，着力助力农村、农业发展短板，助力全面建成小康社会。我们在这里分享一下农发行四个方面的创新。

第一，实施产品服务的创新。我们当今世界经济增长乏力，其中一个重要的原因是仍然依赖旧的发展模式，没有新的发展动能。综观国际国内，创新驱动是经济发展的核心战略。在"大众创业、万众创新"的年代，银行业的创新应该引领时代之先。通过全方位、深层次的改革创新强化管理，在提升自身发展的同时，推进新产业、新业态、新模式的发展壮大，助力我国经济转型升级和供给侧结构性改革的全力实施。紧紧围绕国家战略不断创新，完善支农产品体系，形成产品品牌。在农村现代化上我们构建农村现代化体系、产业体系和金融体系，落实国家政策。研发整合和促进农村的土地扭转和土地经营，促进农业科技创新，促进农业生产资料的供给，助力农业现代化，加快农业流通体系建设和林业资源保护和开发贷款等，形成较为完善支持农业现代化的信贷产品体系，提升农业发展深度、广度和市场竞争力。在服务城乡发展一体化上，我们着眼于促进城乡公共资源均衡配置、城乡要素平等交换、综合运用专项各项目贷款、中长期项目贷款、重点配套流动资金、PSL项目资金等的配套融资新工具，研发整体城镇化、特色小城镇、海绵城市建设等贷款新产品，积极维持建设棚户区改造、农村路网和改善农村人居环境建设提供政策性金融支持，协调促进城乡发展。在扶贫攻坚上，我们围绕国家的精准扶贫方面率先实现六个创新：率先在全国金融系统成立扶贫金融事业部，率先投入异地移民搬迁贷款，率先实现了扶贫金融服务机构的贫困县全覆盖，率先实施政策性金融，率先在银行业债券市场发起了扶贫专项金融债和普遍扶贫债以及率先发起了强农的试验区。同时对扶贫的过程中，我们在基础建设扶贫、特色产业扶贫、旅游扶贫、教育扶贫方面研发多种扶贫信贷产品，积极发挥中国农业发展银行在精准扶贫的引领作用。同时为展现银行的政策责任，我们制订了救灾应急贷款方案，帮助政府快速应对自然灾害。我们推出了海洋保护和开发贷款，不断拓展业务范围。近几年来，通过探索和创新，农发行形成具有自身优势和品牌特色的传统体系，确定了服务国家粮食安全，脱贫攻坚，农业现代化，城乡一体化和国家重点战略的各大领域。可以说，农发行已经由建行初期的单一粮油收储的银行,形成了全方位发展的金融银行。

第二,支持服务创新。一是我们坚持模式创新,坚持试点先行,以点带面,布局全盘,探索绿色金融服务,落实绿色发展理念,创新绿色投资机制,开拓绿色信贷业务。农发行的金融债券率先通过绿色实体的认证。2016年我们计划发起100亿元绿色债券,专项国家绿色建设、林业保护工程等,同时积极支持污染处理、垃圾处理等生态能源项目建设,打造农发行作为绿色银行的品牌形象。二是推行银政合作模式,农发行作为国家政策性银行,我们坚持国家意志与服务农村为一体。搭建合作平台,促进发展战略发展规划等四化的落实,明确落实重点领域,提供有针对性的产品和服务。三是试点新信贷模式,把政策银行的政策优势和中小涉农金融机构贴近客户的优势有机结合,探索发展普惠金融,支持新兴农业主题和涉农小微企业的发展。四是探索投贷结合的发展模式,通过农发行专项建设基础的投入,引导社会资金和银行资金进入国家重点领域实现投贷联动。五是发展供应链需求,整合全产业链需求,提供全产业链的服务,来促进农村第一、第二、第三产业的联合发展。我们探索银政担和银政保合作的机制,加大对新兴农业金融主体的支持力度,通过多种模式的创新,有效处理了中小企业融资难、融资贵的问题,不断提升银行在服务"三农"过程中引领、示范、主导作用。

第三,实施运营管理的创新。农发行紧紧围绕自身现代化建设,积极管理强化创新,防控风险要有质量,加快管理要有效率。从风险治理的架构,风险管理的策略,风险偏好、风险管理政策等方面全方位建立健全农发行的管理模式,建立全流程的管理操作步骤,实现办理标准的流程化、标准化。我们加强一级银行管理战略,突出二级银行风险建设,提高管理效益,整合系统合力,对传统的粮油业务,实现"互联网+封闭管理"的系统创新,对公益性基础设施的贷款采取政府购买服务新的信贷模式为传统业务注入新的管理要素。同时加快核心系统的建设，研发推广具有农发行特色的金融品牌。

第四，体制机制创新。农发行紧紧围绕健全体制机制加速营造主动创新、全员创新的良好氛围，完善考评机制，对接外部监管部门要求，充分突出农发行的自身特点，建立健全各个分支机构，内设党务部门和员工个人的考核体系，加大薪酬考核的力度，激发干部创业的积极性和内生动力。我们对分行班子考核专门设立考核指标，在全国设立全国优秀创新奖，对全国管理创新、科技创新的支持奖励。从正面引导激发员工敢于创新的能力，强化对人才资源的开放培养，制定实施中长期建设规划，广泛引进高端人才、实施英才计划，加大对年轻干部的培养力度。

"十三五"时期是全面建成小康社会的决胜阶段，是传统农业向现代农业加快转型的关键时期，农发行作为政策性银行我们不忘初心、以人为本，在改革创新中不断前行，助力建成全面小康社会作出重大贡献。

（作者系中国农业发展银行副行长）

科技发展重塑商业银行经营管理和服务模式

王敬东

当前,新一轮科技革命和产业变革正在蓬勃发展,以大数据、云计算、移动互联等为代表的新技术日新月异,极大地改变了我们的生产生活方式,不断催生出新的产业形态和商业模式。银行业作为技术和知识密集型行业,一直以来都是创新最活跃的领域,可以说每一次重大科技创新的出现,都会改革甚至重塑商业银行的经营管理和服务模式。

20世纪80年代中后期开始,得益于计算机和信息处理系统的运用,商业银行逐步摆脱了手工处理数据存储、提取、运算的高强度人力劳动,实现了从纸质账本加算盘到独立微机操作,到实施数据集中,再到开启信息化银行建设的历史性转变。时至今日,互联网技术与金融的深度融合造就了互联网金融的风起云涌,新的金融服务方式和商业模式层出不穷。商业银行作为支付中介、借贷中介和信息中介的职能边界,在网络生态链、海量交易数据的叠加影响下正变得越来越模糊。金融服务"新动能"的迅速崛起,成为科技改变金融、金融改变生活的最有力的诠释。

以中国工商银行为例,我们在互联网金融领域是最早的实践者之一,一直没有停下创新探索的脚步,目前已有构建起以"三平台、一中心"(融e购点电商平台、融e联即时通讯平台、融e行直销银行平台和网络融资中心)为主体,覆盖和贯通金融服务,电子商务、社交生活的整体架构,并以此为基础,探索利用互联网技术服务实体经济的新模式,持续加大对国计民生重点领域和薄弱环节的支持力度,在支持供给侧结构性改革、缓解企业融资难融资贵问题、发展惠普金融、防范金融风险等方面取得初步成效。

我们依托网络融资中心实施信贷业务的标准化运营，主要提供贷款额度相对较小、信息对称、适合标准化的法人客户尤其是小微企业信贷，以及无抵押、无担保、纯信用、全线上的个人消费信贷业务。目前工商银行网络融资规模突破6000亿万元，是国内最大的网络融资银行。其中，契合小微企业"短频急"融资需求的"网贷通"，已累计发放贷款2万多亿元，受益的小商户、小企业主近10万户。我们依托"融e行"实现整个网上业务的全部直销，工行与非工行的客户都可以轻松登录办理相应的业务，享受现代化金融服务便利，极大地提升了服务的便捷性和覆盖面。

在积极推进互联网金融发展过程中，我们也注意到，一直以来有这样一种观点，认为商业银行是传统行业，是保守者的代名词，特别是线下物理网点更是"不可承受"之重，其衰退甚至消亡的可能性是大概率事件。事实上，从20世纪90年代的"鼠标""砖头"大战，到现在的线上线下之争，人们不只一次地提出这样的疑问，商业银行用"鼠标+砖头"开创了一个新的金融模式。20年后，互联网金融进入新的发展阶段，我们依然认为，在可以预见的未来，传统银行的线下物理网点并不会消亡，纯线上的银行模式仍然有其局限性，无法完全替代物理网点，只有线上线下一体化的智慧银行才是互联网金融发展的必经之路。

第一，服务实体经济的本源决定了必须走线上线下相结合的道路。金融的根本要求是服务发展，优化社会资金配置。无论互联网金融业态怎样层出不穷，运用了多少先进科技，都不能脱离服务实体经济的本质要求。如果互联网金融创新脱离实体经济，搞"脱实向虚""投机逐利"，这种"悬空的伪创新"是不会有生命力的。商业银行只有始终坚持服务实体经济的本源，把自身在互联网技术以及跨界融合应用等方面的创新实践和比较优势与物理网点的服务资源紧密结合，转化为服务实体经济的新模式、新手段，真正让互联网金融联通工商百业、惠及千家万户、服务国计民生，才能形成在营造良好金融生态的同时，实现自身的转型升级和创新发展。

第二，客户服务需求的升级决定了必须走线上线下相结合的道路。在移动互联时代，人们社交决定方式和消费行为的生活化、线上化、碎片化特征日益明显，拿出专门时间接受金融服务的场景越来越少。现在工商银行三分之一的客户基本不来银行了，主要通过互联网办理业务。而且线下网点也不同以前，过去大家到网点办一张银行卡，需要经过填表、签字、验证、输密码、领卡等很多复杂环节，现在使用智能机具几分钟就能办好。但我们也看到，金融消费者对实体渠道仍高度信任与依赖，需要个性化、差异化的服务体验，尤其针对复杂金融产品或高风险业务，需要更充分的面对面交流。我认为，一方面商业银行要发挥好线上的客流导入口作用，另一方面要发挥好线下网点在客户辅导、业务拓展、服务展示等方面的特有优势，使线上线下资源和服务互为支撑和协同，实现"任意一点接入、线上线下互联互通、全程响应"的一体化服务。

第三，商业银行竞争能力的培育决定了必须走线上线下相结合的道路。金融服务需要高效率和低成本，大数据、移动互联等技术的广泛应用使其成为可能，支付领域体现得尤为明显，工商银行近期也推出了自己的"工银e支付"产品，无缝嵌入到人们日常生活的各个场景，使支付触手可及。但实事求是地讲，提升一家银行的竞争能力，仅靠线上业务、单一产品是行不通的，只有综合化，一揽子的金融服务才是竞争能力的核心所在。这种竞争能力不仅涵盖手机银行、在线支付等线上平台，也包括智能网点、自主设备等线下渠道，甚至还包括为客户提供衣食住行、购物娱乐等跨界非金融服务，这才是未来商业银行要打造的专业程度深、服务功能强、智能化水平高的O2O智慧银行。

第四，金融固有的风险属性决定了必须走线上线下相结合的道路。互联网金融没有脱离资金融通、信用创造、风险管理等金融属性，不仅如此，现代网络的开放性和互动性使互联网金融风险的波及面、扩散速度、外溢效应等影响远超出传统金融。从当前情况看，一些运作不规范、风控措施安排薄弱的互联网金融产品出现兑付问题，一些从业机构从事非法集资活动，卷款跑路事件时有发生。金融业越开放、产品体系越复杂、金融机构参与国际金融的范围越广程度越深，对其专业管理和风险控制要求就越高。这是互联网金融最大的挑战。大数据技术和信息化应用为风险管理提供了先进装备，但再先进的技术最终也离不开人的实战经验、智力介入和分析决断，不能"唯模型""唯技术"，必须以数据支撑经营决策和管理，并定期在线下实践中不断校验、完善，真正发挥"机"智和"人"智两种优势，推动商业银行风险管理集约化、科学化水平的持续提升。

可以说，商业银行的线上与线下服务，如鸟之双翼、车之两轮，两者都不可或缺，只有强大的落地服务与高效的线上服务完美结合，才能创造出更大的活力和空间。

我们相信，站在金融技术创新和经济转型的时代潮头，商业银行只要因时而变、突破自我，加快推动经营管理的深刻变革，就能在新一轮的市场竞争中锻造出更持久的发展新优势、新动能。

（作者系中国工商银行副行长）

银行为什么要转型

许一鸣

现在大家都在谈转型,包括国家转型、产业转型、企业转型、银行转型等。银行为什么要转型?

首先,传统业务在萎缩,新兴业务方兴未艾。公司贷款需求持续下降,近年来几大行非贴现公司类贷款增长乏力,有的甚至负增长;存款被债市、股市、理财分流;支付结算市场不断被第三方支付蚕食;利差不断缩小,建行利差近三年收缩了四分之一;理财、保险、租赁、信托、资管、消费信贷、财务顾问等金融服务需求不断涌现和扩大。

其次,技术进步突飞猛进。基因编辑、生物工程、信息技术、3D打印、机器人、无人驾驶、人工智能等成了人们耳熟能详的概念。对银行影响最直接的是大数据、云计算、物联网等。这一轮技术革命的特点是速度快、普及广、成本越来越低。在这样的背景下,如果你不转型,不引进应用新技术,两三年,别人就会把你甩出几条街。生物和医疗技术可以使人的寿命大大延长,在座者未来活过100岁的可能大有人在,那么养老保险怎么做?一滴血就可以检测出得癌症的概率,那么重大疾病医疗保险怎么做?最近我到福建调研,发现他们的在线金融做得很好,后台服务人员可以通过视频把银行服务送到客户身边。客户在家里、在办公室就可以通过手机、电脑,甚至电视机跟我们的员工进行面对面的交易、交流。银行正在真正成为客户自己的银行。

最后,竞争者越来越多。中国现在有多少家银行?超过4000家。

有多少家金融机构？超过3万家。还有无处不在便利快捷的第三方支付平台。这么多机构，如果还局限于传统的存贷款业务，会是什么结果？难以想象。银行必须突围，必须寻找蓝海。竞争者众多带来了突围的压力，也营造了突围的机会。例如，同业业务就是一个巨大的市场，它的深度和广度与过去完全不可同日而语。

下面来谈一下面对转型大势，建设银行在想什么、做什么。

从2012年开始，建设银行着手新一轮的改革，进行了广泛的调研，并且在2014年底正式制定转型发展规划，确定了转型发展战略，提出了综合性经营、多功能服务、集约化发展、创新银行和智慧银行五大转型方向。这几年我们取得了一些进展。在综合性经营方面，综合性经营牌照同业领先，形成了门类齐全、功能多样、响应及时、服务便捷的服务体系。综合化经营管理方式日趋成熟。比如我们在业务计划安排和考核上提出了大资产大负债管理。这在范围上已远远超过传统的存贷业务，形成了客户的所有资产都是我们的负债，客户的所有负债都是我们的资产的理念。去年以来建设银行非信贷融资已经大大超过贷款。集约化方面，通过前后台分离，流程优化，资本集约等降低成本，提高效率。原来办一笔住房按揭贷款少则一两周，长则几个月，现在一两天就可以办好；支持小企业的"快贷"，在手机、电脑、自助终端上可以随时办理，随时取款。创新银行和智慧银行方面，我们着力于智能管理、IT、大数据、网络金融等关键点，经营管理和客户服务的智能化水平大幅提升。建设银行每天有数以亿计的交易笔数，其中95%以上通过电子渠道完成。我们湖北分行利用现代通讯手段与当地供销社开展合作，把金融服务送到了过去难以问津的偏远农村。

建设银行的战略转型已经形成共识，成为37万员工的共同行动，业务发展已经呈现出新的格局。正如刚才殷久勇行长所说，凡益之道，与时偕行。银行的发展最终要体现在价值创造上，要在成就客户价值的基础上,实现银行的经济和社会价值。建设银行愿意和所有兄弟行一道通过脚踏实地的转型,促进中国银行业走出困境,实现突围,再创辉煌。

(作者系中国建设银行首席财务官)

发挥综合金融服务功能，促进实体经济创新发展

张晓松

资产管理公司在当前经济金融的大环境下，如何利用自身功能优势，更好地服务和促进实体经济发展。我这里主要谈三个特点。

第一个特点：资产管理公司应当发挥不良资产管理的专业优势，化解金融风险，维护金融稳定。

众所周知，经济经过30多年的高速增长，目前已经进入了一个转型的关键时期，也称作经济"新常态"。为稳妥应对新常态，中央今年提出要抓好"去产能、去库存、去杠杆、降成本、补短板"五大任务。应当说，这个"三去一降一补"带来了前所未有的经济结构调整和产业转型升级的大潮，必将给国家经济发展带来新的活力。但从另一个侧面来讲，也将不可避免地带来金融风险的暴露。特别是在去产能、去库存的过程中，处置"僵尸企业"和过剩产能企业，都将带来金融不良资产和企业坏账的增加。据银监会统计，2016年第二季度末，商业银行不良贷款余额已达1.44万亿元，较上季度末增加452亿元，并且这个增长趋势还在延续。对资产管理公司来讲，化解金融风险、处置不良资产一直就是"老本行"，拥有得天独厚的管理经验和专业优势，可以在化解金融风险、盘活资产存量方面发挥不可替代的作用，一定能够在经济转型过程中，维护金融稳定，熨平经济波动，为经济结构调整的顺利推进保驾护航。

第二个特点：资产管理公司可以利用自身多元化的功能手段，开展并购重组，优化资源配置。在不良资产的管理处置方面，资产管理公司的功能手段已经日新月异，特别是挖掘和提升不良资产价值方面，

具有并购重组、资产重组、债权转股权等多元化的功能手段，可以有效地为危机企业和问题金融机构提供专业救助，帮助债务企业起死回生、重焕生机，帮助金融机构化解风险、稳定运行。

第三个特点：资产管理公司可以利用自身的综合经营优势，服务新兴产业，助推经济发展。

新兴产业是中国经济再次腾飞的火力之源、希望所在。当前，在经济转型升级的过程中，新一轮科技革命和产业变革正在兴起，新技术替代旧技术、智能型技术替代劳动密集型技术趋势已经形成，节能环保、信息技术、生物科技、高端装备制造、新能源新材料等战略性新兴产业都呈现出广阔的发展前景。而服务新兴产业中的实体经济，资产管理公司也具有得天独厚的优势。以中国长城资产为例，目前已经形成了"全金融牌照"的集团化综合经营构架，旗下囊括了银行、证券、租赁、保险、信托、基金、担保、咨询、投资、置业等多元化的综合金融服务平台，并累计开发出15类、80余种综合金融服务产品，可以全力支持新兴产业发展壮大。特别是当前，按照国务院、财政部、银监会的部署，中国长城资产已经正式启动了股份制改革，下一步将推进现代企业制度的全面构建，实现管理流程的升级再造，向打造"百年金融老店"迈出更坚实的步伐。伴随着管理升级，未来中国长城资产将继续承担中央金融企业应有的社会责任，进一步加大对新兴产业的扶持力度，不断创新集团业务功能，研究开发出一系列能够满足市场需求的金融服务产品，为促进国家经济发展发挥更加重要的作用。

（作者系中国长城资产管理公司总裁）

第五部分 专家研究

中国银行业面临哪些挑战

吴晓求

中国的银行业应该说度过了第一次黄金时期，这个黄金时期和中国经济高速增长有密切的关系。实际上在21世纪以后，十五年来是中国银行业最辉煌的时候，银行资产80%甚至到90%都是这十几年积累起来的。在这期间，我国几大商业银行都完成了股份制改革和上市的过程，同时具备现代商业银行的治理结构。这一两年来，中国的银行业面临的环境发生了重大的变化，所谓适者生存就是要适应环境的变化。如果不适应环境的变化，恐龙都会消失。那么我们要看一看中国银行业面临哪些挑战？显而易见中国银行业在整个中国金融体系里面是"恐龙"，当然它也可能生存下去，不是一个灭绝了的恐龙，因为它会适应环境的变化。

第一，我们的经济环境发生了重大的变化。经济的高速增长时期已经过去，不可能再回到中国经济两位数增长的时代，我认为这个时代已经一去不复返了，我们必须要认清楚这个形势。我们现在说6.5%的增长速度，也许再过五年，我们能保持5.5%就很不错了。从近期公布的金融数字可以看到已经显示了这种趋势。所以对大环境我们也要有深刻的理解。作为一个银行家，实际上应该成为一个经济学家，要有一个经济战略，对未来中国经济发展趋势要有非常清晰的把握。

第二，金融的市场化改革所带来的全面挑战。这个市场化改革的内涵非常丰富，既包括利率汇率市场化，经济变量市场化的改革；也包括金融体系内部机构的充分竞争。应该说中国的金融体系机构内部相互竞争的时代已经来临，同时还有新的金融业态出现，也构成了大的金融体系内的大竞争，甚至构成整个金融企业、银行业内的竞争，同时引来了互联网金融的"抢食"，这是新的金融业态对我们银行提出的挑战。要么是从融资的角度，要么是从支付市场的份额，要么是从财富管理的角度来瓜分银行的市场份额，因为太大了，所以大家都想来瓜分。这就是一种充分的竞争，这就是一种市场化竞争的趋势。这种趋势是森林法则，就看谁能顺应趋势，顺应未来，谁的理念比较先进，谁的盈利模式有它的独到之处。所以这样一个变化虽然使我们银行业的利差空间大幅刚度收窄，我们以前躺着赚钱的时代已经慢慢消失，我们整个资产增长的速度以及利润增长的速度也会有所下降，但是利润的结构将会发生一些变化。

第三，金融结构变革的趋势给银行带来全面的挑战。金融结构的变革趋势将是证券金融资产的市场占比不断提高，这是国家金融现代化的未来趋势。一个现代化的国家，一个大国金融，应是以证券化资产为主的。中国整个证券化资产只占到2%~2.5%，美国则是80%，从这个比例来看中国的证券金融占比是比较低的。所以，要改善中国的金融结构，是要改善它平衡资本的能力，要不然这个金融体系是脆弱的，要提高金融结构的弹性。同时应要求对金融结构进行变革，其中基本的重点就是证券化金融资产要大幅度增长，这就要推动资本市场的发展，包括债券市场。

第四，科技的力量将会对整个金融体系，特别是银行业带来颠覆性的影响。对商业银行的盈利模式、风险结构以及监管的组成都会带来全面的挑战。科技改变世界，科技也改变了整个经济发展的方向，科技也会改变金融的运行模式，包括互联网、大数据，将会全面改变金融，谁认识不到这一点，谁都会被新的科技所挑战。我们要看到蚂蚁金服的力量，他以前的市场估值非常小，现在的估值则是850亿美元，而能够估值超过850亿美元的银行没有几家。所以这就是金融的力量，金融可以进入到一个标准化的行业，它的产品不能标准化，但是它的个性、特色化会存在。产品的标准化要靠科技来推动，我想这一点毋庸置疑。虽然出现了一些跑路的 P2P，对互联网金融带来了不好的影响，但是互联网的发展不可阻挡，最具特色的是支付。如果它们的资产化管理能够得到提升，将会对金融行业带来颠覆性的改变，互联网的支付将对传统的支付起到颠覆性的影响。所以我们要认识到互联网金融对整个金融体系的深刻影响，这其中对银行业的影响最为显著，因为它阵营太大。金融变革的趋势一定是让银行业的占比下降，特别是传统银行，当我们银行业发生一些质的变化，可能就不是传统银行，可能变成一个新的金融业态。如果我们还固守传统行业，那么整个银行业的变化趋势就会更大。

第五，因为丰富多彩的金融业态的出现，才使中国金融业态的功能广泛显现，个性化金融和普惠金融会凸显，这是我们改革的目的。所以要认识到我们的金融业，特别是银行业，环境、科技、市场的力量，都会发生深刻的变化，我们必须深刻理解这些变化，我们才会在面临环境变化和激烈竞争下生存过来、发展下来。

（作者系中国人民大学副校长）

转型发展要以市场为主导

刘锡良

中国的银行业过去得到了一个很高的成长，2013年以前银行的利润增长，高的是30%，低的也有15%到16%以上，但是2016年出现了有一些银行是零增长，甚至是负增长，所以我们说银行的日子不好过。在这种情况下，银行再不转型，一些中小银行会面临一场新的洗牌，一些可能就会消亡，一些就会被其他央企收购。在此背景下，对中小银行的转型来说，我觉得有几个方面是比较重要的。

第一，战略转型。银行的管理非常重要的一个就是战略管理，即市场定位的问题。我与很多中小银行交流过，他们的战略就是做强做大。多大为大，多强为强，不知道。竞争对手是谁也不知道，竞争对手的优劣势也不知道。如果这些内容都不清楚，怎样做战略管理。所以我们看到很多中小银行的发展规划和战略报告大同小异，基本上都是找四大资产管理公司做一个标准的模板，然后契合一些当地的数据，制订出它们的战略管理方案。中小商业银行没有一个明确的定位，自己该干什么，不该干什么，自己的核心用户是谁？如果弄不清楚这个问题，这家银行淘汰是迟早的问题。

第二，如何形成核心竞争力。这是每一家银行都要思考的问题，目前中小银行同质化非常严重，没有特色，也就是没有自己的核心竞争力。一些中小银行定位有问题，没有自己的核心客户，在没有核心客户的情况下大家都围绕政府来做，自然业务模式都大同小异。如果形成不了核心竞争力，也是很麻烦的事情。

第三，风控模式的转型。利率、汇率市场化是大趋势，这种市场化将对银行的风控模式提出全新的挑战。过去我们的风控模式相对比较简单，因为利率管制的存在。但是未来利率市场化之后怎样进行风险评价，怎样控制风险，这会带来新的挑战。如果在这个问题上，还是靠传统的风险管控模式，中小银行很难维持下去。所以在这样一个背景下，怎样做好风险管理，做好风险评价，怎样强化风控制度和体系，改造我们的业务流程，是银行必须要考虑的一个问题。

第四，银行的营销，银行业务体系的转型。包括传统的存款业务、贷款业务的转型。传统的存贷款形势发生了很大的变化，特别是2016年中小银行存款上不去，利润基本上也就没有了，贷款也贷不出去。那么如何实现业务转型，这个问题是必须研究的。过去我们的营销是以产品为中心的，靠的是产品，未来靠什么？很可能是靠服务。能否利用我们的服务来围绕客户的需求进行市场化的运作，这是我们在业务转型里面要考虑的问题。现在很多银行把自己定位为"政府的银行"，定位为"长期性的银行"，忘记了商业银行的本质、商业银行生存的基础是靠企业的支持。在市场情况下，我们怎样为企业服务，培育自己的企业客户，这是在银行转型中必须要考虑的一个问题。

第五，市场转型。现在我们面临一个不太好的现象，党的十八届三中全会再三强调市场，要利用市场配置来决定资源走向。而现在的市场边界不清，政府在配置资源当中仍起到很大的作用。所以现在这种背景下，我们中小银行如何支持实体经济，培育自己的核心用户是很重要的。

（作者系西南财经大学校长助理）

商业银行的创新思考

刘建军

商业银行到底面临什么样的挑战呢？其实以一个从业者的角度来说，我们感到切肤之痛有四点。

第一，我们资产质量承受巨大的压力。经济发展从两位数降到一位数，我们各家商业银行投放大量的商业信贷、个贷面临巨大的压力。第二，利率市场化不断地推进，让我们商业银行的息差急剧收窄。第三，商业银行间同质化的经营使各家银行难以获得差异化的溢价。多年来，国内商业银行大家基本上都围绕同样的商业模式，同样的目标客户群，同样的客户产品来进行同质化的竞争。在这种竞争下各家商业银行很难获得差异化的进展。第四，互联网的竞争。我认为中国商业银行在这四个方面感受到巨大的压力，或者是一种挑战，一种困境。如何突破这种困境？转型非常重要。但是我认为更重要的是商业银行融入创新的能力，通过创新来实现差异化的竞争优势，打造差异化的竞争优势，这可能是我们唯一的出路。

在创新上，很多银行都在思考，创新思考有四点。

第一，要有一个清晰的定位。清晰的战略定位首先要看自己资源禀赋在哪里，人才的高地在哪里，专业的支点在哪里。同时看看你的资源禀赋跟市场有什么更加匹配的地方。把这些问题进行细致的梳理之后确定自己的战略。我觉得有了好的战略地位，是创新的基础。第二，大胆突破传统的思维定式。我们经历了上一轮的辉煌，十几年的时间让我们赚得盆满钵满，我们总是站在原来的思维当中不敢尝试创新的思维。而现在我们必须要有新的思维模式，要有新的商业模式。

第三，要在体制上构建快速反应的组织架构。其实组织架构的创新对一个商业银行来讲非常重要，我们传统商业银行的组织架构基本上是一个宝塔式的，宝塔式的组织架构强调每一级负责人的经营主责任，但是弱化了市场传导速度，弱化了专业的生产。所以我们要对组织架构进行调整，来改善传导效率，来随时捕捉到市场快速变化的需求。第四，要敢于、善于使用新技术。当前商业银行面临三大新技术：互联网、大数据、区块链技术。目前区块链技术没有一家银行在使用，都是在探讨，真正应用的人不多。但是互联网和大数据已经对整个商业银行的金融管理带来了巨大的变化，所以我们一定要敢于在这个新技术方面加以研究，让这个新技术成为我们更好地服务客户的基础，更好地服务客户的平台。

招商银行一直都走在中国银行业的创新前列。下面分享一下招商银行这几年创新的举措。

第一，依靠体制创新提高应对外部环境变化能力。招商银行从2014年开始，开始推动事业部制改革，建立零售、批发的行业开发。通过这种改革强化专业能力，我们认为只有提供了非常好的专业服务，才能够满足客户的需求，而事业部的管理体制是能够达到这个目标的。第二，依靠流程创新，夯实运营管理能力。商业银行的流程创新非常重要，流程创新决定客户的体验，同时流程创新决定运营成本的高低，不同的流程创新客户的体验也是不一样。招行银行通过系统的切割和改造，建立了全新的管理架构，会员体验率非常高，提高了柜台的工作效率，提高了会员的满意度。第三，依靠管理创新提高管理运营水平。管理的创新对于商业银行非常重要，招商银行跟其他银行最大的差距不是我们的账户系统，而是我们的信息管理系统。管理创新对我们商业银行非常的重要，招商银行在管理信息系统的建设方面投入了非常大的人力和财力。我们在零售信贷，信用评分卡等方面都做了很多的工作。这些都是通过管理的创新来实现的。第四，依靠渠道创新来提升客户体验。如何抓住互联网的时代，让客户在互联网上感受到客户的优质体验非常重要，所以利用互联网平台做到渠道的创新，让客户感受到银行的优良客户体验是需要认真研究的。招商银行通过VTM，通过网点WIFI的铺设，让客户的体验更好。招商银行推出了未来银行，客户在家里就可以排队办理业务，可以处理任何办理业务的申请，到网点简单一个接入就可以了。第五，依靠产品创新超越满足客户的需求。招商银行这些年在产品方面做了大量的一些探索，总是有一些新的产品不断面世，包括一卡通，国际交流信用卡等，都是我们在产品方面做了很多的创新，超越客户的需求，赢得客户的喜爱。第六，依靠服务的创新成就卓越的服务平台。早年招商银行的客户细分让我们收获了中国大部分中产阶级接入到我们大客户体系当中。到2007年我们推出了私人银行服务，招商银行是中国最大的私人银行，我们在全球的私人银行业务中排名第21位，用了9年的时间我们的私人银行已经进入到国际私人大银行的群体，这都是我们进行创新不断获得的。

（作者系招商银行副行长）

银行创新转型新思路——提高研究能力

连 平

记得加入WTO之前,银行业都在说寒流来了,但是中国银行业平稳度过了。然而现在确实是进入了寒冬。利率市场化、行业准入门槛的松动、互联网金融的挑战以及目前宏观调控周期性的政策变化都对商业银行的经营环境产生了巨大影响。从当前来看,我认为影响最深的还是宏观调控周期性的变化。至于利率市场化、行业门槛松动以及互联网,我认为并没有真正产生深刻的影响,但可能会随着时间的推移逐步深入到银行业,不要掉以轻心。仔细分析一下,目前所带来压力的主体还是政策的周期性变化。对形势的准确把握是需要强大的研究能力来支撑的。因此我想就当前形势下银行如何提高研究能力来实现创新发展与管理提升谈谈几点看法。

我觉得面对这样的形势,研究工作是十分重要的。创新发展也好,管理提升也好,没有研究工作的加强,很难达到我们制定的目标。比如说创新发展的方向是哪里?具体在哪些地方着手推进,着力点在什么地方?比如说管理提升,首先要进行诊断,管理的短板在哪里?问题的症结在什么地方?这些都要从深入实质来做。

中国有一句古话——谋定而后动,银行家们有很多东西要搞清楚,首先要谋划清楚,研究清楚,哪一步是我们需要做的。研究银行业遇到的困难,对于推动创新发展和管理提升是非常重要的。如果对银行业的业务做一个分级,研究工作是所有银行业务的最上游,上游的事没有做好,可能往下走一步,步步走错,一步有偏差,可能下一步偏差更大。

所以我们认为创新发展和管理提升的重要前提条件就是要先把研究工作做好。借这个机会我想对银行怎么做研究工作，根据我很多年的工作体会说几点想法，或者是建议。

第一，领导要当好研究的领路人。目前银行业的研究团队绝大部分的年龄可能在25~40岁，这些人总的来说对银行业的了解是有限的，研究能力肯定是没有问题的，但对银行业的了解显然比不上总行领导、分行领导、部门领导。因此，真正能够发现问题、提出问题，还是得靠领导。而一个不能提出问题、思考问题、找出问题症结的领导绝对不是好领导。领导提出的想法，如何落到实处，如何解决，如何验证，然后指导业务管理，解决实际的问题，这需要引导研究人员来解决。所以我认为领导要当好研究工作的领路人。

第二，建立研究体系。所谓的研究体系，从大银行来说，可能比较清晰一些，比如说总行应该有研究团队，还应该有一个比较强大的行业研究团队，还有业务板块和业务条线需要很多方面的研究，很多工作都需要开展。事实上现在商业银行已经有这样的安排，有一些银行的研究体系相对比较清晰，但是我了解相当多的银行没有这样的架构。那么这样一个体系的构成，对于整个银行业，对于未来发展，对于所有业务的推进、管理的提升、战略的落地应该会有很好的帮助。

第三，要舍得花钱请高手。研究人员的水平上下差距非常大，如果研究团队有一两个好的业务人员能够持续地不断解决领导没有搞清楚的问题，或者是需要论证，需要开发创新的问题，将对银行的贡献非常大。我们银行往往重视能够带来存款资源的人，而轻视研究人员，因为营销人员的价值是能够量化的，研究人员的价值不太清晰，有一点模糊。但作为领导者来说，必须承认这种价值。所以不要不舍得请高手，请高手对银行的长期发展和业务创新很有帮助。

第四，构建好人力资源体系。其中最重要的就是专业人才的职位体系。在银行业内研究做得不错的研究人员，时间长了要么被业务部门挖去了,要么到了一定程度不升职就要跳槽,所以银行要保证专业人员的职位匹配。我们看到有一些银行已经推行了这样一种体制,专业研究人员发展到一定程度,甚至可以做到分行行长、总行部门经理的职位,这样人才才可以定下心来长期扎扎实实作出贡献、带来价值。

中国还有一句话大家都很熟悉但是真正做到非常难:人无远虑,必有近忧。看得远但不落地同样会存在问题、不能长久。在新的形势下能够把研究工作结合到银行业务、管理业务中间去,把研究工作放到重要的位置,这家银行一定有美好的未来。

(作者系交通银行首席经济学家、
中国银行业协会行业发展研究委员会主任)

打造要塞式资产负债表，建设四方满意的银行

罗 军

要塞式资产负债表最初由美国第一银行前货币政策分析师理查德·弗雷德里克斯提出，摩根大通杰米·戴蒙使要塞式资产负债表声名远扬。杰米·戴蒙执掌美国第一银行和摩根大通时，将高超的管理艺术与对要塞式资产负债表的坚持完美结合，引领美国第一银行转危为安，并走上金融巅峰。要塞式资产负债表，秉承"慎"者为王，以战略性眼光理性分析每一个发展机会，敏锐感知风险，保守估计盈利，拥有充足的资本、强大的拨备、大量高质量抗压性强的资产，着眼长远利益，为未来做好准备，一步步创造价值。要塞式资产负债表同城堡一样兼顾坚固性防御和战略性进攻的特点，即使面临困难的经济形势，这种加强型资产负债表更能承受借贷者违约以及资产缩水形成的损失，使公司依然保持很好的财务状况，继续推进各项业务发展并能更好地服务于顾客；当机会出现的时候，具备主动出击，抓住每一个发展机会的能力；当经济周期从复苏走向繁荣时，具有强大的力量去击败那些还在恢复中的竞争对手。

我们从微观角度来看一下银行的转型。广西北部湾银行发展初期由于诸多原因，造成2013~2014年不良资产高企，案件频发，舆情攻击，监管评级下调，业务下滑，股东和员工队伍不稳，一度被外界戏称为"英国的北岩银行"。为实现在困境中突围，广西北部湾银行董事会决定启动创新发展与管理提升，打造北部湾银行中国式要塞式资产负债表，保护资产安全，实现业务有效增长，股东分红和员工收入稳中有升，致力于建设让社会、股东、客户、员工放心和满意的银行。

（1）增提拨备，增强风险抵补能力。要塞式资产负债表两大支柱之一就是具有强大的拨备，建立坚固的防御。（2）增强资本，提升发展实力。拥有充足的资本，具备主动出击的能力，以提高资本率和抓住每一个发展机会，这是要塞式资产负债表信奉的基本原则之一。（3）优结构，增强资产负债表。一是优化资产负债结构，二是优化队伍结构，三是优化董事、监事、股东结构。（4）战略引领，扩充资产负债表。要塞式资产负债表的基本条件之一就是拥有强大的抗压资产。（5）强风控，增强防御能力。增强防御能力，以保护资产质量和增强资产负债表，是要塞式资产负债表基本准则之一。

经过近三年的探索，北部湾银行实践要塞式资产负债表取得初步成效。但是，打造要塞式资产负债表是一项长期的工作，北部湾银行也将持续努力，坚持业务稳健发展和风险管控的统筹兼顾，努力打造北部湾银行中国式要塞式资产负债表。

（作者系广西北部湾银行董事长）

中国银行业组织与人才的变革之道

张 越

转型对我们是一个新话题,而对于海外银行家来说从2008年全球金融危机开始就是一个长期不变的主题。国外的转型经验可以给我们提供借鉴。

我们从微观的维度来看一下银行的转型。银行始终是一个企业,企业就要涉及业务模式和运营模式。业务模式的转型,例如客户、产品、渠道、区域等的改革对一个企业来说相对容易些。而运营模式才是转型的"深水区",关乎一个企业改革成败,即组织架构与人才之道。在这里我分享三个观点,银行业组织与人才变革的三大主题:精益之道:用创新模式为转型中的组织"松绑";收放之道:科学放权,释放"轻型快艇";育人之道:输血造血,为转型创造永续力量。

第一,关于组织架构,国外银行目前非常流行这样的趋势,如何打散组织架构变成模块化的组织。一谈组织架构就会诟病银行层级多,链条长等。国外的银行也有这个现状,只不过很多海外成熟银行跟我们有一个相对比较大的区别,在事业部这条路上走得比较远和成熟。他们的组织架构是成模块化的(见图1)。

第二,收放权的问题。原则上要收关键人事权,收财务权。这样采用控制财务的底线,但是一定要灵活。有一些权利要放,放业务权和非专业人士权。但是我们的银行很难做到这一点,这就是我们管理的信息化程度不够。这要求管理过程的可视化,这考验我们管理的可视化水平。我与很多国外银行有过交流,我个人的感触是中国的银行

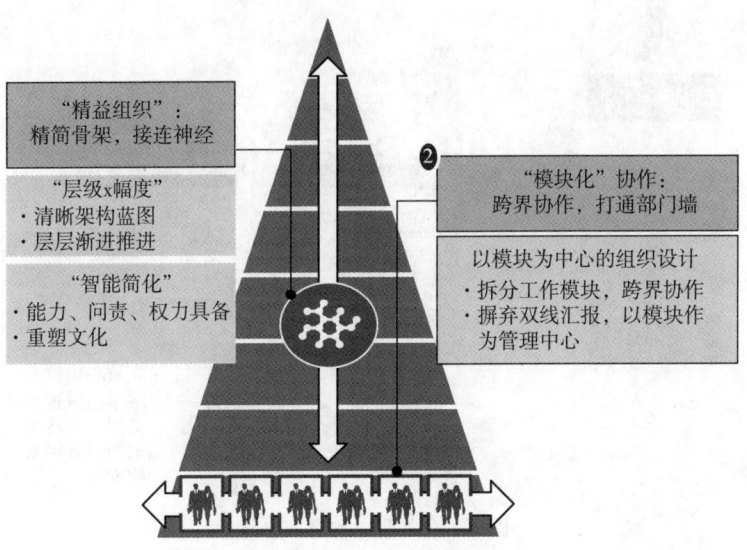

图1　银行的模块化组织架构

有很多经验可以向国外学习，他们的管理我们可以学习。当我们发现一些指标不对，其实并不是指标不对，而是我们的管理的问题，但却找不到问题所在。所以精细化管理不是做不做的问题，而是生存下去的必需，是一个长期的工程。

第三，育人之道。现在银行非常头痛的一个问题就是人才逐渐流失。而有的失血是致命的，对银行来说是巨大的挑战。这一方面需要建立留住人才的机制体制；另一方面，也是更重要的一方面就是企业自身的造血能力。企业并不一定都招收顶尖人才，自身的人才培养对于一个企业来说同样重要。银行自己的造血功能是非常关键的，在整个链条里面要引流，也要培养，它是整个人才体系解决问题的方式（见图2）。人才是整个肌理的血液体系，如果让他持续造血，将会实现长足的发展。

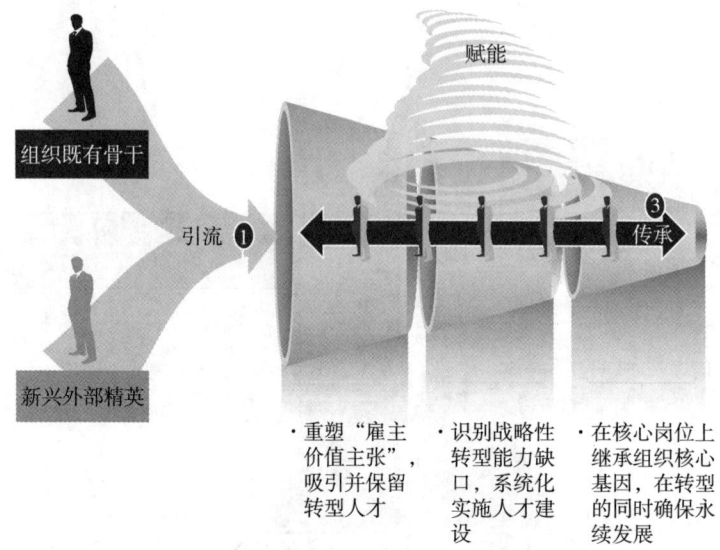

图 2　输血造血的育人之道

（作者系波士顿咨询有限公司合伙人兼董事总经理）

议题一　银行不良资产与风险管理

根据银监会的最新数据，截至 2016 年第二季度末，我国商业银行不良贷款的余额达到 14373 亿元，不良贷款率 1.75%。无论从数据还是从我们从业者的切身感受来说，银行的不良率都处在一个攀升的阶段，同时也对我们银行的不良贷款的管理提出了较高要求。

张正华：中国商业银行面临的风险是可控的

就个人观点而言，中国经济目前处于转型期，正在换挡走势中，银行在资产的存量管控上一直存在持续的增压，这点并无疑问。至于国际国内对中国银行业不良率有一定担忧，其实也属正常，来自不同方面的分析、数据、判断未必是完全准确的。

总体来说，中国的商业银行面临的风险是可控的。在目前经济下行、三期叠加的新常态下，央企的瘦身以及供给侧结构性改革等措施都是必然且必需的，这同样也会给银行的整个经营管理带来一些新的变化，因此会有一些不良特征随之呈现。在这种情况下，银行在去周期方面都会有自己的一些办法，加上国家各个职能部门都非常重视，协助我们的银行改善风险管控，提高资产质量，包括不良资产的清除处置。因此，我觉得银行有能力适应这种变化，也可以把这些事情做好。

此外，谈到债转股的问题，目前可以说是已经破题，但尚未落地。债转股本身是一个重要的不良资产处置方式，但在政策上、法律上、操作上，以及将来如何做到真正的落地，还是需要各方面的共同努力。总的来说，如何真正地实现市场化和法制化，是顺利推进本轮债转股的关键。

（作者系中国工商银行信贷与投资管理部副总经理）

徐彪：不良资产的处置应引进社会资源参与

应当强调的是，第一，不良率本身就是一个动态的过程，是不断变化的，十年前的不良率和目前的不良率并不具有可比性。现在我们银行的资产、贷款占比已经都在55%以上，现阶段行业2%以下的不良率完全处于一个可承受的范围内。第二，不良资产并不等同于损失的资产，不良资产是有其自身价值的，其实大部分不良资产的问题并不像表面看起来那么严重，只把注意力集中在银行不良率这个数字上，难免会犯以偏概全的错误。

自从四大资产公司成立以来，对我们整个不良资产的处置起到了很积极的作用。通过这几年的实践来看，资产公司确实承担起了商业银行不良资产的转让的任务，但其中也存在一些问题，例如，目前已有的资产公司仍很难满足商业银行资产转移的需求。从另一个的角度来说，不良资产是有价值的资产，要体现它的价值，就是要让合适的人以合适的价格，购买合适的资产，这才是一个真正消化不良资产的过程，这样可以实现不良资产价值的最大化。因此，我们应当整合社会资源，更多地引进社会资源来参与不良资产的处置，拓展不良资产的处置渠道。

（作者系浙商银行资产保全部总经理）

雷鸿章：银行应加快与资管公司联手进行不良资产处置

资产管理公司是为银行服务的，现阶段在资产管理公司与银行对接方面确实存在一些问题，但不是资产转让方式的问题，而是资产转让的价格问题。银行现在面临三大压力，一是要保利润增长；二是要控制不良率；三是保资产覆盖率。以目前的情况看，四大资产管理公司已经商业化，资产管理公司处置银行不良资产的同时也要保证其商业利益，资产管理公司在承接不良资产时需要加上财务成本、管理费用和预期利润等，因此，不良回收率往往不如银行预期，这也导致了现阶段面向银行的不良资产转让仍停留在较低水平。

关于债转股问题，国务院提出债转股应"两化"，即市场化和法治化，但银行和企业必须接受债券利益剥离的问题，难度不小。目前很多国有大型企业都在推进去产能，债转股就是让一些不太好的企业死灰复燃。因此，现在对一些发展前景好的部分企业实行债转股是可行的，但是对下一步推广来讲非常艰难。我的观点是，对一些预期发展比较好的企业可以实行债转股，但现阶段是否应大面积推广值得商榷。

最后，我想强调的是，银行应真正地加快与资产管理公司联手进行不良资产处置，现在银行把不良资产放在自己手上是一个危险的信号。要充分发挥资产管理公司的作用，最大限度地提升不良资产的回收价值，维护银行的信用，实现银行与资产管理公司的双赢。

（作者系中国长城资产管理公司资产经营部总经理）

易雪飞：银行应努力使不良资产的价值最大化

第一，在经济下行的周期中，作为银行，出现一些不良贷款，包括其他一些损失在所难免，我们银行不应自乱阵脚，要有逆风飞扬的决心和信心。第二，就中国银行业的利润水平而言，目前的不良率水平完全在财务承受范围内。关于我国银行业的不良率，社会上有很多声音有意无意地夸大银行不良率和随之而来的负面影响，实际上是有危言耸听之嫌。第三，作为一个从业者，不论是银行高管，或是基层员工，应脚踏实地地做好自己分内的工作，努力做好风险管控，不良率自然会得到控制。

要摆脱困境，就需要"突围"，如果不希望未来在不良贷款上越陷越深，我们银行就需要更加审慎，更加有效地管控我们的风险，控制我们的不良资产的增长。同时，应当注意到，不良资产本身也是资产，也是有价值的，不良资产不是包袱，经营好不良资产，如何使不良资产的价值最大化，这正是我们下一步要做的。

（作者系广州农村商业银行行长）

夏华：银行应不断创新金融服务方式

借这个机会我想把郑州银行的情况向各位做一个简单介绍，郑州银行的前身是郑州市商业银行，经过八年的努力，郑州银行于2015年12月23日在香港银交所主板挂牌上市。关于不良资产的情况，郑州银行6月不良率是1.3%，低于全国金融行业平均水平，这种成绩的取得来之不易。在不良贷款的组织方面，即，控制新增不良贷款，解决已有贷款遗留问题，我们的做法是分销、打包处置，这都是我们处置存量的一些做法。2016年上半年郑州银行通过这个方式处置了7亿多元。此外，在处置手段上，我们积极探索采用不良资产证券化和收益权转让等创新方式，当然这需要监管部门一些新的政策支持。总体来说，我们有信心有决心把信用风险防控好，风险是可控的。我的观点是，银行应不断创新金融服务方式，把风险控制在我们的可控范围内。

（作者系郑州银行副行长）

议题二 服务实体经济的金融创新

现阶段大家都在谈我们的银行陷入了困境,然而困难和机遇往往是并存的,在困境中就需要创新。从国家的层面来讲,创新是一个民族进步的灵魂,也有人说创新是经济发展的动力。

杨涛:金融支持实体应遵循市场化的原则

金融应服务于实体经济这个话题虽然比较热门,但其中仍有一些似是而非的概念。如果说实体经济是硬币的一面,硬币的另一面就是金融活动。2008年金融危机以后美联储提出,实体经济部门是决定一个经济体的稳定与否的部门,直接影响居民福利,社会的稳定和发展。从这个视角来讲,与实体部门相辅相成的金融体系至关重要。金融体系要服务好实体经济,首先是金融体系自身要稳定,即金融体系不能成为"添乱"的部分。从这个意义上讲,银行的资产不良率确实值得关注,银行有不良资产是正常的,但不能因此引发银行的信用风险。从另一个视角来说,金融要服务好实体的意义在于,如果实体经济出现一些矛盾、一些结构扭曲,金融体系要能够缓解这些扭曲,促进实体经济的良性发展,而不是雪上加霜。说到底,银行业面临的问题,包括不良资产等,其根源并不在于银行业本身,而是来源于非金融企业部门,例如,目前我国非金融企业一方面杠杆率很高,但另一方面在我国投资率上升的同时,资本收益率却在持续下降,这就是一个比较典型的矛盾。处理类似的问题仅依靠金融部门是远远不够的,还需要联系实体部门从根上来解决。

此外,我们在谈如何利用金融创新来服务实体经济时,应避免出现过多基于行政性和政策性的指令。金融支持实体是非常重要的，但是应遵循市场化的原则，我们应当多利用"看不见的手"对资源进行配置。

（作者系中国社会科学院金融研究所所长助理）

胡恒社：金融创新的根源在于实体经济

金融应服务于实体，金融创新说到底是为了更好地为实体经济服务。我认为，金融创新的根源在于实体经济，或者具体说，来源于客户需求。我国的银行这几年很重视金融创新，在金融创新方面做了很多有益的探索，大体来说，服务实体经济的创新比较多，规避金融监管的创新相对较少。服务实体经济就是适应客户的需求，包括国内和国外的。此外，还有一个是银行应变能力的提升，所以管理也在创新。同时，监管对创新构成了很大障碍，因此，监管政策的制定应全盘考虑，监管应从全球主流的监管思路出发。

作为国有大行，建行成立的初衷是为支持国家建设的需要，60多年来，建行一直坚持创新，承担起了服务实体经济，支持国家发展的任务。在现阶段的新形势下，建行对创新的态度也一以贯之。船大，可能很难掉头，在创新路上，我们也遇到了不少困难和阻力，但是逆水行舟不进则退，越是艰难越是要付诸努力走出困境。我认为，我们的银行应迎困难而上，切实地以金融创新来支持实体经济的发展。

（作者系中国建设银行产品创新与管理部副总经理）

宗良：实体经济是金融体系长期可持续发展的源泉

"十三五"金融规划强调金融要服务于实体经济，这里有两层含义，一是金融要支持实体经济的发展，二是金融体系应按自身规律发展。以中国的现状来看，我们银行的金融创新都是较成功地支持了实体经济发展的。而支持实体经济发展，具体来说，有以下几个方面。

第一,支持"三驾马车"。中国经济要保持平稳发展,消费、投资、出口的驱动必不可少。我们的金融机构要做出行之有效的创新对消费、投资和出口进行支持,在这个意义上才能说金融支持实体经济的发展。第二,金融创新支持供给侧结构性改革。供给侧结构性改革的核心就是"三去一降一补",在金融领域应用创新来支持供给侧改革,支持企业去产能、支持企业转型升级,促进企业降成本。第三,金融创新支持我国的企业"走出去",支持"一带一路"的发展。"一带一路"的发展将会为我国开辟巨大的市场,这个巨大市场不仅对中国有意义,而且对世界都具有重大意义。金融创新出新组织、新手段、新工具以带动我国的"走出去"战略,就是支持实体经济的发展,例如,亚投行就是金融组织创新的一个非常好的尝试。

(作者系中国银行首席研究员)

郑志瑛:金融创新应将资产安全置于首要地位

我想谈谈我对于创新的看法,关于创新,我觉得有三点值得强调。

第一,创新有大小。银行应根据自身特点进行创新,利用创新提升自身的核心竞争力。例如,由于客观条件所限,地方性小银行很难在行业中引领创新,而应采取跟随创新的战略,同时根据自身特点"求同存异"。例如做微创新,我们设置了夜间银行。客户到银行排队比较多,我们通过各种措施设置了一个不排队的银行。同时,我们在发展县域金融、社区金融的时候,发现客户的现金需求很旺盛,因此我们大力发展现金银行。诸如此类的一些战略使我们取得了一定的市场影响力,得到了客户的认可,这是我们做的一些小的创新。第二,创新有风险。创新主要有两大风险,一是经营性的风险,二是政策性风险。就经营性风险而言,银行的传统业务是安全性最高的。以地方性商业银行为例,由于有本土优势,面临的本土客户的道德风险较低,然而进行跨区域经营时风险就比较大了,所以可以考虑从进行传统业务中衍生出创新活动。对于政策性风险，我认为银行应守住合规底线，创新首先必须合规。第三，创新靠文化。创新文化支撑了中国近40年的经济前行。现在谈金融机构转型，我也希望我们的社会能有容错、容败的这种文化。我认为我们应当坚持改革开放的初心，给创新的失败和错误一定的容忍，这也是需要社会和舆论给予我们一定的宽容和支持的。

（作者系邯郸银行董事长）

雷丰新：金融创新不能脱离实体经济的发展

首先，我想强调金融创新与金融监管并不矛盾，现阶段我们的银行都可以感受到许多来自监管层面的支持，例如，汉口银行获批投贷联动试点。先试点，成功后再进行推广，同时根据实践对规则进行调整，这也是一个创新的过程。

其次，金融创新是中小银行发展的推动力。中小银行缺乏比肩大银行的人才储备和资金实力，难以进行首创性的创新，但可以采取跟随性的创新策略，使中小银行的业务发展有更广阔的客户群体。通过这样的创新，由点到面进行推广，或者是向别的领域进行延伸，获得一个外延式的扩散效应。

最后，脱离实体经济的创新，或是规避监管的创新，生命力都是有限的。这类创新并不是真正意义上的创新，会在发展过程中被自然地淘汰。同时，随着金融创新的发展，监管也处于一个动态变化的过程，监管同样会有所创新，这就会形成与金融机构创新的一个良性的互动过程，促使我们的银行发展得越来越好。

（作者系汉口银行副行长）

议题三　管理精细化与效率提升

在中国当前经济下行的宏观环境下，中国银行的发展陷入了困境。我们已经探讨了银行业应如何来化解不良资产，如何通过金融创新来更好地服务支持实体经济发展，这些问题最后都要归结到管理上，即通过提升管理水平来化解我们目前遇到的困境，寻找突围的方向。

郭田勇：用管理控风险，向管理要效率

银行的管理主要体现在两个方面，一是通过管理提高防范风险的能力，强化风控。二是通过管理提高经营的效率，也就是管理的精细化，通过精细化管理提高单位产出。今天一直在谈的金融创新其实与管理也是密不可分的，打个比方说，利用创新型金融产品来帮助企业防控风险，从银行的角度来看，这既是一个创新产品问题，同时也是一个管理手段更加精细化的问题。

通过精细化，可以极大地提升管理的效率。这就是我们常讲的精准营销、精准风控。精准营销能够提升管理效率，比如说借用互联网金融的手段，能够更加准确地监控业务流量的情况和客户的行为特征，这样的方式带来了管理效率的提升。从较为宏观的角度来说，银行业要提高管理水平，一套行之有效的公司治理和激励机制必不可少。我们有许多银行业绩亮丽，但银行本身其实缺乏优良的激励机制，企业文化仍在强调员工奉献。在我看来，这是缺乏一个员工与企业相容的治理和激励机制的表现。因此，我们的银行还是要向精细化管理转型，哪怕起步艰难，也要坚持下去。应坚持用管理控风险，向管理要效率的方向。

（作者系中央财经大学中国银行业研究中心主任）

龚志坚：事业部制是银行转型变革的方向

首先，提升管理效率与转型创新两者是相互联系、互为一体的。转型主要涉及两大方向，第一是经营的同质化向经营的差异化的转变。第二是管理的粗放式转向管理的专业化和精细化。从转型的角度谈管理涉及的面广事多，所以银行管理的提升和效率的提升需要一个系统的梳理，也就是要有一个清晰的顶层设计。否则的话，所谓的转型难免迷失在许多的"细节"当中，到头来一出问题仍然是"头痛医头，脚痛医脚"。以民生银行的整体性转型规划为例，这个整体性转型规划实质上就是管理层面的提升，是我们借鉴国际上许多银行的转型路径的设计，并结合民生银行积累的经验和教训后做出的一个顶层设计。这个顶层设计叫做"凤凰计划"，是取"凤凰涅槃，脱胎换骨"之意，核心内容是全面的增长方式转型与治理模式变革，主要目标和愿景就是要打造以客户为中心，具有核心竞争能力和持续发展的标准式银行。

其次，我认为，事业部制是银行的转型变革的方向。如果说以客户为中心是银行未来经营理念的发展方向的话，那么这个经营理念一定需依靠一个组织模式来实现，而只有事业部制是与之相配的组织模式。但与此同时，事业部制改革是组织模式的变化，是一个变革，我们的银行在进行事业部制改革前应确保自身具有进行事业部改革的条件，在我看来有以下几点是事业部改革的前提，一是精简组织架构；二是裁汰冗员；三是梳理组织流程；四是优化劳动组织；五是优化时间观念，此五点缺一不可。

（作者系中国民生银行发展规划部总经理）

李志涛：银行应不断改善收入结构和收入水平

精细化管理这个概念源于美国，20世纪50年代在日本得到普及和应用。作为一个特殊的产品和服务的提供者，银行精细化管理实际上是企业定制化管理的一个延伸。在银行的客户管理层面，我们的银行都是很成熟的。根据我们积累的经验并结合世界上的一些先进做法，我们提出了三个方面的精细化管理的目标和方向。

第一，客户精细化管理。客户精细化管理是基于系统和数据的对于客户的精准营销管理。第二，客户经理精细化管理。客户经理精细化管理是基于系统和数据对客户经理的过程化管理和目标管理。第三，网点管理，网点管理不仅仅涉及物理网点层面，更多的是线上线下相融合的竞争环境的体现。这三点是基于现状、基于数据和系统支持的全方位精细化管理方案，以达到提高收益、改善收益结构为目的。提高管理精细化，提升管理效率，同时降低成本。作为银行主要有三个方面成本：第一，物理网点成本；第二，人员成本；第三，运营维护成本。中信银行在物理网点成本上主要是采取轻型化、差异化模式。在降低人员成本上，主要通过智能机具，即人工行为向线上智能机具转移，逐渐降低我们人工成本，将人力成本由交易型推向服务型和营销型方面。运维成本主要通过大数据，通过一些智能化的线上线下产品，去取代原来单纯的线下运维模式，从而降低整个成本。

（作者系中信银行零售银行部副总经理）

黄纪法：管理是企业经营的永恒课题

我认为，提升管理效率首先是专业化。找正确的人用正确的方式做正确的事，如何将这些专业人才组织起来，然后找到合适的路径去实现自己的战略目标。以稠州商业银行为例，到目前为止，效率的提升更多的是处于客户服务层面。对内部管理来说，在管理能力还没有达到相应水平的时候，应当是慢一点、稳一点会更好。稠州商业银行是一个县域银行，是一个从义乌的城市信用社走出来的商业银行。在前期的扩张过程中，我们更注重的是开疆拓土。到了后来感觉管理没有跟上，尤其是对于怎样在大城市开展业务，如何应用现有资源去服务跨区域的客户，其实没有一个特别好的理解。我们聘用了一些股份制银行的高管，利用股份制银行操作的方式，将市场规模做上去了，但这个过程中也积累了一定的风险。2014年，我们重新调整战略，定位于服务小微企业，因为我们的资源禀赋不支持我们与大银行去竞争。

我的感受是，提升管理的过程是一个持续不断的过程，银行不能盲目，应当结合自身管理水平制定适合自身的、可行的战略。"效率至上"并非放之四海皆准的。银行是经营风险的企业，不能一味地追求效率而积累大量风险。管理是一个永恒的课题，银行应不断提升管理效率，然而，对于风险，包括操作风险、市场风险，或是信用风险也好，银行内部的风险管理一定要徐徐推进，一定要结合自身的特点来做。可以说，对于银行，精细化管理永远在路上。

（作者系浙江稠州商业银行副行长）

孙军：提升管理效率应首先制定精准的战略

对于管理的精细化这个概念，在不同的时期、不同的区域、不同的国家，可能有不同的理解。在我们当前金融大变革的背景下，管理精细化应该从三个方面来考虑，也可以说将"精细化"三个字拆开理解。

第一，精。主要指精准的战略，因为精细化管理并不是两眼一闭，埋头做流程的梳理细化。战略为先，我们的银行应首先制定出精准的战略，在当前的环境下，银行到底应该做什么，不应该做什么，发展方向是什么，这都是首先应该明确的，没有一个精准的战略，管理做得再细也达不到预期。

第二，细。细致入微的运营，范围比较宽，包括运营方面的管理、服务管理创新等，要精益求精。

第三，化。要把这些东西固化下来，形成一个常态化的机制。体制和机制上的保证至关重要，没有一个体制和机制上的保证，再好的战略，再细致的运营也可能起不到应有的效果。

那么到底应该如何推进管理的精细化？结合自身的实践，我认为事业部制就能为当前银行的粗放式管理提供源头上的解决方案。事业部制打破了过去的分支行体制，是按照一个大的条线化运作的体制，它有几个显而易见的好处。一是专业化。专业的人做专业的事情，能打破同质化竞争的现状，做到个性化，差异化。如果没有做到专业化不可能精细，事业部带来的好处就是专业化。二是事业部制是一个责、权、利更加明晰的传导机制。在传统分支行体制下，最优秀的人才和资源多集中在总行，往往造成资源浪费。在事业部制下，各部门的条线责权明晰。三是效率的提升。效率提升可以从两个方面理解，第一是事业部制首先会横向集成一些职能，把资源管理集中在各个条线里面，让决策层有能力快速面对市场作出反应，提高效率。第二是把传统经营机制三级管理压缩成了一级经营。事业部尽管有很多分部，但实质上是一级经营，能极大地提升经营效率。

论及精细化管理，我们不能照搬国外经验，西方发达国家银行的战略、体制已经到位，只须在两头精细化上下工夫。而我们的银行战略不明确，体制不清晰，所以我们应当首先在大战略上下工夫。正如20世纪80年代初中国面临的问题很多，但重点其实就在改革开放。我经常听到有人说我们银行缺人才，但实际上银行从来不缺人才，缺的是好的体制和机制，只要有了好的机制和机制，很多困难都能迎刃而解。

（作者系亚洲金融合作联盟管理咨询公司总裁）

第六部分

附录：2016年中国商业银行竞争力评价结果

附录一 商业银行竞争力排名表（2016）

表6-1　　2015年全国性商业银行财务评价排名表

银行名称	资产（亿元）	风险	资本	盈利	流动性	综合财务评价	名次
中国建设银行	183494.89	0.691	0.946	0.712	0.748	0.756	1
中国工商银行	222097.80	0.646	0.950	0.720	0.677	0.740	2
招商银行	54749.78	0.707	0.814	0.707	0.798	0.737	3
兴业银行	52988.80	0.734	0.741	0.721	0.688	0.726	4
恒丰银行	10681.56	0.709	0.715	0.632	0.976	0.706	5
浙商银行	10316.50	0.794	0.762	0.639	0.592	0.705	6
浦发银行	50443.52	0.704	0.757	0.746	0.413	0.702	7
中国银行	168155.97	0.707	0.892	0.612	0.650	0.700	8
中国民生银行	45206.88	0.658	0.748	0.702	0.546	0.682	9
中国光大银行	31677.10	0.634	0.818	0.662	0.604	0.679	10
中国农业银行	177913.93	0.607	0.851	0.637	0.714	0.678	11
交通银行	71553.62	0.674	0.873	0.585	0.627	0.673	12
平安银行	25071.49	0.634	0.734	0.626	0.846	0.672	13
渤海银行	7642.35	0.726	0.620	0.628	0.723	0.665	14
中信银行	51222.92	0.673	0.746	0.617	0.505	0.648	15
华夏银行	20206.04	0.639	0.721	0.657	0.443	0.643	16
广发银行	18365.87	0.598	0.644	0.460	0.677	0.560	17

表6-2　　2015年全国性商业银行核心竞争力评价排名

银行名称	公司治理	发展战略	风险管理	产品与服务	信息技术	人力资源	市场影响力	总分
中国工商银行	0.846	0.875	0.835	0.878	0.898	0.814	0.887	0.862
中国建设银行	0.841	0.887	0.831	0.887	0.868	0.818	0.869	0.857
中国银行	0.859	0.863	0.818	0.871	0.856	0.791	0.853	0.845

续表

银行名称	公司治理	发展战略	风险管理	产品与服务	信息技术	人力资源	市场影响力	总分
招商银行	0.860	0.861	0.831	0.878	0.845	0.810	0.757	0.835
交通银行	0.821	0.868	0.797	0.866	0.841	0.773	0.787	0.822
中信银行	0.837	0.815	0.805	0.838	0.831	0.811	0.725	0.809
兴业银行	0.782	0.832	0.798	0.851	0.852	0.770	0.753	0.805
中国农业银行	0.814	0.818	0.759	0.815	0.847	0.724	0.847	0.803
浦发银行	0.794	0.836	0.787	0.863	0.848	0.736	0.721	0.798
平安银行	0.762	0.857	0.736	0.861	0.811	0.820	0.689	0.791
中国民生银行	0.855	0.826	0.752	0.842	0.806	0.727	0.715	0.789
中国光大银行	0.786	0.802	0.721	0.823	0.827	0.754	0.705	0.774
浙商银行	0.826	0.813	0.771	0.779	0.689	0.788	0.625	0.756
华夏银行	0.836	0.721	0.714	0.785	0.801	0.715	0.667	0.748
广发银行	0.834	0.745	0.687	0.755	0.715	0.656	0.632	0.718
渤海银行	0.685	0.711	0.719	0.725	0.699	0.697	0.568	0.686
恒丰银行	0.596	0.719	0.707	0.721	0.693	0.684	0.614	0.676

表6-3　2015年资产规模3000亿元以上城市商业银行竞争力评价排名

银行名称	总资产（亿元）	风险	资本	盈利	流动性	综合财务评价	排名
锦州银行	3616.600	0.728	0.552	0.884	0.437	0.726	1
南京银行	8050.200	0.809	0.682	0.705	0.591	0.720	2
盛京银行	7016.290	0.856	0.718	0.658	0.546	0.718	3
厦门国际银行	4592.050	0.888	0.636	0.623	0.699	0.713	4
宁波银行	7164.650	0.813	0.720	0.650	0.357	0.684	5
徽商银行	6361.310	0.765	0.739	0.647	0.474	0.683	6
北京银行	18449.090	0.833	0.660	0.639	0.343	0.672	7
重庆银行	3198.080	0.709	0.665	0.661	0.561	0.666	8
成都银行	3214.450	0.602	0.878	0.581	0.747	0.664	9
哈尔滨银行	4448.510	0.690	0.689	0.619	0.635	0.656	10
广州银行	4151.920	0.769	0.601	0.611	0.583	0.654	11
上海银行	14491.400	0.778	0.723	0.580	0.387	0.649	12

第六部分 附录：2016年中国商业银行竞争力评价结果

续表

银行名称	总资产（亿元）	风险	资本	盈利	流动性	综合财务评价	排名
天津银行	5656.670	0.681	0.671	0.635	0.508	0.643	13
中原银行	3061.470	0.587	0.903	0.520	0.521	0.621	14
包商银行	3525.950	0.713	0.671	0.571	0.421	0.619	15
江苏银行	12903.330	0.682	0.608	0.585	0.488	0.609	16
杭州银行	5453.150	0.634	0.641	0.531	0.507	0.581	17
吉林银行	3575.340	0.646	0.532	0.526	0.579	0.568	18

表6-4　2015年资产规模2000亿~3000亿元城市商业银行竞争力评价排名

银行名称	总资产（亿元）	风险	资本	盈利	流动性	综合财务评价	排名
贵阳银行	2381.970	0.684	0.777	0.886	0.800	0.795	1
郑州银行	2656.230	0.784	0.740	0.869	0.559	0.786	2
长沙银行	2854.200	0.810	0.706	0.704	0.648	0.731	3
西安银行	2100.240	0.744	0.905	0.668	0.426	0.714	4
昆仑银行	2901.790	0.878	0.863	0.572	0.378	0.702	5
甘肃银行	2101.840	0.879	0.745	0.553	0.667	0.700	6
河北银行	2226.390	0.791	0.658	0.636	0.729	0.696	7
华融湘江银行	2111.250	0.677	0.726	0.688	0.584	0.682	8
兰州银行	2055.740	0.660	0.641	0.605	0.787	0.647	9
苏州银行	2309.010	0.671	0.805	0.488	0.513	0.609	10
龙江银行	2126.180	0.704	0.671	0.475	0.575	0.593	11
江西银行	2130.880	0.563	0.881	0.314	0.684	0.539	12
大连银行	2443.600	0.413	0.594	0.141	0.701	0.369	13

表6-5　2015年资产规模1000亿~2000亿元城市商业银行竞争力评价排名

银行名称	总资产（亿元）	风险	资本	盈利	流动性	综合财务评价	排名
台州银行	1234.000	0.892	0.791	0.905	0.761	0.864	1
唐山银行	1248.640	0.994	0.634	0.789	0.694	0.810	2
南充市商业银行	1544.470	0.755	0.674	0.862	0.786	0.785	3
重庆三峡银行	1326.300	0.763	0.835	0.784	0.722	0.782	4

续表

银行名称	总资产（亿元）	风险	资本	盈利	流动性	综合财务评价	排名
洛阳银行	1667.070	0.693	0.855	0.840	0.514	0.766	5
邯郸银行	1107.680	0.709	0.726	0.801	0.680	0.746	6
浙江泰隆商业银行	1087.160	0.766	0.656	0.783	0.661	0.741	7
威海市商业银行	1512.780	0.788	0.825	0.703	0.539	0.736	8
乌鲁木齐银行	1034.390	0.839	0.722	0.699	0.599	0.736	9
阜新银行	1033.090	0.767	0.795	0.593	0.631	0.690	10
张家口银行	1250.110	0.827	0.513	0.663	0.686	0.684	11
青岛银行	1872.350	0.732	0.902	0.553	0.575	0.679	12
九江银行	1748.760	0.646	0.760	0.636	0.537	0.654	13
富滇银行	1540.350	0.654	0.878	0.553	0.500	0.643	14
贵州银行	1654.540	0.722	0.740	0.507	0.677	0.635	15
浙江稠州商业银行	1330.490	0.691	0.731	0.579	0.448	0.630	16
晋商银行	1572.430	0.709	0.758	0.523	0.549	0.628	17
宁夏银行	1189.980	0.624	0.680	0.568	0.728	0.623	18
厦门银行	1603.200	0.737	0.686	0.497	0.516	0.609	19
齐鲁银行	1528.810	0.612	0.670	0.526	0.788	0.607	20
东莞银行	1920.620	0.582	0.744	0.562	0.560	0.604	21
营口银行	1051.400	0.559	0.705	0.464	0.819	0.577	22
浙江民泰商业银行	1050.050	0.678	0.656	0.477	0.497	0.575	23
长安银行	1598.920	0.703	0.595	0.481	0.496	0.572	24
温州银行	1560.670	0.718	0.643	0.413	0.520	0.561	25
湖北银行	1545.280	0.505	0.741	0.493	0.620	0.559	26
桂林银行	1350.800	0.624	0.622	0.471	0.573	0.557	27
汉口银行	1831.420	0.405	0.856	0.490	0.558	0.544	28
广西北部湾银行	1130.280	0.726	0.900	0.253	0.434	0.543	29
广东南粤银行	1652.050	0.601	0.597	0.447	0.638	0.542	30
福建海峡银行	1336.830	0.585	0.691	0.436	0.378	0.526	31
广东华兴银行	1060.320	0.750	0.666	0.251	0.650	0.520	32
廊坊银行	1280.370	0.662	0.610	0.284	0.618	0.496	33
内蒙古银行	1067.740	0.662	0.640	0.276	0.561	0.493	34
珠海华润银行	1163.940	0.580	0.639	0.249	0.551	0.456	35

第六部分 附录：2016年中国商业银行竞争力评价结果

表6-6 2015年资产规模500亿~1000亿元城市商业银行竞争力评价排名

银行名称	总资产（亿元）	风险	资本	盈利	流动性	综合财务评价	排名
承德银行	644.520	0.760	0.800	0.895	0.835	0.830	1
东营银行	559.670	0.803	0.775	0.673	0.758	0.741	2
晋城银行	656.800	0.764	0.909	0.659	0.552	0.730	3
抚顺银行	523.080	0.743	0.750	0.749	0.533	0.726	4
沧州银行	835.500	0.807	0.634	0.620	0.854	0.702	5
乐山市商业银行	724.590	0.677	0.945	0.566	0.486	0.667	6
平顶山银行	563.660	0.626	0.913	0.580	0.587	0.661	7
青海银行	704.350	0.656	0.887	0.562	0.560	0.655	8
朝阳银行	506.310	0.734	0.716	0.521	0.803	0.652	9
鞍山银行	931.410	0.828	0.602	0.487	0.862	0.650	10
泰安银行	527.490	0.793	0.645	0.557	0.538	0.643	11
宁波通商银行	502.950	0.778	0.915	0.451	0.415	0.638	12
绵阳市商业银行	526.970	0.498	0.897	0.645	0.512	0.638	13
辽阳银行	925.750	0.685	0.724	0.514	0.713	0.628	14
金华银行	552.910	0.590	0.596	0.490	0.682	0.624	15
攀枝花市商业银行	628.110	0.675	0.899	0.486	0.467	0.623	16
日照银行	919.880	0.656	0.645	0.541	0.688	0.611	17
赣州银行	899.150	0.525	0.743	0.560	0.689	0.599	18
齐商银行	832.290	0.670	0.610	0.450	0.774	0.580	19
烟台银行	533.690	0.628	0.641	0.439	0.779	0.570	20
潍坊银行	917.860	0.430	0.730	0.526	0.565	0.542	21
德阳银行	827.270	0.745	0.593	0.400	0.393	0.541	22
丹东银行	636.590	0.684	0.794	0.277	0.645	0.539	23
临商银行	686.310	0.595	0.609	0.378	0.781	0.530	24
绍兴银行	865.470	0.653	0.658	0.341	0.427	0.507	25
柳州银行	855.430	0.398	0.742	0.418	0.703	0.505	26
泉州银行	737.940	0.555	0.590	0.324	0.608	0.475	27
嘉兴银行	505.820	0.447	0.543	0.343	0.587	0.439	28
莱商银行	641.960	0.572	0.557	0.250	0.319	0.415	29

表6-7 2015年资产规模500亿元以下城市商业银行竞争力评价排名

银行名称	总资产（亿元）	风险	资本	盈利	流动性	综合财务评价	排名
西藏银行	365.830	1.000	0.999	0.750	0.742	0.874	1
遂宁市商业银行	311.970	0.718	0.926	0.885	0.647	0.819	2
泸州市商业银行	314.730	0.666	0.960	0.802	0.637	0.776	3
石嘴山银行	396.520	0.676	0.757	0.801	0.601	0.735	4
宜宾市商业银行	254.170	0.754	0.942	0.643	0.584	0.730	5
江苏长江商业银行	171.470	0.782	0.808	0.601	0.716	0.708	6
乌海银行	338.980	0.620	0.880	0.745	0.478	0.708	7
曲靖市商业银行	276.800	0.613	0.834	0.638	0.897	0.695	8
雅安市商业银行	136.360	0.632	0.745	0.650	0.919	0.691	9
盘锦银行	262.120	0.815	0.818	0.489	0.679	0.672	10
自贡市商业银行	422.130	0.664	0.817	0.603	0.645	0.668	11
焦作中旅银行	413.850	0.716	0.889	0.558	0.517	0.667	12
凉山州商业银行	230.860	0.506	0.997	0.587	0.802	0.666	13
葫芦岛银行	464.010	0.776	0.739	0.515	0.791	0.666	14
达州市商业银行	230.320	0.689	0.803	0.611	0.539	0.666	15
衡水银行	336.290	0.511	0.715	0.692	0.914	0.665	16
秦皇岛银行	363.150	0.542	0.685	0.667	0.894	0.656	17
湖州银行	333.260	0.759	0.726	0.452	0.820	0.636	18
济宁银行	454.810	0.575	0.797	0.571	0.689	0.629	19
大同银行	319.880	0.954	0.754	0.175	0.944	0.601	20
长治银行	244.240	0.793	0.665	0.443	0.382	0.586	21
枣庄银行	161.700	0.565	0.765	0.454	0.726	0.577	22
本溪商业银行	222.280	0.632	0.766	0.285	0.835	0.540	23

第六部分 附录：2016年中国商业银行竞争力评价结果

表6-8　2015年资产规模1000亿元以上农村商业银行竞争力评价排名

机构名称	省份	总资产（亿元）	风险	资本	盈利	流动性	综合财务评价	排名
南海农商银行	广东	1324.64	0.809	0.911	0.749	0.694	0.794	1
东莞农商银行	广东	2996.26	0.896	0.748	0.716	0.687	0.774	2
武汉农商银行	湖北	1705.12	0.862	0.870	0.659	0.724	0.769	3
北京农商银行	北京	6282.83	0.923	0.747	0.565	0.723	0.725	4
杭州联合银行	浙江	1433.17	0.807	0.872	0.591	0.667	0.719	5
重庆农商银行	重庆	7168.05	0.926	0.683	0.604	0.613	0.717	6
常熟农商银行	江苏	1033.66	0.858	0.721	0.604	0.653	0.709	7
成都农商银行	四川	6445.96	0.925	0.824	0.492	0.629	0.702	8
青岛农商银行	山东	1648.86	0.782	0.752	0.603	0.677	0.694	9
顺德农商银行	广东	2246.00	0.766	0.837	0.606	0.529	0.692	10
九台农商银行	吉林	1419.53	0.845	0.883	0.494	0.642	0.692	11
上海农商银行	上海	5870.14	0.844	0.720	0.551	0.701	0.688	12
无锡农商银行	江苏	1152.21	0.893	0.808	0.462	0.704	0.685	13
广州农商银行	广东	5828.07	0.778	0.739	0.553	0.635	0.666	14
天津农商银行	天津	2559.59	0.735	0.845	0.536	0.588	0.662	15
紫金农商银行	江苏	1017.86	0.780	0.726	0.549	0.612	0.660	16
江南农商银行	江苏	2343.29	0.798	0.726	0.448	0.524	0.616	17
萧山农商银行	浙江	1196.49	0.773	0.904	0.318	0.659	0.606	18
滨海农商银行	天津	1257.71	0.760	0.719	0.318	0.412	0.540	19

表6-9　2015年资产规模500亿～1000亿元农村商业银行竞争力评价排名

机构名称	省份	总资产（亿元）	风险	资本	盈利	流动性	综合财务评价	排名
鄞州农村合作银行	浙江	916.69	0.810	0.902	0.621	0.578	0.730	1
海安农商银行	江苏	508.17	0.915	0.822	0.556	0.667	0.728	2
厦门农商银行	福建	919.11	0.889	0.725	0.642	0.438	0.712	3
长春农商银行	吉林	505.88	0.807	0.752	0.699	0.350	0.707	4
慈溪农商银行	浙江	589.80	0.818	0.922	0.496	0.718	0.700	5
中山农商银行	广东	775.19	0.791	0.775	0.563	0.739	0.691	6
江阴农商银行	江苏	904.78	0.881	0.808	0.477	0.643	0.681	7

续表

机构名称	省份	总资产（亿元）	风险	资本	盈利	流动性	综合财务评价	排名
瑞丰农商银行	浙江	862.63	0.853	0.762	0.531	0.594	0.680	8
义乌农商银行	浙江	530.10	0.811	0.909	0.411	0.694	0.659	9
合肥科技农商银行	安徽	625.66	0.777	0.739	0.547	0.519	0.651	10
吴江农商银行	江苏	714.53	0.832	0.798	0.425	0.710	0.650	11
余杭农商银行	浙江	670.82	0.806	0.715	0.450	0.829	0.647	12
佛山农商银行	广东	647.70	0.717	0.766	0.523	0.686	0.646	13
张家港农商银行	江苏	823.54	0.767	0.900	0.432	0.556	0.638	14
江门新会农商银行	广东	509.13	0.740	0.823	0.441	0.718	0.635	15
尧都农商银行	山西	643.14	0.814	0.710	0.509	0.442	0.634	16
昆山农商银行	江苏	635.39	0.804	0.660	0.467	0.722	0.632	17
金谷农商银行	内蒙古	506.28	0.726	0.742	0.517	0.517	0.625	18
济南农商银行	山东	779.83	0.718	0.579	0.364	0.884	0.565	19

表 6-10　2015 年资产规模 500 亿元以下农村商业银行竞争力评价排名

机构名称	省份	总资产（亿元）	风险	资本	盈利	流动性	综合财务评价	排名
沭阳农商银行	江苏	178.17	0.861	0.909	0.830	0.704	0.843	1
颍泉农商银行	安徽	104.85	0.862	0.931	0.688	0.848	0.805	2
邢台农商银行	河北	88.03	0.814	0.901	0.767	0.661	0.798	3
围场农商银行	河北	65.20	0.402	0.900	0.988	0.893	0.785	4
宝应农商银行	江苏	138.26	0.862	0.689	0.743	0.875	0.781	5
九江农商银行	江西	109.98	0.734	0.872	0.737	0.824	0.772	6
榆树农商银行	吉林	133.13	0.963	0.852	0.660	0.473	0.771	7
揭东农商银行	广东	176.64	0.779	0.717	0.769	0.854	0.770	8
玉环农村合作银行	浙江	126.05	0.812	0.841	0.683	0.843	0.769	9
颍淮农商银行	安徽	222.07	0.936	1.000	0.556	0.612	0.764	10
高淳农商银行	江苏	106.79	0.805	0.960	0.611	0.837	0.761	11
泰兴农商银行	江苏	216.58	0.821	0.597	0.789	0.747	0.756	12
江都农商银行	江苏	278.19	0.745	0.772	0.735	0.820	0.754	13
正定农商银行	河北	157.60	0.804	0.675	0.723	0.864	0.752	14
宁乡农商银行	湖南	205.12	0.771	0.632	0.754	0.821	0.741	15

第六部分 附录：2016年中国商业银行竞争力评价结果

续表

机构名称	省份	总资产（亿元）	风险	资本	盈利	流动性	综合财务评价	排名
诸城农商银行	山东	231.30	0.834	0.864	0.570	0.873	0.738	16
富阳农商银行	浙江	310.15	0.799	0.877	0.607	0.765	0.735	17
三峡农商银行	湖北	181.99	0.845	0.652	0.658	0.779	0.725	18
长春发展农商银行	吉林	347.52	0.830	0.732	0.679	0.541	0.721	19
诸暨农商银行	浙江	328.77	0.846	0.909	0.495	0.786	0.712	20
随州农商银行	湖北	223.49	0.812	0.646	0.610	0.869	0.704	21
庐江农商银行	安徽	116.28	0.812	0.670	0.540	0.949	0.688	22
上虞农商银行	浙江	346.91	0.803	0.914	0.449	0.814	0.685	23
宿松农商银行	安徽	72.08	0.762	0.951	0.443	0.768	0.673	24
青阳农商银行	安徽	63.62	0.719	0.909	0.463	0.799	0.663	25
扬州农商银行	浙江	238.52	0.710	0.628	0.641	0.640	0.659	26
花溪农商银行	贵州	236.14	0.726	0.681	0.607	0.597	0.657	27
肥西农商银行	安徽	137.46	0.780	0.904	0.361	0.960	0.655	28
郎溪农商银行	安徽	53.66	0.706	0.693	0.525	0.890	0.649	29
凤城农商银行	辽宁	90.85	0.698	0.762	0.528	0.752	0.648	30
姜堰农商银行	江苏	260.44	0.722	0.675	0.544	0.730	0.642	31
安庆农商银行	安徽	111.05	0.751	0.866	0.389	0.693	0.623	32
冬至农商银行	安徽	69.71	0.672	0.697	0.459	0.940	0.618	33
九华农商银行	安徽	145.11	0.745	0.884	0.328	0.735	0.605	34
太仓农商银行	江苏	330.64	0.762	0.699	0.418	0.691	0.605	35
肥东农商银行	安徽	105.00	0.665	0.768	0.416	0.796	0.599	36
石台农商银行	安徽	25.70	0.704	0.626	0.414	0.939	0.596	37
高明农商银行	广东	123.70	0.759	0.773	0.309	0.827	0.588	38
六安农商银行	安徽	166.52	0.731	0.586	0.408	0.839	0.584	39
襄阳农商银行	湖北	196.37	0.778	0.648	0.356	0.680	0.573	40
新沂农商银行	江苏	127.73	0.679	0.931	0.279	0.659	0.568	41
临泉农商银行	安徽	114.61	0.654	0.737	0.305	0.911	0.557	42
江门融合农商银行	广东	285.57	0.687	0.718	0.294	0.745	0.542	43
休宁农商银行	安徽	66.08	0.675	0.809	0.210	0.775	0.526	44
彭城农商银行	江苏	78.74	0.615	0.673	0.271	0.701	0.498	45
东台农商银行	江苏	361.24	0.640	0.570	0.146	0.728	0.437	46

附录二 2016年中国商业银行竞争力排名获奖名单

表 6-11　　　　　　　　　　全国性商业银行

财务评价第一名	中国建设银行
财务评价第二名	中国工商银行
财务评价第三名	招商银行
财务评价第四名	兴业银行
财务评价第五名	恒丰银行
核心竞争力评价第一名	中国工商银行
核心竞争力评价第二名	中国建设银行
核心竞争力评价第三名	中国银行
核心竞争力评价第四名	招商银行
核心竞争力评价第五名	交通银行
单项奖	
最佳商业银行	中国建设银行
最佳风险管理银行	中国工商银行　浙商银行
最佳产品创新银行	平安银行
最佳战略管理银行	中国民生银行
最佳研究能力银行	交通银行
最佳财富管理银行	兴业银行
最佳金融科技银行	中国工商银行
最佳资本管理银行	中国银行
网络票选	
第一名（国有银行）	中国建设银行
第二名（国有银行）	中国工商银行
第三名（国有银行）	中国银行
第一名（股份制银行）	招商银行
第二名（股份制银行）	恒丰银行
第三名（股份制银行）	中信银行
第四名（股份制银行）	浙商银行
第五名（股份制银行）	中国光大银行

表 6-12　　　　　　　　　　城市商业银行

竞争力评价第一名（资产规模 3000 亿元以上）	锦州银行
竞争力评价第二名（资产规模 3000 亿元以上）	南京银行
竞争力评价第三名（资产规模 3000 亿元以上）	盛京银行
竞争力评价第四名（资产规模 3000 亿元以上）	厦门国际银行
竞争力评价第五名（资产规模 3000 亿元以上）	宁波银行
竞争力评价第一名（资产规模 2000 亿~3000 亿元）	贵阳银行
竞争力评价第二名（资产规模 2000 亿~3000 亿元）	郑州银行
竞争力评价第三名（资产规模 2000 亿~3000 亿元）	长沙银行
竞争力评价第四名（资产规模 2000 亿~3000 亿元）	西安银行
竞争力评价第五名（资产规模 2000 亿~3000 亿元）	昆仑银行
竞争力评价第一名（资产规模 1000 亿~2000 亿元）	台州银行
竞争力评价第二名（资产规模 1000 亿~2000 亿元）	唐山银行
竞争力评价第三名（资产规模 1000 亿~2000 亿元）	南充市商业银行
竞争力评价第四名（资产规模 1000 亿~2000 亿元）	重庆三峡银行
竞争力评价第五名（资产规模 1000 亿~2000 亿元）	洛阳银行
竞争力评价第六名（资产规模 1000 亿~2000 亿元）	邯郸银行

续表

竞争力评价第七名 （资产规模 1000 亿~2000 亿元）	浙江泰隆商业银行
竞争力评价第八名 （资产规模 1000 亿~2000 亿元）	威海市商业银行
竞争力评价第一名 （资产规模 500 亿~1000 亿元）	承德银行
竞争力评价第二名 （资产规模 500 亿~1000 亿元）	东营银行
竞争力评价第三名 （资产规模 500 亿~1000 亿元）	晋城银行
竞争力评价第四名 （资产规模 500 亿~1000 亿元）	抚顺银行
竞争力评价第五名 （资产规模 500 亿~1000 亿元）	沧州银行
竞争力评价第一名 （资产规模 500 亿元以下）	西藏银行
竞争力评价第二名 （资产规模 500 亿元以下）	遂宁市商业银行
竞争力评价第三名 （资产规模 500 亿元以下）	泸州市商业银行
竞争力评价第四名 （资产规模 500 亿元以下）	石嘴山银行
竞争力评价第五名 （资产规模 500 亿元以下）	宜宾市商业银行
单项奖	
最佳城市商业银行	锦州银行
最佳品牌城市商业银行	北京银行　盛京银行
最具盈利能力城市商业银行	承德银行
最佳产品创新城市商业银行	汉口银行　浙江稠州商业银行
最佳管理创新城市商业银行	邯郸银行　廊坊银行
最佳金融科技城市商业银行	包商银行　西安银行

第六部分 附录：2016年中国商业银行竞争力评价结果

续表

单项奖	
最佳小企业服务城市商业银行	浙江泰隆商业银行　石嘴山银行
最佳战略管理城市商业银行	贵阳银行　富滇银行
最具发展潜力城市商业银行	长沙银行　金华银行
最佳进步城市商业银行	广西北部湾银行
最佳公司治理城市商业银行	日照银行　晋城银行
最佳新锐城市商业银行	广东华兴银行

表6-13　　农信机构

竞争力评价第一名（资产规模1000亿元以上）	广东南海农村商业银行
竞争力评价第二名（资产规模1000亿元以上）	广东东莞农村商业银行
竞争力评价第三名（资产规模1000亿元以上）	武汉农村商业银行
竞争力评价第四名（资产规模1000亿元以上）	北京农村商业银行
竞争力评价第五名（资产规模1000亿元以上）	杭州联合农村商业银行
竞争力评价第一名（资产规模500亿~1000亿元）	宁波鄞州农村合作银行
竞争力评价第二名（资产规模500亿~1000亿元）	江苏海安农村商业银行
竞争力评价第三名（资产规模500亿~1000亿元）	厦门农村商业银行
竞争力评价第四名（资产规模500亿~1000亿元）	长春农村商业银行
竞争力评价第五名（资产规模500亿~1000亿元）	宁波慈溪农村商业银行
竞争力评价第一名（资产规模500亿元以下）	江苏沭阳农村商业银行

续表

竞争力评价第二名 （资产规模500亿元以下）	安徽阜阳颍泉农村商业银行
竞争力评价第三名 （资产规模500亿元以下）	河北邢台农村商业银行
竞争力评价第四名 （资产规模500亿元以下）	河北围场农村商业银行
竞争力评价第五名 （资产规模500亿元以下）	江苏宝应农村商业银行
竞争力评价第六名 （资产规模500亿元以下）	江西九江农村商业银行
竞争力评价第七名 （资产规模500亿元以下）	吉林榆树农村商业银行
竞争力评价第八名 （资产规模500亿元以下）	广东揭东农村商业银行
竞争力评价第九名 （资产规模500亿元以下）	浙江玉环农村合作银行
单项奖	
最佳品牌农村商业银行	重庆农村商业银行
最佳风险管理农村商业银行	成都农村商业银行
最具市场影响力农村商业银行	广州农村商业银行
最具社会责任农村商业银行	武汉农村商业银行
最佳管理创新农村商业银行	金谷农村商业银行
最佳产品创新农村商业银行	北京农商银行